Legitimitätspraxis

Matthias Lemke • Oliver Schwarz
Toralf Stark • Kristina Weissenbach
(Hrsg.)

Legitimitätspraxis

Politikwissenschaftliche und
soziologische Perspektiven

Herausgeber
Matthias Lemke
Helmut-Schmidt-Universität
Hamburg
Deutschland

Oliver Schwarz
Universität Duisburg-Essen
Duisburg
Deutschland

Toralf Stark
Universität Duisburg-Essen
Duisburg
Deutschland

Kristina Weissenbach
Universität Duisburg-Essen
Duisburg
Deutschland

ISBN 978-3-658-05741-1   ISBN 978-3-658-05742-8 (eBook)
DOI 10.1007/978-3-658-05742-8

Die Deutsche Nationalbibliothek verzeichnet diese Publikation in der Deutschen Nationalbibliografie; detaillierte bibliografische Daten sind im Internet über http://dnb.d-nb.de abrufbar.

Springer VS
© Springer Fachmedien Wiesbaden 2016
Das Werk einschließlich aller seiner Teile ist urheberrechtlich geschützt. Jede Verwertung, die nicht ausdrücklich vom Urheberrechtsgesetz zugelassen ist, bedarf der vorherigen Zustimmung des Verlags. Das gilt insbesondere für Vervielfältigungen, Bearbeitungen, Übersetzungen, Mikroverfilmungen und die Einspeicherung und Verarbeitung in elektronischen Systemen.
Die Wiedergabe von Gebrauchsnamen, Handelsnamen, Warenbezeichnungen usw. in diesem Werk berechtigt auch ohne besondere Kennzeichnung nicht zu der Annahme, dass solche Namen im Sinne der Warenzeichen- und Markenschutz-Gesetzgebung als frei zu betrachten wären und daher von jedermann benutzt werden dürften.
Der Verlag, die Autoren und die Herausgeber gehen davon aus, dass die Angaben und Informationen in diesem Werk zum Zeitpunkt der Veröffentlichung vollständig und korrekt sind. Weder der Verlag noch die Autoren oder die Herausgeber übernehmen, ausdrücklich oder implizit, Gewähr für den Inhalt des Werkes, etwaige Fehler oder Äußerungen.

Lektorat: Jan Treibel

Gedruckt auf säurefreiem und chlorfrei gebleichtem Papier

Springer Fachmedien Wiesbaden ist Teil der Fachverlagsgruppe Springer Science+Business Media
(www.springer.com)

Inhaltsverzeichnis

Teil I   Einleitung

Legitimität, Legitimitätspraxis – zur Komplexität eines Begriffs   3
Oliver Schwarz und Kristina Weissenbach

Teil II   Diskurs und Hegemonie

Die Legitimation von Ausnahmezuständen. Eine Analyse
zeitübergreifender Legitimationsmuster am Beispiel der USA   13
Annette Förster und Matthias Lemke

Der Ausnahmezustand. Zur schleichenden Implementierung und
Legitimität von sonder- und außerrechtlichen Maßnahmen   39
Anna-Lena Dießelmann

Teil III   Struktur und Ordnung

Erfolgsbedingungen neuer Institutionalisierungen in multiplen
Räumen jenseits des Nationalstaates   61
Ulf Kemper

Auf der Suche nach der verlorenen Legitimität: Die
Legitimitätspolitik der Europäischen Zentralbank (EZB)   77
Martin Ströder

Teil IV Regieren und Institutionen

Legitimation von Verwaltungshandeln 95
Frederik Brandenstein und Daniela Strüngmann

Zur Legitimität informaler Institutionen im Regierungssystem 111
Timo Grunden

Parteiwechsel in den Parlamenten Afrikas:
Herausforderungen für die Legitimität politischer Parteien 135
Martin Goeke

Teil V Akteure und Politikfeld

Arbeitsmarktpolitik für Ältere: Die Aktivierung Älterer
auf dem Prüfstand 161
Sarah Mümken

Legitimationsfragen der gesetzlichen Rentenversicherung 175
Jutta Schmitz und Jonas Friedrich

Teil VI Schlussbetrachtung

Das Legitimatorische als Forschungsgegenstand – Bilanz
und Perspektiven 209
Matthias Lemke und Toralf Stark

Autorenverzeichnis

Frederik Brandenstein Universität Duisburg-Essen, Deutschland

Anna-Lena Dießelmann Universität Siegen, Deutschland

Annette Förster RWTH Aachen, Deutschland

Jonas Friedrich Universität Bremen, Deutschland

Martin Goeke Universität Duisburg-Essen, Deutschland

Timo Grunden Landtag NRW, Düsseldorf, Deutschland

Ulf Kemper Universität Osnabrück, Deutschland

Matthias Lemke Helmut-Schmidt-Universität Hamburg, Deutschland

Sarah Mümken Jade-Hochschule, Oldenburg, Deutschland

Jutta Schmitz Universität Duisburg-Essen, Deutschland

Oliver Schwarz Universität Duisburg-Essen, Deutschland

Toralf Stark Universität Duisburg-Essen, Deutschland

Martin Ströder Universität Duisburg-Essen, Deutschland

Daniela Strüngmann Universität Duisburg-Essen, Deutschland

Kristina Weissenbach Universität Duisburg-Essen, Deutschland

Teil I
Einleitung

Legitimität, Legitimitätspraxis – zur Komplexität eines Begriffs

Oliver Schwarz und Kristina Weissenbach

1 Was ist Legitimität?

Die Komplexität und Vielschichtigkeit des Begriffs der Legitimität zeigt sich – wie im Weiteren darzustellen sein wird – bereits bei einem Rekurs auf seine ideengeschichtliche und theoretische Entwicklung. Ebenso komplex gestaltete sich die Herausforderung, ihn im Rahmen eines wissenschaftlichen Kolloquiums und des daraus resultierenden Konzeptbandes zu strukturieren – zumal dann, wenn es ein Kernanliegen der Herausgeberinnen und Herausgeber ist, bei diesem Unterfangen Nachwuchswissenschaftlerinnen und Nachwuchswissenschaftler mehrerer Disziplinen, vorwiegend der Politikwissenschaft und der Soziologie, miteinander ins Gespräch zu bringen. Das entsprechende vierreihige Nachwuchsforscherkolloquium wurde von den Herausgeberinnen und Herausgebern und damaligen politikwissenschaftlichen Mittelbausprecherinnen und Mittelbausprechern am Institut für Politikwissenschaft der Universität Duisburg-Essen (UDE) unter dem Titel „Herausforderung Legitimität. Gesellschaft und Regieren unter veränderten Be-

---

O. Schwarz (✉) · K. Weissenbach
Universität Duisburg-Essen, Essen, Deutschland
E-Mail: oliver.schwarz@uni-due.de

K. Weissenbach
E-Mail: kristina.weissenbach@uni-due.de

© Springer Fachmedien Wiesbaden 2016
M. Lemke et al. (Hrsg.), *Legitimitätspraxis,* DOI 10.1007/978-3-658-05742-8_1

dingungen" zwischen Oktober 2012 und Juli 2013 an der UDE organisiert und vom dortigen Profilschwerpunkt „Wandel von Gegenwartsgesellschaften" gefördert.[1]

Im Zuge des interdisziplinären Kolloquiums wich die Vorannahme, der Gegenstand der Legitimität ließe sich entlang einer klassischen Gliederung auf Makro-, Meso- und Mikroebene greifen, der Erkenntnis, dass die Beiträge vielmehr allesamt durch das gemeinsame prozedurale Verständnis von Legitimität geprägt sind sowie durch den Bezug auf ihren jeweils eigenen Gegenstand.

Legitimität begegnet uns in den folgenden Beiträgen in diesem Sinne stets vor dem Hintergrund unterschiedlicher Gegenstandsbezüge – Diskurs und Hegemonie, Strukturen und Ordnung, Regieren und Institutionen, Akteure und Politikfelder – und damit vor dem Hintergrund unterschiedlicher Legitimitätspraktiken. Der Band liefert damit einen Einblick in das facettenreiche Gespräch zwischen Legitimitätsanalysen unterschiedlicher Disziplinen, Kontexte, Gegenstände, Forschungslogiken und methodologischer Zugänge.

Ein erster Zugang zu diesem breit ausgefächerten Verständnis von Legitimität und Legitimitätspraxis sowie die Struktur des Bandes soll an der Schnittstelle von Ideengeschichte, Systemtheorie, Diskurstheorie und Internationale Beziehungen dargestellt werden.

2 Legitimität: Zugänge und Schnittstellen

Seit Max Webers Ausführungen zu den „Typen legitimer Herrschaft" (Weber 1976, S. 124 ff.) zählt die Frage, mit welchen Gründen sich autoritativ herbeigeführte und kollektiv bindende Entscheidungen rechtfertigen lassen, zu den Kerninteressen sozialwissenschaftlicher Forschung. Er war es, der Herrschaft erstmalig mit der Akzeptanz ihrer Legitimität auf Seiten der Beherrschten, dem Legitimitätsglauben, zusammenbrachte und die bekannte Unterscheidung dreier verschiedener Typen der legitimen Herrschaft – die legale, die traditionelle und die charismatische – einführte. Zuvor wurde der Legitimitätsbegriff vorwiegend statisch in der Staats- und Vertragstheorie aufgegriffen und auf den Staat und die Form der Regierung bezogen.

Den einflussreichsten Versuch, Legitimität als empirisch messbares und auf individuelle Einstellungen zurückzuführendes Konzept zu operationalisieren, hat David Easton mit der Unterscheidung zwischen der so genannten „spezifischen"

---

[1] Zu den Aktivitäten der Nachwuchsforschergruppe siehe http://www.uni-due.de/legitimitaet/. Näheres zum Forschungsfokus des Profilschwerpunkts findet sich unter http://www.uni-due.de/gesellschaftswissenschaften/profilschwerpunkt/.

und „diffusen" Unterstützung unternommen (Easton 1975, S. 436 ff.). Spezifische Unterstützung beschreibt nach Easton die öffentliche Zufriedenheit mit der Leistung eines politischen Systems. Diese Unterstützung bezieht sich dabei nicht auf das grundlegende Einverständnis mit dem politischen System als solchem, sondern beruht auf individuellen Nutzenerwägungen der Herrschaftsadressaten und hat einen kurzfristigen Charakter. Die diffuse Unterstützung bezieht sich hingegen auf die generelle Bedeutung des politischen Systems und ist grundlegender und dauerhafter Natur.

Die in der Systemtheorie von Easton angelegte Terminologie hat sich durch die Arbeiten von Fritz W. Scharpf verfestigt. Dessen „komplexe Demokratietheorie" (Scharpf 1970, S. 66) unterscheidet die Legitimität von Regierungen in eine Input- und eine Output-Dimension. Während sich die Output-Legitimität auf die Problemlösungsfähigkeit eines politischen Systems konzentriert, bezeichnet die Input-Legitimität den Grad der Mitwirkung der Bevölkerung an politischen Entscheidungen. In der politikwissenschaftlichen Diskussion wird diese Dualität vermehrt durch die zusätzliche Dimension der Throughput-Legitimität ergänzt, die die Transparenz von politischen Entscheidungsprozessen und damit die Möglichkeit beleuchtet, Verantwortlichkeiten in diesen Prozessen auch von außerhalb des politischen Systems zuschreiben zu können (Zürn 1998, S. 236).

In Teilen der zeitgenössischen Politischen Theorie und der Soziologie hingegen erhält Legitimität eine Bedeutung, die empirisch – wenn überhaupt, dann nur wesentlich schwieriger – festzumachen ist. Deutlich wird dies etwa anhand der Diskurstheorie von Jürgen Habermas (1991) und der Theorie autopoetischer Systeme von Niklas Luhmann (1969). Während Luhmann die Legitimität von Entscheidungen durch eine Kette geregelter Verfahren innerhalb des politischen Systems gegeben sieht, wird die Legitimität von Entscheidungen für Habermas allein im politischen Diskurs konstituiert: Alle politischen Entscheidungen in der repräsentativen Demokratie sind gegenüber den Adressaten der Herrschaft begründungspflichtig. Die demokratisch gebotene diskursive Kontroverse in der politischen Öffentlichkeit ermöglicht durch den zwanglosen Zwang des besseren Arguments (Habermas 1973, S. 148) schließlich die Umsetzung der bestmöglich begründeten Policy.

Obwohl zu Beginn der 1990er Jahre bereits das „Ende der Legitimitätstheorien" konstatiert wurde (von Beyme 1992, S. 199), erlebt die theoretische Auseinandersetzung mit dem Legitimitätsbegriff seither eine Art Blütezeit. Dazu beigetragen hat, angesichts einer zunehmenden Europäisierung nationaler Politiken (Axt et al. 2007), die Diskussion über das vermeintliche „Demokratiedefizit" der Europäischen Union. Joseph H. H. Weiler et al. (1995) verdichteten die zentralen Argumentationsstränge dieser Auseinandersetzung in einer so genannten „Standardversion" des europäischen Demokratiedefizits. Die darin skizzierten Argumente bestimmen im Wesentlichen noch heute die Diskussion, so dass Andreas Follesdal und Simon Hix (2006) unlängst eine „aktualisierte Standardversion" des europäischen Demokratiedefizits präsentiert haben. Dem voraus ging eine intensive Diskussion mit so prominenten Autoren wie Andrew Moravcsik (2002) und Giandomenico Majone (1998).

Auch in den Internationalen Beziehungen florieren Legitimitätsstudien. Ian Clark spricht in diesem Zusammenhang von einer geradezu veritablen Renaissance des „legitimacy talk" (Clark 1995, S. 12). Es verwundert daher wenig, wenn Anna Geis et al. (2012) vom „Aufstieg der Legitimitätspolitik" sprechen.

Als „interdisziplinärer Verbundbegriff" beziehungsweise „Brückenbegriff" (Trute 1999, S. 14) bildet der Legitimitätsbegriff auch die Klammer dieses Bandes und spiegelt in seiner (Kapitel-) Strukturierung den jeweils unterschiedlichen Praxisbezug wieder. Mit dieser spezifischen Perspektive gilt das Interesse des Bandes den unterschiedlichen Annäherungen der einzelnen Beiträge an die ihnen eigenen Legitimitätspraktiken und möchte mit einer Weiterentwicklung des Begriffs schließen (vgl. Lemke und Stark in diesem Band).

3 Struktur des Konzeptbandes

Der Fokus des ersten Kapitels „Diskurs und Hegemonie" liegt auf der Frage, wie sich Legitimität diskursiv konstituiert. Im politischen Diskurs finden permanente Aushandlungen konkurrierender Leitbilder, Vorstellungen und Programme statt, mit denen Akteure die Legitimität ihres politischen Handelns erzeugen und begründen.

Begründungen für eine legitime Regierungspraxis in repräsentativen Demokratien treten besonders gehäuft und explizit in der Krise auf, wenn eine Regierung und das sie tragende Institutionengefüge zu erodieren drohen. Angesichts dieser Grenzsituation des Regierens sucht der Beitrag von *Annette Förster* und *Matthias Lemke* nach Begründungszusammenhängen, derer sich repräsentativ-demokratische Regierungen bedienen, um Ausnahmezustände zu ermöglichen. Mit Blick auf ausgewählte Fälle wird deutlich, dass spezifische Begründungsmuster zeittranszendent immer wiederkehren, so dass hinsichtlich des Ausnahmezustandes von einem veritablen Dispositiv demokratischen Regierens gesprochen werden kann.

Der Beitrag von *Anna-Lena Dießelmann* bezieht sich exemplarisch auf die Proteste zum G8-Gipfel in Heiligendamm des Jahres 2007. Unter dem Motto „G8 delegitimieren" herrschte seinerzeit wochenlang der Ausnahmezustand. Der Kampf um Diskurshoheit, Legitimität und Hegemonie im Hinblick auf Normalität und Ausnahmen wird von der Autorin an der Positionierung der Besonderen Aufbauorganisation (BAO) Kavala nachvollzogen, aber auch die schrittweise Verankerung von Notstandsgesetzen für den „Normalfall".

Das zweite Kapitel „Strukturen und Ordnungen" fragt nach den komplexen Legitimationsprozessen gesellschaftlicher und politischer Strukturen. Diese unterliegen einem stetigen Wandel von Legitimitätsansprüchen und -begründungen. Dabei hat die Globalisierung die Handlungsautonomie des Nationalstaates deutlich beschränkt. An die Stelle eines geschlossenen politischen Raumes trat eine neue Struktur relationaler Räumlichkeiten. Diese ist durch die Diversifikation multipler Räume neben, unter und über dem nunmehr politisch geöffneten Staatsraum gekennzeichnet.

Für die Legitimation von Herrschaft, die sich seit der neuzeitlichen Staatsgründung am Souveränitätstransfer vom Demos zu den Regierenden im geschlossenen Raum orientierte, bedeutet diese Entwicklung eine enorme Herausforderung. Vor diesem Hintergrund geht *Ulf Kemper* den Erfolgsbedingungen neuer Institutionalisierungen in den Räumen jenseits des Staates nach.

Der Beitrag von *Martin Ströder* befasst sich mit politikfeldspezifischen transnationalen Mehrebenenarenen. Gerade auf übernationalen Ebenen wie der des europäischen Integrationsverbundes werden Entscheidungen koordiniert, die Legitimitätsdefizite aufweisen können. Am Beispiel der Legitimitätspolitik der Europäischen Zentralbank (EZB) zeichnet der Autor institutionell-strategische Muster des Legitimitätsmanagements nach.

Im Mittelpunkt des dritten Kapitels „Regieren und Institutionen" stehen formale Verfassungsinstitutionen, politische Organisationen, institutionalisierte Regelsysteme und -einrichtungen sowie ihre Interaktionen. Im Fokus stehen somit die in diese Prozesse involvierten Akteure sowie jene Bedingungen, unter denen sich Regeln neu formieren und sich bestehende Legitimitätsordnungen verändern können.

Daniela Strüngmann und *Frederik Brandenstein* widmen sich zunächst der Verwaltung als Schnittstelle zwischen der Bevölkerung auf der einen und dem politischen System und seinem Personal auf der anderen Seite. Aus ihren Beobachtungen lassen sich Muster der Zuschreibung von Legitimität durch die Bürgerinnen und Bürger sowie legitimatorische Strategien des Verwaltungspersonals erkennen, die mit den Erwartungen, die man aus sozialpsychologischen, organisationstheoretischen und verwaltungswissenschaftlichen Vorarbeiten heraus formulieren kann, abgeglichen werden. Aus ihrem Beitrag gehen Ansätze hervor, wie eine mit politischen Aufgaben belastete Verwaltung funktional notwendiges und normativ wünschenswertes Legitimationspotenzial gewinnen kann.

Der Beitrag von *Timo Grunden* basiert auf der Annahme, dass sich kein politisches System allein aus seinem formalen und materiellen Staatsorganisationsrecht entschlüsseln lässt. Politik und Regieren unterliegen auch Regeln, Normen, Akteurskonstellationen und Handlungen, deren Existenz und Wirkung nicht auf rechtlich verbindliche Institutionen zurückzuführen sind. Der Autor zeigt auf, dass die Unterscheidung von formalen und informellen Komponenten einen Erkenntnisgewinn verspricht, wenn diese an spezifische Fragestellungen und Untersuchungsgegenstände gebunden bleiben.

Martin Goeke interpretiert in seinem Beitrag Parteiwechsel in den Parlamenten Afrikas als eine Herausforderung für die Legitimität politischer Parteien. Ungeachtet der unterschiedlichen Ergebnisse der seit Ende der 1980er Jahre zu beobachtenden Demokratisierungswelle ist die Renaissance politischer Parteien auf dem afrikanischen Kontinent sichtbarer Ausdruck der veränderten politischen Landschaft geworden. Der Beitrag arbeitet unter Hinzunahme von Umfragedaten des Afrobarometers heraus, ob ein signifikanter Zusammenhang zwischen den Zustimmungswerten der politischen Parteien und der gemessenen Anzahl an Parteiwechseln empirisch für die Staaten Afrikas nachgewiesen werden kann.

Das abschließende vierte Kapitel „Akteure und Politikfelder" fragt nach dem weiten Spannungsfeld sozialer Prozesse von und zwischen individuellen, kollektiven und korporativen Akteurinnen und Akteuren. Schließlich sind individuelle Effektivitätseinschätzungen und Legitimitätsüberzeugungen der Bürgerinnen und Bürger als Voraussetzung der Akzeptanz kollektiv verbindlicher Entscheidungen von zentraler Bedeutung.

Sarah Mümken widmet sich in ihrem Beitrag der Einführung von Abschlagsregelungen beim vorzeitigen Rentenbezug, der Abschaffung ausgewählter Altersrenten mit Frühverrentungsmöglichkeit sowie der generellen Anhebung des Rentenalters. All diese Dimensionen beeinflussen maßgeblich das Übergangsgeschehen zwischen Erwerbs- und Ruhestandsphase. Im Fokus des Beitrags steht die Frage, inwiefern Ältere arbeitsmarktpolitisch „aktiviert" werden und ob sich auf diese Weise die Forderung nach einer breiteren Alterserwerbsbeteiligung legitimieren lässt.

Der abschließende Beitrag von *Jutta Schmitz* und *Jonas Friedrich* widmet sich der Akzeptanz und Effizienz der gesetzlichen Rentenversicherung (GRV). In dem für Deutschland typischen „Drei-Säulen-System" der Alterssicherung nimmt die GRV nach wie vor eine beherrschende Stellung ein. Der Beitrag zeigt auf, dass sich dieser Sachverhalt in den kommenden Jahren verändern wird. Vor dem Hintergrund eines kontinuierlich sinkenden Rentenniveaus wird ein Legitimations- und Akzeptanzproblem der Rentenversicherung prognostiziert.

4 Danksagungen

Der Dank der Herausgeberinnen und Herausgeber gilt an dieser Stelle in erster Linie dem Profilschwerpunkt „Wandel von Gegenwartsgesellschaften" an der UDE, ohne dessen Förderung die Durchführung des wissenschaftlichen Kolloquiums sowie die Publikation der hieraus gewonnenen Ergebnisse nicht umsetzbar gewesen wäre. Ferner danken wir den Gutachterinnen und Gutachtern für ihr Engagement im Rahmen des Review-Prozesses der einzelnen Aufsätze: Stefan Marschall, Gert Pickel, Andrea Römmele, Beate Rosenzweig, Christoph Strünck und Wim van Meurs. Für seine detailgenaue redaktionelle Unterstützung gilt unser besonderer Dank Christian Sprenger. Einen abschließenden Dank möchten wir Jan Treibel aussprechen, der bei Springer VS für die professionelle Betreuung im Publikationsprozess zuständig war.

Literatur

Axt H-J, Milososki A, Schwarz O (2007) Europäisierung – ein weites Feld. Literaturbericht und Forschungsfragen. Politische Vierteljahresschrift 28:136–149

Clark I (2005) Legitimacy in International Society. Oxford University Press, Oxford

Easton D (1975) A Re-Assessment of the Concept of Political Support. British Journal of Political Science 5:435–457

Follesdal A, Hix S (2006) Why There is a Democratic Deficit in the EU: A Response to Majone and Moravcsik. Journal of Common Market Studies 44:533–562

Geis A, Nullmeier F, Daase C (2012) Aufstieg der Legitimitätspolitik. Rechtfertigung und Kritik politisch-ökonomischer Ordnungen (Leviathan Sonderband 27), Baden-Baden 2012

Habermas J (1991) Faktizität und Geltung. Beiträge zur Diskurstheorie des Rechts und des demokratischen Rechtsstaats. Suhrkamp Verlag, Frankfurt a. M.

Luhmann N (1969) Legitimation durch Verfahren. Alfred Metzner Verlag, Frankfurt a. M.

Majone G (1998) Europe's ‚Democratic Deficit': The Question of Standards. European Law Journal 4:5–28

Moravcsik A (2002) In Defence of the ‚Democratic Deficit': Reassessing Legitimacy in the European Union. Journal of Common Market Studies 40:603–624

Scharpf FW (1970) Demokratietheorie zwischen Utopie und Anpassung. Universitätsverlag, Konstanz

Trute HH (1999) Verantwortungsteilung als Schlüsselbegriff eines sich verändernden Verhältnisses von öffentlichem und privaten Sektor. In: Schuppert GF (Hrsg) Jenseits von Privatisierung und „schlankem" Staat. Verantwortungsteilung als Schlüsselbegriff eines sich verändernden Verhältnisses von öffentlichem und privatem Sektor. Nomos, Baden-Baden, S 13–45

von Beyme K (1992) Theorie der Politik im 20. Jahrhundert. Von der Moderne zur Postmoderne. Suhrkamp Verlag, Frankfurt a. M.

Weber M (1976) Wirtschaft und Gesellschaft. Studienausgabe. Mohr, Tübingen
Weiler JHH, Haltern UR, Mayer F (1995) European Democracy and its Critique. West European Politics 18:4–39
Zürn M (1998) Regieren jenseits des Nationalstaates. Globalisierung und Denationalisierung als Chance. Suhrkamp Verlag, Frankfurt a. M.

Dr. Oliver Schwarz, wissenschaftlicher Mitarbeiter am Institut für Politikwissenschaft der Universität Duisburg-Essen.

Dr. Kristina Weissenbach, akademische Rätin am Institut für Politikwissenschaft der Universität Duisburg-Essen.

Teil II
Diskurs und Hegemonie

Die Legitimation von Ausnahmezuständen. Eine Analyse zeitübergreifender Legitimationsmuster am Beispiel der USA

Annette Förster und Matthias Lemke

Zusammenfassung

Ausnahmezustände als kriseninduzierte Expansionen von Exekutivkompetenzen sind in repräsentativen Demokratien gegenüber der politischen Öffentlichkeit in besonderem Maße begründungspflichtig. Der Beitrag untersucht anhand verschiedener Ausnahmesituationen in der Geschichte der Vereinigten Staaten von Amerika vom 19. bis ins 21. Jahrhundert, welcher Plausibilisierungsstrategien sich die Exekutivorgane jeweils bedient haben. So entsteht eine den jeweiligen historischen Kontext einer Krise transzendierende Matrix von Plausibilisierungen. Diese sind demokratietheoretisch relevant, weil sie als wiederkehrende Muster die Verschiebung der Grenze demokratischer Freiheit zu Ungunsten der Bürgerinnen und Bürger markieren.

Schlüsselwörter

Ausnahmezustand · Demokratie · Demokratietheorie · Krise · Recht · Rechtsstaat · Freiheit

A. Förster (✉)
RWTH Aachen, Aachen, Deutschland
E-Mail: annette.foerster@ipw.rwth-aachen.de

M. Lemke
Helmut-Schmidt-Universität, Hamburg, Deutschland
E-Mail: matthias.lemke@hsu-hh.de

1 Die repräsentative Demokratie und der Ausnahmezustand

Für akute Krisenfälle hat sich eine deutliche Mehrheit der repräsentativen Demokratien der Gegenwart (vgl. Vorländer 2013, S. 268) ein rechtlich mehr oder minder definiertes Instrumentarium geschaffen, in dem auf demokratische Entscheidungsprozesse und Kontrollmechanismen in unterschiedlichem Umfange verzichtet werden kann: den Ausnahmezustand.[1] Angesichts dieses Rechtsinstruments, das in sich potenziell die Negierung von Recht inkludiert und in modernen, rechtsstaatlichen Demokratien zu einem fundamentalen legitimatorischen Selbstwiderspruch führen kann (vgl. jüngst Möllers 2013, S. 281 f.), stellen sich eine Reihe von Fragen. Diese gilt es bei der Analyse und Bewertung von Ausnahmezuständen zu berücksichtigen: Ist erst dann von Ausnahmezustand zu sprechen, wenn er formal ausgerufen wurde? Welche Rolle spielen zeitliche und räumliche Grenzen, wenn der Ausnahmezustand in Kraft ist? Welche Krisenszenarien machen einen Ausnahmezustand erforderlich? – Und die wichtigste Frage, gerade mit Blick auf die in demokratischen Rechtsstaaten gegebene Begründungspflicht der Regierung dem Souverän gegenüber: Wie wird situativ die Notwendigkeit eines Ausnahmezustandes[2] legitimiert? Und wie lassen sich aus den konkreten Plausibilisierungen, Begründungen oder Erzählungen von Herrschaft – induktiv – überzeitlich gültige Muster ableiten, die auch jenseits eines konkreten situativen Kontextes gelten?

Dem Ausnahmezustand als Rechtsbegriff liegen eine Reihe konkreter Szenarien zugrunde, die seine Ausrufung induzieren können: Krieg, Bürgerkrieg oder Aufstände, Terrorismus, aber auch Naturkatastrophen und der Ausbruch von Seuchen sind in diesem Kontext denkbare Auslöser. Zu diesen Szenarien sind jeweils spezifische Begründungsmuster zu erwarten, die von Seiten der Regierung die jeweils situativ erforderliche Suspendierung von Grund- und Freiheitsrechten gegen-

---

[1] Unter Ausnahmezustand verstehen wir die kriseninduzierte Expansion von Exekutivkompetenzen. Teile dieses Beitrages (Kap. 2.2 und 2.3) basieren auf überarbeiteten Analysen aus Lemke (2012).

[2] Unser Verständnis von Legitimität folgt dem integrierten Verständnis von Legitimitätsanspruch (Norm) und -glauben (Empirie) von Nohlen (1998, S. 350 ff.). Lipset (1960, S. 77) hatte auf die doppelte Dynamik von Legitimität verwiesen, da sowohl deren normative Grundlagen als auch die Modi der Erzeugung von Anerkennung einem permanenten Wandel unterliegen. Unter Legitimation verstehen wir die konkreten Praktiken (Handlungen, Diskurse etc.), die die Anerkennungswürdigkeit von Herrschaft jedweder Form vorbereiten. Ein Begriff, der eher empirisch orientiert und weniger normativ aufgeladen wäre und der Legitimation im Sinne der Generierung von Anerkennung – auch im repräsentativ-demokratischen Verfassungsstaat der Moderne – zu beschreiben vermag, könnte ganz allgemein Plausibilisierung von Herrschaft lauten.

über der Bevölkerung[3] legitimieren sollen. Auch können unterschiedliche Zielsetzungen identifiziert werden: Zwar ist es das primäre Ziel einer jeden Regierung, mit Hilfe des Ausnahmezustandes zum *status quo ante*, also zum Normalzustand, zurückzukehren. Zudem existieren sekundäre oder hinzutretende Zielsetzungen, so etwa die Beschleunigung von Entscheidungswegen zur Sicherstellung effizienten Regierens. Damit gehen der Ausschluss von Akteuren, die Einschränkung von Grundrechten sowie die Erweiterung des rechtlichen Handlungsspielraums der Exekutive einher – gegebenenfalls auch über die Dauer der auslösenden Krisensituation hinaus. Mit dem Argument, wonach Krisen „schnelles, ungehindertes und zielführendes Handeln" (Greiner 2013, S. 27) der Exekutive verlangen, werden so *en passant* grundlegende demokratische Mechanismen, wie die Einbindung verschiedener betroffener Akteure in Entscheidungsprozesse, Kooperation zwischen diesen Akteuren sowie die Kontrolle staatlicher Interventionspraktiken, die für die Legitimation des demokratischen Systems essentiell sind, im Ausnahmezustand ausgesetzt. Trotzdem ist der Ausnahmezustand kein rechtsfreier Raum, sondern eine zweckgebundene, zeitlich und räumlich begrenzte Ausnahmeregelung, deren einziges Ziel es sein sollte, die Rückkehr zum Normalzustand zu ermöglichen.

Angesichts dieser Heterogenität der diskursiven und realen Beschaffenheit des Ausnahmezustandes – verschiedene Krisenszenarien, die, weil sie essentielle Unterschiede aufweisen, an diverse Legitimationserzählungen (vgl. Lemke 2013) anschlussfähig sind und so unterschiedliche Ausformungen des Ausnahmezustands nach sich ziehen – sprechen wir vom Ausnahmezustand im Plural, also von *Ausnahmezuständen*. Mit Blick auf historische Fallbeispiele wird deutlich, dass etwa der Einsatz des Militärs im Innern im Falle eines Aufstands einer anderen Legitimation bedarf, als die Rechtfertigung von Maßnahmen im Falle des Ausbrechens einer Seuche oder der Bekämpfung der Folgen einer Naturkatastrophe. Zielführung, angewandte Mittel und deren Verhältnismäßigkeit sowie vor allem ihre Legitimation sind entsprechend den unterschiedlichen Szenarien zu bewerten.

Der Beitrag geht der Frage nach, auf welche Art und Weise in unterschiedlichen historischen Situationen Ausnahmezustände von der Regierung dem Souverän gegenüber (top-down) legitimiert wurden. Hierzu wird zwischen Ausnahmezuständen, die in der entsprechenden Legitimationspraxis in den USA unterschiedliche Auslöser aufweisen, unterschieden. Zwar verfügen die USA, anders als der überwiegende Teil repräsentativer Demokratien westlichen Typs, in ihrer Verfassungsordnung über keine genuine gesetzliche Verregelung des Ausnahme-

---

[3] Ob und inwieweit in der politischen Öffentlichkeit der Wunsch nach einer Normsuspendierung an die Regierung herangetragen wird, der Ausnahmezustand also bottom-up eingefordert wird, etwa wenn es um den vermeintlichen Zugewinn an öffentlicher Sicherheit durch verdachtsunabhängige Kontrollen geht, ist eine ebenfalls spannende Frage, die wir in diesem Beitrag allerdings nicht weiter verfolgen können.

zustandes. Sie sind dennoch ein geeigneter Untersuchungsgegenstand, weil sie auf die längste Geschichte repräsentativer Demokratien zurückblicken können, die ihrerseits reich an einschlägigen, gut dokumentierten Fallbeispielen ausgeweiteter Exekutivkompetenzen ist. Im ersten Teil werden verschiedene Auslöseszenarien und Ausnahmezustände historisch und mit Blick auf die jeweils verwendeten Legitimationsmuster rekonstruiert. Im zweiten Teil werden die verwendeten Legitimationsmuster zusammengefasst und es wird reflektiert, inwieweit in ihrer überzeitlichen Anwendung Muster erkennbar und ob sie gar verallgemeinerbar sind. Ob und inwiefern diese Muster eine Erosion rechtsstaatlicher Praxis in den repräsentativen Demokratien der Gegenwart andeuten, ist Gegenstand des abschließenden Fazits.

2 Ausnahmezustände in der Geschichte der USA

Bei der historisch vergleichenden Analyse von Ausnahmezuständen sind neben den Auslösern und den darauf bezogenen Plausibilisierungsstrategien noch weitere Faktoren zu beachten, in denen sich eine Veränderung vom Normalzustand in den Ausnahmezustand vollzieht. Indem diese Faktoren etwa territoriale oder temporale Aspekte der Normsuspendierung betreffen, erlauben sie Rückschlüsse auf die Gefährdung der Demokratie durch den Ausnahmezustand: In welchem geographischen bzw. zeitlichen Raum kann man von einem Ausnahmezustand sprechen und wie sind diese Grenzen markiert? Daneben stehen inhaltliche Grenzen, die sich aus der Plausibilisierungsstrategie ableiten lassen sowie ein institutioneller Rahmen, der für den Ausnahmezustand vorgegeben ist. Im Folgenden wird anhand der unterschiedlichen Szenarien beispielhaft gezeigt, wie sich verschiedenen Plausibilisierungen und Faktoren zu jeweils spezifischen Legitimationen für Ausnahmezustände verdichten. Hierzu ist die Analyse der Szenarien in Zusammenhang mit Urteilen des US Supreme Courts zielführend, da es in der Verfassung der USA sowie der Teilstaaten keine Festlegungen für Ausnahmezustände gibt (vgl. Weida 2004, S. 1397).

2.1 Aufstand (Moyer v. Peabody)

Der Fall Charles H. Moyer gegen James H. Peabody wird hier beispielhaft für Szenarien herangezogen, in denen das Verhängen eines Ausnahmezustandes auf regionaler Ebene stattfindet, um einen Aufstand – in dem zu untersuchenden Fall den Streik der Gewerkschaften – und die damit einhergehende Störung der öffentlichen Ordnung zu unterbinden und zu beenden (vgl. Dershowitz 2002, S. 193). Im hier untersuchten Fall gingen die Ausschreitungen auf beiden Seiten so weit, dass von „labor wars" (Suggs 1991) gesprochen wird, in deren Rahmen es zu zahlreichen Festnahmen ohne Haftprüfung und Prozess kam.

Zu den Ereignissen: Anfang des 20. Jahrhunderts kam es in Colorado in Verbindung mit Streiks[4] immer wieder zu offenen gewalttätigen Auseinandersetzungen zwischen den Arbeitern, den Industriellen, bzw. derer Söldnern, sowie der Nationalgarde, im Rahmen derer 1903 und 1904 mehrfach durch den Gouverneur, James H. Peabody, der Ausnahmezustand verhängt wurde (vgl. Weida 2004, S. 1413). Die daran beteiligten Minenarbeiter waren mehrheitlich in der militanten Western Federation of Miners (WFM) organisiert, deren Präsident Charles H. Moyer war.

Der amtierende Gouverneur sah in den anhaltenden Streiks und gewalttätigen Auseinandersetzungen eine Gefahr nicht nur für die Bürger, sondern auch für die Wirtschaft seines Landes, da die Unruhen Colorado zu einem unsicheren und damit unattraktiven Wirtschaftsstandort machten. Um Sicherheit, Recht und Ordnung zu gewährleisten, setzte Peabody die Nationalgarde ein. Dabei wurde der Streik der Minenarbeiter weitestgehend mit einem Aufstand gegen den Staat gleichgesetzt (vgl. Suggs 1991, S. 90 ff.). „Law and order [...] became synonymous with the destruction of the union"(Suggs 1991, S. 12).

Im Rahmen der staatlichen Intervention kam es zu systematischen Festnahmen ohne formale Anklage von Gewerkschaftsfunktionären und jenen, die sich gegen den Einsatz der Truppen äußerten, mit der Begründung der „militärischen Erforderlichkeit" (military necessity) (vgl. Suggs 1991, S. 95), darunter auch ein Friedensrichter, kritische Journalisten und Moyer[5], der zwei Monate in Isolationshaft verbrachte (vgl. Soifer 1998, S. 59). Das Recht auf Haftprüfung wurde suspendiert, die Presse zensiert, Saloons geschlossen und eine Ausgangssperre verhängt (vgl. Weida 2004, S. 1413).

Moyers Klage vor dem US Supreme Court mahnt die Verletzung zweier Rechte an: Die Verweigerung des Rechtes auf Haftprüfung (*habeas corpus*) trotz der Tatsache, dass die Gerichte funktionsfähig waren, sowie das Recht auf einen fairen Prozess. Der Supreme Court wies die Klage mit der folgenden Begründung zurück: „what is due process of law depends on circumstances. It varies with the subject matter and the necessities of the situation" (US-Supreme Court 1909). In diesem Fall sei anzunehmen, dass ein Ausnahmezustand vorlag und der Gouver-

---

[4] Zentrale Forderungen der Gewerkschaft war die Einführung, bzw. Aufrechterhaltung eines acht-Stunden-Arbeitstages sowie ein angemessener Mindestlohn (Suggs 1991, S. 17).

[5] Moyer, als Präsident der WFM, kritisierte diese Politik Peabody's, da weder der Dialog mit den Streikenden, noch eine unabhängige Untersuchung stattgefunden hatte, rückblickend jedoch auch, weil die Garde nicht nur Streikbrechern Schutz gewährt hatte, sondern auch Streikposten auflöste (Suggs 1991, S. 50 ff.).

neur Moyer „without sufficient reason, but in good faith" (US-Supreme Court 1909) festhalten ließ. Hiermit werden also die Festnahmen aufgrund militärischer Erforderlichkeit gestützt.[6]

> So long as such arrests are made in good faith and in the honest belief that they are needed in order to head the insurrection off, the governor is the final judge and cannot be subjected to an action after he is out of office, on the ground that he had no reasonable ground for his belief (US-Supreme Court 1909).

Kritisch zu werten ist der Fall Moyer vs. Peabody zum einen, weil die Bedienungen für den Ausnahmezustand fragwürdig und zum anderen, weil die Angemessenheit der ergriffenen Maßnahmen in Zweifel zu ziehen, jedoch einer ernsthaften Prüfung entzogen waren. Lokale Autoritäten, darunter der Sheriff sowie Teile der bürgerlichen Obrigkeit, widersprachen der Notwendigkeit einer Intervention (vgl. Suggs 1991, S. 96). Auch waren die Gerichte weiterhin offen; die Anordnung eines Bezirksrichters, Moyer freizulassen, wurde ignoriert (vgl. Soifer 1998, S. 59). Peabody, selbst Unternehmer, war eindeutig auf der Seite der Industriellen verortet. Ob seine Einschätzung der Lage „ehrlich" sowie „in guten Glauben", im Sinne einer neutralen Bewertung war, scheint mehr als fragwürdig. Ferner sind die ergriffenen Maßnahmen bezüglich ihrer Notwendigkeit und Angemessenheit, sowie deren Mitfinanzierung durch die Mienenbesitzer in Frage gestellt worden (vgl. Suggs 1991, S. 92). Eine Überprüfung dieser Maßnahmen wurde vom Supreme Court abgelehnt. Peabodys Urteil über die Lage und die zu ergreifenden Maßnahmen sind damit unanfechtbar. „Public danger warrants the substitution of executive for judicial process, and the ordinary rights of individuals must yield to what the executive honestly deems the necessities of a critical moment" (US-Supreme Court 1909). Was die Exekutive, hier durch Peabody verkörpert, in einem kritischen Moment – ehrlicherweise – als notwendig erachtet, dem müssten die Rechte der Individuen nachgeben. In Rückerinnerung an Carl Schmitts Aussage „Souverän ist, wer über den Ausnahmezustand entscheidet" (Schmitt 2004, S. 13) rückt hierbei die Schwächung der Demokratie durch die Verlagerung der Souveränität auf die Exekutive in den Fokus.[7] Wenn die Exekutive sowohl über die Verhängung des Ausnahme-

---

[6] Auch im Fall ex parte Milligan urteilte der Supreme Court 1866, dass die Suspendierung von habeas corpus auch unter der Bedingung offener Gerichte gerechtfertigt sei; Zivilisten dürften jedoch nicht vor Militärgerichte gestellt werden, solange Gerichte offen und funktionsfähig sind (US-Supreme Court 1866).

[7] Unterstützt wird diese Annahme auch durch ein Urteil des Supreme Court 1866, in dessen Begründung das Gericht schreibt: „The officer executing martial law is at the same time supreme legislator, supreme judge, and supreme executive. As necessity makes his will the law, he only can define and declare it" (US-Supreme Court 1866, S. 14).

zustandes als auch über die darin zu ergreifenden Maßnahmen und der Dauer entscheidet, wird der demokratische Rechtsstaat zu einem Schatten seiner selbst.

2.2 Krieg (Korematsu v. United States)

Ein weiterer Fall eklatanter, weil demokratiegefährdender Ausweitung der Exekutivkompetenzen steht im Kontext des Zweiten Weltkriegs und des japanischen Angriffs auf Pearl Harbor. Korematsu v. United States (US-Supreme Court 1944; Lemke 2011, S. 375 ff.) hat die Rechtsprechung des Supreme Courts sowie seinen historischen Kontext viele Jahre überdauert. Denn der Fall geht auf eine lange nicht aufbereitete, auf „racial prejudice, war hysteria, and a failure of political leadership" (United States Statutes at Large 1988, S. 2) gegründete Praxis der Krisenintervention zurück, die in der Beschneidung der Freiheitsrechte japanischstämmiger Amerikaner mündete, eine Bevölkerungsgruppe, deren Mitglieder fortan als *enemy alien* betrachtet wurden.

Um mit der angenommenen Bedrohung, um mit der Monstrosität der „citizens or permanent resident aliens of Japanese ancestry" (United States Statutes at Large 1988, S. 2) umgehen zu können und um weitere Gefährdungen durch diese Personengruppe nachhaltig auszuschließen, erließ die Exekutive am 19.2.1942 die Executive Order 9066. Diese legte die Einrichtung von Military Areas oder Exclusion Zones entlang der West- und Ostküste der Vereinigten Staaten durch das Militär fest, aus denen die sich dort aufhaltenden Japaner oder japanischstämmigen Amerikaner sukzessive in so genannte War Relocation Camps zu verbringen waren:

> Whereas, the successful prosecution of the war requires every possible protection against espionage and against sabotage to national defense material, national defense premises and national defense utilities [...]. Now, therefore [...] I hereby authorized and direct the Secretary of War [...], whenever he or any designated Commander deem such action necessary or desirable to prescribe military areas in such places and of such extent as he [...] may determine, from which any or all persons may be excluded, and with respect to which, the right of any person to enter, remain in, or leave shall be subject to whatever restriction the Secretary of War [...] may impose in his discretion (President of the United States 1942a).

In der Folge wurden im Zeitraum von Ende März 1942 bis Anfang 1943 mehr als 110.000 Personen zwangsweise umgesiedelt. Die für die Abwicklung der Umsiedlungen gegründete War Relocation Authority (vgl. President of the United States 1942b) betrieb im Zeitraum von 1942 bis 1946 insgesamt zehn Camps, von denen das letzte am 20.3.1946 geschlossen wurde.

Die vor diesem historischen Hintergrund formulierte Klage Fred Toyosaburu Korematsus, verhandelt am 11. und 12.10.1944 und entschieden am 18.12.1944, stellte die Verfassungsmäßigkeit der Executive Order 9066 infrage, weil sie die individuellen Freiheitsrechte einer amerikanischen Staatsbürgern ohne hinreichenden Grund negiere und gegen den vierzehnten Verfassungszusatz verstoße. Der Supreme Court wies mit dem von Associate Justice Hugo Black verfassten Urteil die Klage mit 6 zu 3 Stimmen zurück. Relevante Quellen für die Analyse der Legitimationsmuster für Exekutivexpansionen sind also das Mehrheitsurteil von Black, sowie die abweichenden und hinsichtlich des Rekurses auf den Schutz des Individuums gegenüber illegitimen Übergriffen der Exekutive relevanten Meinungen der Richter William F. Murphy und Robert H. Jackson. Das politische Spannungsfeld, das durch das Urteil etabliert wird, erstreckt sich, wie auch schon 1866, im Bereich der Abwägung von individuellen gegen Gemeinschaftsinteressen hinsichtlich der Wiederherstellung und Aufrechterhaltung von Sicherheit und wurde – anders als 1866– weit weniger eindeutig beurteilt.

Die in den Military Areas lebenden Japaner oder japanischstämmigen Amerikanern müssten, so der Tenor des Mehrheitsurteils, ihre Zwangsumsiedlung dulden, weil in Kriegszeiten das Schutzinteresse der Vereinigten Staaten als Ganzes vor Spionage und Sabotage das der einzelnen Bürger vor Beschneidung seiner bürgerlichen Freiheitsrechte überwiege. Eine solche Bestimmung habe auch dann Gültigkeit, wenn sie über eine Executive Order erlassen und von Durchführungsbestimmungen des Militärs konkretisiert werde, ohne dass ein Zustand des martial law vorliegen müsse. Konkret entfaltet diese „pressing public necessity" (US-Supreme Court 1944, S. 216) gegenüber dem Bürger Korematsu folgende Konsequenz:

> He was excluded because we are at war with the Japanese Empire, because the properly constituted military authorities feared an invasion of our West Coast and felt constrained to take proper security measures, because they decided that the military urgency of the situation demanded that all citizens of Japanese ancestry be segregated from the West Coast temporarily, and finally, because Congress, reposing its confidence in this time of war in our military leaders […] determined that they should have the power to do just this (US-Supreme Court 1944, S. 223).

Dieses Argument der größeren Zahl nimmt eine rein quantitative Verhältnisabwägung vor, die auf einer tiefgreifenden Unsicherheit hinsichtlich der nahen Zukunftserwartung gründet. Die Vermutung eines mit hinreichend hoher Wahrscheinlichkeit eintretenden und ob seiner Streuung nicht adäquat eingrenzbaren Risikos überführt unveräußerliche Bürgerrechte in ein kalkulatorisches Objekt, das, wenn die Umstände dafür sprechen, auch abgeschrieben werden darf.

Like curfew, exclusion of those of Japanese origin was deemed necessary because of
the presence of an unascertained number of disloyal members of the group, most of
whom we have no doubt were loyal to this country (US-Supreme Court 1944, S. 219).

Bezogen auf den Fall bedeutet dies, dass der real existierende Bürger Korematsu seiner ebenso real existierenden Bürgerrechte enthoben wird, weil die Prognose eines Risikos als ebenso real eingestuft wird. In dieser Begründungspraxis des Ausnahmezustandes vermischen sich demnach die Ebenen tatsächlicher und prognostizierter Realität mit dem Ergebnis, dass die prognostizierte Realität zum entscheidenden Kriterium für die Suspendierung der Normgeltung avanciert. Im Bemühen um den Schutz der Bevölkerung gewinnt die Idee der Gefahrenprävention an Attraktivität, und das ungeachtet der Tatsache, dass der Bestandsverlust von Grundrechten im vorliegenden Fall als massiv einzuschätzen ist. Motivational gesprochen ist es die Angst vor kommenden Ereignissen, die das Tor zum Ausnahmezustand aufstößt. Eines der Gesichter dieser Angst bekommt in der abweichenden Stellungnahme von Justice Murphy einen Namen – Rassismus:

This exclusion of all persons of Japanese ancestry [...] from the Pacific Coast area on
a plea of military necessity in the absence of martial law ought not to be approved.
Such exclusion goes over ‚the very brink of constitutional power' and falls into the
ugly abyss of racism (US-Supreme Court 1944, S. 233).

Murphy verweist auf die Gefahr der degenerativen Perpetuierung von Ausnahmezuständen, die dann eintreten kann, wenn sich die Entscheidungsgründe zu entsachlichen drohen. Entsachlicht ist die Begründung für die Notwendigkeit von Exekutivexpansionen dann, wenn sie auf Attribuierungen insbesondere von Personengruppen beruht, die einer empirischen Prüfung nicht standzuhalten vermögen und wenn für einen behaupteten Sachverhalt keine intersubjektiv anerkennungsfähigen Legitimierungen angegeben werden können (US-Supreme Court 1944, S. 240 ff.). Im vorliegenden Fall ist dieser Tatbestand durch den Verweis auf die japanische Abstammung der Verdächtigen erfüllt, die als hinreichend für die *exclusion* erachtet wird, und das unabhängig von einer etwaig vorliegenden tatsächlichen Täterschaft:

It is the case of convicting a citizen as a punishment for not submitting to imprisonment in a concentration camp, based on his ancestry, and solely because of his ancestry, without evidence or inquiry concerning his loyalty and good disposition towards
the United States (US-Supreme Court 1944, S. 226).

Statt aber durch Vorurteile und den Verweis auf Sündenböcke immer weiter zu expandieren, bedürfe die Exekutivexpansion der Einhegung: „Individuals", so Justice Murphy, „must not be left impoverished of their constitutional rights on a plea of military necessity that has neither substance nor support" (US-Supreme Court 1944, S. 234). Damit stellt sich angesichts von Murphys Rassismusvorwurf die Frage nach den Subjekten des Ausnahmezustandes.

Der Ausnahmezustand bedeutet nicht nur die Expansion von Exekutivkompetenzen. Er bedeutet, wenn es ihm nicht gelingt, eine Situation der Äußerlichkeit[8] herzustellen, das Einsetzen eines Prozesses der Segregation in einer vormals homogenen Bürgerschaft. Denn: „The petitioner, a resident of San Leandro, Alameda County, California, is a native of the United States of Japanese ancestry who, according to the uncontradicted evidence, is a loyal citizen of the nation." (US-Supreme Court 1944, S. 226) Dies ist einer der in Bezug auf die Regierungspraxis repräsentativer Demokratien hochgradig kritischen Aspekte. Denn die vom Souverän geschaffenen Institutionen wenden sich hier gegen den Souverän selbst:

> The judicial test of whether the Government [...] can validly deprive an individual of any of his constitutional rights is whether the deprivation is reasonably related to a public danger that is so ›immediate, imminent, and impending‹ as not to admit of delay and not to permit the intervention of ordinary constitutional processes to alleviate the danger (US-Supreme Court 1944, S. 234).

Die Demokratie greift hier ihre eigenen Fundamente an. Das Mehrheitsurteil von Black unterstreicht unmissverständlich, dass sich Korematsu als Bürger der Vereinigten Staaten hinsichtlich seiner Loyalität zur Verfassung in keiner Weise verdächtig gemacht hat. Das aus dem ‚gesunden Volkskörper' zu entfernende, pathologische Teil wird also für den Ausnahmezustand erst geschaffen. Zum Subjekt der konsekutiven Maßnahmen der Executive Order 9066, hier der Civilian Exclusion Order No. 34, wird Korematsu allein wegen seiner Abstammung. Damit liegt das klassische Segregationsmotiv der Ethnizität vor, das alleine Korematsu der Pflicht zur Internierung unterwirft. Damit liegen rassistische Motive für die vom Militär durchgesetzten Maßnahmen vor. Das Argument, das – in Übereinstimmung mit der Argumentation aus 1863 (Lemke 2012, S. 310 ff.) – in seinem Kern auf die Erfordernis eines möglichst effizienten Vorgehens des Militär verweist, zeigt sich zwar situativ als praktikabel. Auf langfristige Sicht unterminiert es aber den Zusammenhalt der ohnehin schon in einer manifesten Krise befindlichen Gesellschaft. Die

---

[8] Vgl. hierzu Kap. 3.1.

Personengruppe, die als Sündenbock fungiert, erlebt es als unmöglich, sich überhaupt noch ‚richtig' oder ‚falsch' zu verhalten:

> In the dilemma that he dare not remain in his home, or voluntarily leave the area, without incurring criminal penalties, and that the only way he could avoid punishment was to go to an Assembly Center and submit himself to military imprisonment, the petitioner did nothing (US-Supreme Court 1944, S. 230).

Nichts zu tun schützt im vorliegenden Fall laut Mehrheitsmeinung des Gerichts jedoch nicht davor, deportiert zu werden. Für japanischstämmige Amerikaner stellt die Verfassung keinen Schutzraum mehr da, sie wird zu einer Bedrohung. Das wiederum führt die Logik des Ausnahmezustandes als Präventivmaßnahme zur Gefahrenabwehr für diese Gruppe und in diesem konkreten Szenario ad absurdum.

> Yet no reasonable relation to an ›immediate, imminent, and impending‹ public danger is evident to support this racial restriction which is one of the most sweeping and complete deprivations of constitutional rights in the history of this nation in the absence of martial law (US-Supreme Court 1944, S. 235).

Die Implementierung der Exekutivexpansion mündet offenkundig in ein Dilemma, das sich zwischen dem Geltungsanspruch der Bürger und Freiheitsrechte und der als notwendig perzipierten Gefahrenabwehr entspannt. Die unbedingte Vehemenz, mit der der Ausnahmezustand nach einer Bereinigung der Krisensituation strebt, wird – über das Vehikel der rassistisch geschürten Angst, durch den Versuch der „legalization of racism" (US-Supreme Court 1944, S. 243), wie Justice Murphy zurecht moniert – zum Katalysator der Entdemokratisierung. In einer solchen Situation verteidigt die Exekutive, die sich des Ausnahmezustandes bedient, nicht mehr die Demokratie, sie trägt stattdessen zu ihrer Aushöhlung bei. Was als Systemstabilisierung und effiziente Krisenbearbeitung gedacht war, erweist sich so als systemoppositionelles Element demokratischer Herrschaft.

2.3 Terrorismus (Boumediene v. Bush)

Eine besondere Herausforderung bei der Bewertung von Ausnahmezuständen stellt der „Kampf gegen den Terror" dar. Von der US-Regierung ausgerufen handelt es sich hierbei um eine territorial und zeitlich unbegrenzte Abkehr vom Normalzustand: Der Kampf gegen den Terror ist global gedacht; zeitlich ist er offen, was sich unter anderem in einer auf Dauer angelegten Veränderung US-amerikanischen Rechts niederschlägt. Die Rückkehr zum *status quo ante* erscheint dabei immer schwerer möglich (Dershowitz 2002, S. 11 f.). Damit geht mit dem Kampf gegen den Terror eine permanente Veränderung US-amerikanischer Rechtstaatlichkeit einher, die auf andere westliche Demokratien ausstrahlt.

Auslöser der Ausnahmeregelungen waren die Anschläge vom 11.9.2001. Mit dem Ziel, den Terrorismus effektiv zu bekämpfen und die Schuldigen zu strafen, wurde eine Reihe neuer Gesetze und Verordnungen erlassen, zuvorderst die Autorization for Use of Military Force (AUMF), die es dem US-Präsidenten erlaubt, „to use all necessary and appropriate means" (AUMF 2001) gegen die Schuldigen der Anschläge und zur Verhinderung zukünftiger Anschläge.

Der Fall Boumediene v. Bush ist hierbei eines der zentralen Beispiele, in denen in Rekurs auf den Kampf gegen den Terror und die von den Terroristen ausgehende Gefahr, neben dem *habeas corpus*-Recht der Gefangenen auf Guantanamo auch das Recht auf ein faires Verfahren eingeschränkt wird.

Lakhdar Boumediene, ein Bosnier algerischer Abstammung, wurde in Bosnien festgenommen und unter dem Verdacht der Planung eines Anschlages auf die amerikanische Botschaft am 20.1.2002 nach Guantanamo verbracht (Sayare 2012, S. A6). Boumediene stellte einen Antrag auf Haftprüfung, darin argumentierend, dass seine Gefangenschaft einen Bruch des Rechts auf ein faires Verfahren sowie internationalen Rechts darstelle. Boumediene ist hier namensgebend; hinter dem Fall steht eine Sammelklage von Gefangenen auf dem US-amerikanischen Marinestützpunkt auf Kuba (US-Supreme Court 2008).

Was macht diesen Fall mit Blick auf die Legitimation und Dimensionen von Ausnahmezuständen so interessant? Der Fall Boumediene gegen Bush muss im Rahmen des „Kampfes gegen den Terror" gesehen werden. Dabei treten in allen zu untersuchenden Dimensionen kritische Punkte auf. Mit Fokus auf den territorialen Aspekt handelt es sich in erster Linie um Nichtbürger[9], die außerhalb der USA festgenommen wurden und außerhalb der USA gefangen gehalten werden, durch das US-Militär, ein Fakt, der die räumliche Entgrenzung des Kampfes gegen den Terror widerspiegelt. Die zeitliche Dimension ist hier von den Anschlägen vom 11.9.2001 ausgehend, offen (auch wenn Präsident Obama ein Ende des Kampfes gegen den Terror anstrebt).[10] Hinzu kommt, dass ein neuer Status jenseits des Zivil- und internationalen Rechts geschaffen wurde: der des *unlawful enemy combatant*, der auch Boumediene und seinen Mitklägern verliehen wurde. Damit werden sie jenseits des Bürgerstrafrechts sowie geltenden Kriegsrechts gestellt und damit

---

[9] Für den Diskurs um den Umgang mit US-Bürgern, die als *unlawful enemy combatant* klassifiziert wurden, siehe Hamdi v. Rumsfeld (2004).

[10] Vgl. Präsident Obamas Grundsatzrede zur nationalen Sicherheit vom 23. Mai 2013: „But our commitment to constitutional principles has weathered every war, and every war has come to an end" (White House 2013). Der Terrorismus als Phänomen und bleibende Gefahr wird auch nach der Zerschlagung von Zellen wie Al Quaeda weiterhin bestehen. „This is an endless war with ever changing enemies, always moving from place to place" (Dershowitz 2002, S. 10).

de facto zu vogelfreien Feinden gemacht (Prantl 2008, S. 12 ff.). Grundlage hierfür ist der Military Commissions Act (MCA 2006).

Der Status Guantanamos, das sich weder unter der Kontrolle Kubas noch unter der Souveränität der USA befindet, spiegelt so den Status der *unlawful enemy combatants* wider, welche sich weder nach dem US-amerikanischen Strafrecht, noch nach dem Kriegsrecht behandeln lassen. Die Begründung für dieses Exekutivhandeln liegt in der Gefahr, die vom internationalen Terrorismus ausgeht, sowie der nichtstaatlichen Aggression, die der Terrorist als Feind der USA und der westlichen Lebensweise darstellt. In Rückgriff auf diese Begründung wurden der Exekutive, vor allem in der Person des Präsidenten, umfassende Rechte zugewiesen, wie der eingangs zitierte AUMF verdeutlicht. Dabei wurden neben nationalen Rechtsnormen auch internationale Rechtsnormen, vor allem festgeschrieben in den Genfer Kriegsrechtskonventionen und der Antifolterkonvention, in Berufung auf die von den potentiellen Terroristen ausgehende Gefahr und den Krieg gegen den Terror eingeschränkt. Dies verdeutlichen kritische Anmerkungen in der New York Times vor dem Beschluss des MCA:

> the measure [...] would give Mr. Bush the power to jail pretty much anyone he wants for as long as he wants without charging them, to unilaterally reinterpret the Geneva Conventions, to authorize what normal people consider torture, and to deny justice to hundreds of men captured in error (New York Times 2006).

Lakhdar Boumedienes Schicksal ist ein Beispiel für die hier beschriebene Expansion der Exekutivkompetenzen: Er wurde unschuldig über sieben Jahre auf Guantanamo festgehalten, wo er misshandelt und in Folge eines Hungerstreiks zwangsernährt wurde (vgl. Sayare 2012, S. A6).

Gegen die von der Regierung angestrebte Übernahme der Judikative in Bezug auf mutmaßliche Terroristen urteilte der Supreme Court im Falle Boumediene, dass den Gefangenen das *habeas corpus*-Recht zukomme und der MCA, der die Gefangenen der Jurisdiktion US-amerikanischer Gerichte entziehen sollte, verfassungswidrig sei. Zwar gehöre Guantanamo formal nicht zu den USA, es stehe jedoch unter ihrer Kontrolle (US-Supreme Court 2008, S. 5 f.). In seinem Urteil im Falle Boumediene v. Bush verweist der Supreme Court auf die Grenzen der Exekutivgewalt auch in diesem Ausnahmezustandsszenario, die durch die Verfassung bestehen bleiben:

> The Constitution grants Congress and the President the power to acquire, dispose of, and govern territory, not the power to decide when and where its terms apply. To hold that the political branches may switch the Constitution on or off at will would lead to a regime in which they, not this Court, say ‚what the law is' (US-Supreme Court 2008, S. 5).

In Folge des Urteils wurde das Verfahren wie angewiesen an den District Court in Washington D.C. weitergegeben (US-Supreme Court 2008, S. 70), das die Freilassung von Boumediene und Anderen anordnete.

Das Gericht hat mit dem Urteil die eingangs beschriebene rechtsfreie Zone auf Guantanamo unter US-Gerichtsbarkeit gestellt und den Gefangenen einen Rechtsstatus jenseits des *enemy combatant* zugesprochen und damit den Schutz durch das US-amerikanischen Rechtssystem.

Während in den bisher erläuterten Fällen die Rückkehr zum *status quo ante* Ziel der Ausnahmeregelungen war, und diese räumlich und zeitlich begrenzt waren, ist der Krieg gegen den Terror als neues Phänomen zu bewerten in dem der Ausnahmezustand – die Expansion von Exekutivkompetenzen sowie die Suspendierung von Normen – perspektivisch zum Normalzustand werden und damit der freiheitlich-demokratische Rechtsstaat nachhaltig geschädigt, bzw. in seinem Wesen verändert werden könnte. Die „ausnahmsweise ergriffenen provisorischen" Maßnahmen werden „zu einer Technik des Regierens" (Agamben 2004, S. 9; vgl. auch Prantl 2008, S. 16).

2.4 Naturkatastrophe (Hurricane Katrina)

Die historische Konstellation um den Hurricane Katrina von Ende August 2005 verbindet erstmalig zwei Akteure, die erst im Ausnahmezustand miteinander zu kooperieren beginnen. Die private Sicherheitsfirma Xe Services mit Sitz in North Carolina, die noch bis Anfang 2009 Blackwater Worldwide hieß, wurde weltweit bekannt durch ihr Engagement als sogenannter Private Contractor verschiedener US-amerikanischer Ministerien, Behörden und Unternehmen im Zweiten Irakkrieg (Operation Iraqi Freedom). In dessen Verlauf waren die Söldner der als größter privater Sicherheits- und Militärdienstleister weltweit eingestuften Firma mehrfach durch exzessive Gewaltanwendung aufgefallen. Weniger bekannt ist ihr Einsatz unter dem Namen Blackwater USA an der amerikanischen Heimatfront im Zusammenhang mit der Abwicklung verschiedener Zivil- und Katastrophenschutzeinsätze in Folge von Katrina in und um New Orleans. Diese weitreichende Intervention eines privaten Sicherheitsunternehmens in einem Katastrophengebiet markiert die Umakzentuierung im Sinne einer Privatisierung des Ausnahmezustandes. Waren bislang staatliche Institutionen exklusiv in die Abwicklung hoheitlicher Aufträge zur Krisensituationen involviert, so gilt diese Beschränkung fortan nicht mehr. In den Raum zwischen Bürger und Staat treten private Sicherheitsunternehmen. Diese Konstellation ist insofern brisant, als die im Ausnahmezustand ohnehin fragile Legitimitätsbasis staatlicher Intervention durch das Hinzutreten von demokratisch nicht legitimierten, privatwirtschaftlich organisierten Akteuren zusätzlich belastet wird: „FEMA" – die andere, die staatliche Seite, „is broken, because FEMA was supposed to be the link between people and government in time of natural disasters" (Pelosi 2006), hatte die damalige Sprecherin des Repräsentantenhauses, Nancy Pelosi, diese Konstellation im Februar 2006 zutreffend charakterisiert, nachdem die Organisations- und Kommunikationsdefizite der staatlichen Stellen während und nach der Katastrophe bekannt geworden waren. Insofern durch Katrina die nachhaltige Unfähigkeit der zuständigen Behörden zu einer adäquaten Krisenintervention offen gelegt wird, treffen zwei Katastrophen in einem Punkt zusammen: Einerseits das Ereignis einer Naturkatastrophe sowie darüber hinaus die Enthüllung eines manifesten Staatsversagens im präventiven wie auch reaktiven Umgang mit eben dieser Katastrophe. Angesichts dieses doppelten Staatsversagens in der Abwicklung und der Vorbereitung der Krisenintervention und angesichts massiver Zeitknappheit erscheint die Hinzuziehung weiterer Kräfte, sogenannter Contractors, also gerade auch nichtstaatlicher, dann nur folgerichtig. Diese nämlich stehen schnell und zumeist auch kostengünstig (verglichen mit uniformierten Personal) zur Verfügung und besitzen bereits langjährige Erfahrungen mit der Einbindung privater Dienstleister in sicherheitssensible Aufgabenbereiche. Die gewohnheitsmäßige Einbindung privater Kräfte liest sich in demokratietheoretischer Perspektive jedoch als unmittelbarer Ausdruck staatlicher Schwäche. Sie erweist sich als ein politisches Problem, das seine Virulenz aus der Tatsache ableitet, dass nicht nur die im Ausnahmezustand ohnehin fragil gewordene staatliche Legitimität, sondern auch die grundsätzliche staatliche Garantie zum verantwortungsvollen und transparenten Umgang mit Krisensituationen prekär geworden ist.

> [D]emocratic government is responsible government – which means accountable government – and the essential problem in ‚contracting out' is that responsibility and accountability are greatly diminished (Singer 2005, S. 126).

Die Bestimmungen des im Falle der Anwendung militärischer – oder eben auch: militärisch beauftragter – Macht im Innern einschlägigen Posse Commitatus Acts werden durch private Contractors insofern unterminiert, als durch die Privatisierung von Kriseninterventionen die Beschränkung von Interventionskompetenzen im Innern nicht mehr qua Gesetz, sondern nur durch Angebot und Nachfrage eingehegt werden kann. Dementsprechend verfügen die privaten Sicherheitsdienstleister selbst über die Möglichkeit, Angebot und Nachfrage – und damit auch ihre eigene Bedeutung zu beeinflussen, etwa indem sie gezielt Infrastruktur und Ressourcen anbieten, deren Nutzung durch staatliche Stellen aufgrund bestehender Knappheit und Dringlichkeit kaum abgelehnt werden kann. Die auf einer „unusual source to protect people and property" (Witte 2005) beruhende Privatisierung des Ausnahmezustandes, in die der Staat durch eigenes Versagen in der Katastrophenvorsorge geradezu getrieben wird, erweist sich somit als multiple Krise staatlicher Macht, die in einer zeitkritischen Situation zu einer Konzentration eigener Macht, also zur Selbstorganisation, offensichtlich nicht fähig und zur konkreten Abarbeitung des Krisenszenarios nicht in der Lage ist. Der Staat, der nicht hinreichend präventiv, sondern verstärkt reaktiv auf Krisen reagieren kann, erscheint im Falle des tatsächlichen Eintretens einer Krise überfordert, und diese Überforderung zwingt ihn zur Hinzuziehung privatwirtschaftlicher Kräfte. Der reaktive Staat erscheint also in mehrfacher Hinsicht als ein Gefangener. Er ist Gefangener sowohl des Marktes wie auch seiner selbst.

Angesichts dieser Diagnose einer Selbstblockade des Staates erscheint im Ringen um mehr Sicherheit als notwendige Vorbedingung für eine effiziente Katastrophenhilfe ein neuer Akteur. Blackwaters Auftreten im Katastrophengebiet in und um New Orleans, wird dabei rückblickend unter zwei Gesichtspunkten beschrieben. Einerseits wird die Schnelligkeit, die Unmittelbarkeit der Bereitstellung von Ressourcen „just 36 h after the levies broke" (Temple-Raston 2007) betont, wodurch eine Art Improvisation oder Selbstermächtigung angesichts knapp bemessener Zeit angedeutet wird; andererseits wird das Tätigwerden von Blackwater, das in kürzester Frist ca. 600 Mitarbeiter aufzubieten vermochte, auf bestehende oder im Verlauf des Einsatzes fortgeschriebene oder neu abgeschlossene Verträge mit dem DHS, einer staatlichen Stelle, die selbst offensichtlich nicht hinreichend in der Lage war, eine effektiven Einsatz zu organisieren, zurückgeführt. Beide Einschätzungen – Improvisation und Kontinuität – scheinen miteinander wenig kongruent, wobei diese Widersprüchlichkeit eine Ursache für das Transparenzdefizit andeutet, das Scahill in seiner Analyse der Sicherheitsdienstleistungen Blackwaters im Zuge des Katastrophenmanagements in New Orleans als rechtlich bedenklich angemahnt hatte. Aus Sicht der handelnden Akteure muss eine solche verminderte Zurechenbarkeit von Verantwortung in Ausnahmesituationen jedoch nicht von Nachteil sein. Im Gegenteil steht zu vermuten, dass sie, gerade weil eine konkrete Zuordnung von Verantwortung und eine hinreichende Transparenz erschwert werden, attraktive Handlungslücken für staatliche und nicht-staatliche Akteure eröffnet. Damit unterliegen das Sicherheitsbedürfnis der Bürger und die Verpflichtung der Exekutive, diesem Bedürfnis nachzukommen, einem Zielerreichungskonflikt – maximale Rechtsstaatlichkeit (denn auch der Ausnahmezustand ist vom Rechtsstaat nicht völlig entkoppelt) und maximale Sicherheit sind offenkundig nicht kompatibel.

Was sich aus dem Katrina-Fall ableiten lässt, ist der argumentative Rahmen eines in der Katastrophe schutzbedürftigen Staates, der seinen Kernaufgaben nur dann nachzukommen vermag, wenn er zusätzliche Sicherheitsmaßnahmen einkaufen kann. Damit bröckelt das Monopol des Staates, das in militärischen wie zivilen Katastrophen- und Krisenfällen auf staatliche Akteure gesetzt hatte. Rechtlich ist diese Erosion des staatlichen Sicherheitsmonopols insofern bedenklich, als in Situationen ohnehin schon gesteigerter Fragilität staatlicher Legitimität Akteure hinzugezogen werden, die der staatlichen Kontrolle und Rechenschaftspflicht nur in einem geminderten Maße unterliegen. Die Akzeptanz, die Blackwater als privatwirtschaftlich organisierter Akteur im Rahmen der Krisenintervention dennoch erfährt, wird erst mit der Ohnmacht staatlicher Institutionen möglich. Auf der Zeitachse betrachtet, mündet der Prozess der schleichenden Erosion des staatlich-institutionell verankerten Akteursmonopols in Ausnahmesituationen in der Substituierung staatlicher durch privatwirtschaftlich organisierte Anbieter.

Auch wenn die Intervention Blackwaters in Folge der durch den Hurrikan Katrina ausgelösten Katastrophe in und um New Orleans gemessen an den von staatlicher Seite erbrachten Leistungen nur minimalen Ausmaßes war, so kommt ihr doch eine erhebliche symbolische Bedeutung zu. Einmal auf der Ebene der Begründungslogik des Ausnahmezustands, der nach Katrina ein nach marktlichen Schlussregeln plausibilisierbarer Diskurs ist. Das Spektrum akzeptabler Begründungen hat sich damit signifikant über den politischen Rahmen hinaus erweitert. Die andere Ebene, die tangiert wird, ist die der demokratischen Legitimität und Verantwortung von Exekutivexpansionen, die erstmals zugunsten von Effizienz- und Kostenüberlegungen überlagert wird. Eine demokratietheoretische Dimension der Kritik am Contracting out wird offenbar, wenn man an die Innovation der amerikanischen Demokratie erinnert, wie sie James Madison in den Federalist Papers formuliert hatte:

„[...] De[r] Fortschritt Amerikas gegenüber der antiken Methode..., einen ordentlichen Verfassungsentwurf vorzubereiten und zu verabschieden [...]" bestand gerade darin „einen Neuanfang durch die Intervention einer beratenden Versammlung der Bürger herbeizuführen und nicht durch eine mystische Verfassungsquelle" (Madison, zit. nach Adams und Adams 1994, S. 217, S. 216).

Die Verweise auf den Markt können angesichts einer hegemonial gewordenen neoliberalen Ideologie noch über das *Effizienzgebot*[11] hinaus als eine neue strategische Erzählung beschrieben werden, die sich unter dem Begriff der Ökonomisierung des Ausnahmezustandes fassen ließe.

---

[11] Vgl. hierzu Kap. 3.3.

3 Legitimationsmuster von Ausnahmezuständen

In den hier vorgestellten Krisenszenarien wurden von der Exekutive situativ unterschiedliche Rechtfertigungserzählungen genutzt, um die Notwendigkeit der Verhängung eines Ausnahmezustandes sowie die Angemessenheit der eingesetzten Mittel zu plausibilisieren. Die im Zuge der Exekutivexpansionen jeweils getroffenen Maßnahmen zur Aufrechterhaltung der öffentlichen Ordnung und zur Abwendung einer Krise gründen dabei trotz situativer Unterschiede auf funktional ähnlich angelegten Plausibilisierungs- und Rechtfertigungsmustern. Diese Muster mitsamt ihrem über die Zeit stabilen funktionalen Kern sollen im Folgenden kurz umrissen werden. Insgesamt können auf Basis der untersuchten Szenarien vier verschiedene Muster identifiziert werden: Situation der Äußerlichkeit, Freund-Feind-Unterscheidung, Effizienz und Notwendigkeit.

3.1 Situation der Äußerlichkeit

Die Situation der Äußerlichkeit ist ein Rechtfertigungsmuster, in dem die Notwendigkeit eines Ausnahmezustands durch gegenüber der eigenen Verfassungsordnung als außenstehend konstruierte individuelle oder kollektive Akteure legitimiert wird. Dieser individuelle oder kollektive Akteur wird als Gegenüber im Rahmen einer ansonsten (also etwa völkerrechtlich) legitimen Auseinandersetzung beschrieben. Entsprechend seiner Rolle wird diesem Akteur die Absicht zugeschrieben, dem von ihm angegriffenen Verfassungsgefüge schaden zu wollen. Gegen diese Bedrohung muss sich der Staat verteidigen, was eine Expansion der Exekutivkompetenzen erforderlich macht. Die Suspendierung der im Normalfall geltenden Normen wird damit nicht gewollt, sondern ist der äußerlichen Bedrohung geschuldet und lediglich eine notwendige Reaktion hierauf, um die geltende Ordnung zu verteidigen (Lemke 2012, S. 327). Die Situation der Äußerlichkeit schafft damit eine Defensivsituation, die außergewöhnliche Praktiken als von außen erzwungen legitimiert und verschleiert so anderweitige Absichten im Zusammenhang mit nicht verfassungsgemäßer Machtakkumulation.

Mit Blick auf den Fall Moyer v. Peabody ist festzustellen, dass die Streikenden hier als Bedrohung konstruiert wurden, als Gruppe, die nicht nur die öffentliche Ordnung, sondern auch das wirtschaftliche Wohlergehen Colorados derart in Gefahr brachte, dass die Ausrufung des Ausnahmezustands und die damit verbundenen Maßnahmen aus Sicht der Exekutive gerechtfertigt und notwendig erschien. Der Fall Moyer ist ein Beispiel der Schuld aufgrund von Zugehörigkeit; er wurde nicht aufgrund einer konkreten Tat, sondern aufgrund der Zugehörigkeit zu einem kollektiven Akteur, hier der WFM, als Mitglied einer Organisation, die zur Störung der öffentlichen Ordnung beitrug, festgehalten (Soifer 1998, S. 59).

3.2 Freund-Feind-Unterscheidung

Die Freund-Feind-Unterscheidung ist eine Konstruktion eines existenziellen Konflikts zwischen zwei Gruppen von Kombattanten in wertender Absicht. Die eigene Gruppe wird gegenüber der als feindlich entworfenen als moralisch und/oder ethisch höherwertig konstruiert. Die Gruppe der Feinde muss dabei nicht zwingend von außen die Verfassungsordnung bedrohen, sondern kann diese auch von innen unterminieren. Feinde, die Teil der Gesellschaft und damit Staatsbürger sind, werden in der Folge trotz dieses Status nicht mehr als solche, sondern vielmehr als Kombattanten beschrieben (Lemke 2012, S. 315). Hierin liegt die besondere politische Brisanz dieses Plausibilisierungsmusters: Wenn der Feind als Bürger gleichsam Teil des Souveräns ist und er den Schutz durch die Rechtsordnung genießt, die ihm als Feind jedoch für die Dauer der Gefährdungslage entzogen wird, dann spaltet dieses Legitimationsmuster den Souverän. Diese Spaltung erlaubt dann die gruppenbezogene Suspendierung von Grundrechten. Denn während der Schutz der Bürger die zentrale legitimatorische Aufgabe der Exekutive ist, so bedarf es keiner besonderen Rechtfertigung, dem ,Feind' diesen Schutz zu entziehen (Lemke 2012, S. 315 f.).

Diese Unterscheidung spiegelt sich auch im Falle Korematsu v. United States wider, in dem eine Bevölkerungsgruppe, japanischstämmige US-Amerikaner, als *enemy alien* klassifiziert wurden. Im Falle Moyer v. Peabody ist die Bewertung schwieriger: Neben den Gewerkschaftern wurden auch weitere Bürger, die sich kritisch gegenüber der staatlichen Intervention äußerten, in gleicher Weise Gegenstand der Intervention. Jedoch konnte unter den Staatsbürger somit eine Gruppe festgemacht werden, die eine Gefahr für die Gemeinschaft darstellte. Hinzu kommt, dass die Zerschlagung oder Schwächung der WFU ein Ziel der staatlichen Intervention war.

Besonders erscheint hier die Schaffung des *unlawful enemy combatant*, weil anders als in den vorher genannten Fällen, unklar bleibt, wer aus welchen Gründen zum „feindlichen Kombattanten" erklärt werden kann und der Exekutive damit ein Definitionsfreiraum zukommt.

3.3 Effizienz

Die Notwendigkeit, schnell, angemessen und umfassend angesichts der jeweiligen Krisensituation zu handeln, führt zu einem Legitimationsmuster, das als Effizienzgebot bezeichnet werden kann. Der Normalzustand wird dabei wegen seiner Einhegung durch die verfassungsmäßigen Rechtsbestimmungen als umständlich und retardierend angesichts der zu bewältigenden Krise beschrieben. Die Normalität der Rechtsgeltung – Kernbestand des legalen Legitimitätsglaubens – wird zugunsten einer vorgeblich schnelleren, besseren Problemlösungsfähigkeit der von verfassungsrechtlichen Restriktionen weitestgehend entbundenen Exekutive aufgegeben. Die Krisenintervention im Ausnahmezustand, ehedem unter striktem Vorbehalt der Exekutive, wird so tendenziell zu einer marktfähigen Dienstleistung. Damit meint Ökonomisierung im Zusammenhang mit der Plausibilisierung von Ausnahmezuständen immer zweierlei: Es geht um die Diskussion eines möglichst effizienten Ressourcenansatzes und um die Akteursdimension bei der Abarbeitung der Krise. Es muss nicht immer automatisch der Staat, sondern es können erforderlichenfalls auch private Anbieter Interventionsleistungen im Zuge der Abwendung einer Krise erbringen.

Das Katastrophenmanagement während und nach dem Hurricane Katrina liefert den Präzedenzfall für dieses Plausibilisierungsmuster. Das in Richtung Ökonomisierung von Kriseninterventionen deutende Effizienzgebot führt dabei zu einer neuen Akzentuierung im Sinne der Privatisierung des Ausnahmezustandes. Auch in den anderen, stärker auf einer Kriegs- oder Konfliktsituation gründenden Legitimierungen spielt die effektive, pragmatische Handhabung der Situation eine gewichtige Rolle – wie etwa die Deportation der japanischstämmigen Amerikaner verdeutlicht.

3.4 Notwendigkeit

Die Suspendierung bestimmter Normen im Rahmen des Ausnahmezustandes wird als notwendig bewertet, um zum *status quo ante* zurückzukehren, die Bedrohung durch Aufstand, Krieg oder eine Naturkatastrophe abzuwenden. Die Suspendierung der Norm wird als zu ihrer Erhaltung notwendig bewertet – etwas, das vielleicht nicht nur auf den ersten Blick paradox erscheinen mag. Die damit einhergehende Gefahr für das System in Anbetracht einer – je nach Situation – existentiellen Bedrohung für das Regime wird dabei zweitrangig; um die gegenwärtige Bedrohung für das Regime abwenden zu können, wird eine (Teil)Suspendierung des Systems gefordert, bzw. als notwendig erachtet, selbst wenn diese – vorübergehend – das demokratische System selbst und seine Schutzmechanismen gegen Machtakkumulation und Rechtsbeugung bzw. -bruch einschränkt. Der demokratische Verfassungsstaat ist so ausgelegt, dass er im Normalzustand funktioniert, der sich grundlegend vom Krisenzustand unterscheiden kann. „*Therefore, in time of crisis a democratic, constitutional government must be temporarily altered to whatever degree is necessary to overcome the peril and restore normal conditions*"

[Hervorhebung im Original] (Rossiter 1948, S. 5). Diese Veränderung ist allerdings dem Ziel verpflichtet, schnellstmöglich zum *status quo ante* zurückzukehren (Greiner 2013, S. 26).

Im Fall Moyer v. Peabody wird dieser Rekurs auf die Notwendigkeit am Begriff der ‚military necessity' deutlich, die als Begründung für die Festnahme Moyers angeführt wird: Es war militärisch notwendig Moyer und andere festzuhalten, um den Streik zu brechen und damit die öffentliche Ordnung wiederherzustellen. Darüber hinaus und auch bedeutsamer argumentiert das Gericht, wie bereits zitiert, dass, was ein ordentliches Gerichtsverfahren sei von den Umständen, von den „necessities of the situation", abhänge. Was die Umstände erfordern legt wiederum die Exekutive, hier verkörpert durch den Gouverneur, fest: „Public danger warrants the substitution of executive for judicial process, and the ordinary rights of individuals must yield to what the executive honestly deems the necessities of a critical moment" (US-Supreme Court 1909). Problematisch daran ist, dass die Feststellung der Notwendigkeit eines Ausnahmezustandes sowie der im Rahmen des Ausnahmezustandes notwendigen Maßnahmen in einer Person zusammenlaufen – der des Gouverneurs. Um aber sicherzustellen, dass der Ausnahmezustand und die damit verbundenen Mittel nur zum Zweck der Rückkehr zum *status quo ante* eingesetzt werden und auf diesen Zweck begrenzt sind, ist jedoch entscheidend, dass „die Entscheidung zur Verhängung oder Beendigung eines Notstandsregimes […] nicht von jenen getroffen werden, die für das politisch operative Geschäft zuständig sind" (Greiner 2013, S. 28). Diese Problematik der Aushebelung der Gewaltenteilung wird auch im Umgang mit dem internationalen Terrorismus deutlich, der als Bedrohung für die Freiheit konstruiert wird. Diese seine Qualität mache die im Kampf gegen den Terror ergriffenen Maßnahmen notwendig im Sinne von alternativlos: „To defeat this threat we must make use of every tool in our arsenal" (White House 2002).

4 Versuch einer Systematisierung

Gegenstand des Artikels war es, anhand konkreter historischer Ausnahmezustände in der Geschichte der USA die diskursiven Praktiken – also Plausibilisierungen, Begründungen, Erzählungen – zu rekonstruieren, mit deren Hilfe die beteiligten Akteure die Stärkung von Machtkompetenzen der Exekutive zu legitimieren suchten. Ausgehend von dieser Rekonstruktion wurden in einem induktiven Schluss aus den konkreten Einlassungen Muster abgeleitet, die auf deren funktionalen, legitimatorischen Kern abzielen. Die hier analysierten Fälle haben gezeigt, dass bestimmte diskursive Praktiken an unterschiedlichen Zeitpunkten wiederholt auftreten, jedoch in verschiedenen Kombinationen (Tab. 1).

Tab. 1 Legitimationsmuster nach Fällen. (Quelle: eigene Darstellung)

	Moyer v. Peabody	Korematsu v. United States	Boumediene v. Bush	Hurricane Katrina
Situation der Äußerlichkeit	+	+	+	kA
Freund-Feind-Unterscheidung	o	+	+	kA
Effizienz	kA	–	–	+
Notwendigkeit	+	+	+	–

Legende zum Auftreten der Plausibilisierungsmuster nach Fällen: += stark; o = mittel; – = schwach; kA = nicht zutreffend

Neben der retrospektiven Zuordnung der vier hier identifizierten Legitimationsmuster zu den einzelnen Fällen kann zudem auch eine Aussage über die möglichen Kombinationen der Legitimationsmuster – so, wie sie in der geringen Fallzahl beobachtet werden konnten – getroffen werden. Dabei wird eine hohe Kombination zwischen den Legitimationsmustern *Situation der Äußerlichkeit* und *Freund-Feind-Unterscheidung* festgestellt werden, was insofern wenig verwunderlich ist, als dass die erstgenannte die diskursive Voraussetzung der letztgenannten ist. Allgemein weniger stark anschlussfähig ist indes das Legitimationsmuster *Effizienz*, das insgesamt nur im Kontext der Katastrophenhilfe stark vertreten ist. Die Notwendigkeit indes gehört, ähnlich wie das Paar Äußerlichkeit/Freund-Feind, zum universellen Standardrepertoire bei der Legitimation der krisenindizierten Expansion von Exekutivkompetenzen (Tab. 2).

Die Analyse verschiedener Begründungsmuster von Ausnahmezustandsszenarien hat damit gezeigt, dass eine Beschreibung *des* Ausnahmezustands jenseits eines konkreten Bezugsrahmens aufgrund der verschiedenen Phänomene unzureichend ist. Vielmehr muss von einer Pluralität von Ausnahmezuständen ausgegangen werden, die einer eigenen Beschreibung und Bewertung bedürfen. In den verschiedenen Szenarien treten jedoch immer wieder ähnliche Begründungsmuster

Tab. 2 Gemeinsames Auftreten von Legitimationsmustern. (Quelle: eigene Darstellung)

	Situation der Äußerlichkeit	Freund-Feind-Unterscheidung	Effizienz	Notwendigkeit
Situation der Äußerlichkeit		+	–	+
Freund-Feind-Unterscheidung	+		–	+
Effizienz	–	–		+
Notwendigkeit	+	+	+	

Legende zur Kombination der Plausibilisierungsmuster: += immer; –= fallweise auf, die zur Legitimation des jeweiligen Ausnahmezustandes sowie der zu ergreifenden Maßnahmen herangezogen werden.

Aus normativ-demokratischer Perspektive verdeutlichen die hier behandelten Beispiele eine nicht unerhebliche Gefahr: Die Ausnahme – sei es wegen der Aufhebung zeitlicher Begrenzungen, der nachhaltigen Einschreibung von Exekutivexpansionen in das repräsentativ-demokratische Verfassungsgefüge oder der sich verdichtenden zeitlichen Frequenz ihres Auftretens – könnte mehr und mehr zur Norm werden. Dabei ist der Ausnahmezustand freiheitsbeschränkend, undemokratisch und er suspendiert rechtsstaatliche Garantien. Konkret birgt er daher die Gefahr, genau das zu schädigen oder zu zerstören, um dessen Willen er ausgerufen wird: Den freiheitlich-demokratischen Rechtsstaat. Besonders die Folgen des US-amerikanischen Kampfes gegen den Terror deuten darauf hin, was passieren kann, wenn der Ausnahmezustand sich dauerhaft im Rechts- und Institutionengefüge einer Demokratie etabliert: Es entsteht ein Raum jenseits des Rechtsstaates und der sukzessive Umbau der Rechtsstaates in einen Präventionsstaat geht mit der zunehmenden Menschen- und Grundrechtsverletzungen einher. Der Ausnahmezustand, der auf Dauer angelegt ist, wird zum Normalzustand, die Exekutivlastigkeit des Systems wird zur Regel:

> Ebenso, wie der sogenannte Krieg gegen den Terrorismus von der Exekutive als auf Dauer gestellter Konflikt dargestellt wird, so ist auch die Verfügbarmachung des Personenkreises der illegalen Kombattanten für eine außerrechtliche Verfolgung dauerhaft angelegt (Lemke 2012, S. 323).

Die Auswirkungen einer solchen Praxis für den Alltag und die innere Festigkeit repräsentativer Demokratien (hierzu jüngst Voigt 2013), die über das hier präsentierte Beispiel der USA hinaus einer systematischen, international vergleichenden Analyse unterzogen werden müssten, können gar nicht als gravierend genug eingeschätzt werden. Denn was durch die anhaltende Ausnahmepraxis nicht nur der US-amerikanischen Regierung seit 2001 zerstört wurde und wird, ist das Vertrauen in die Leistungsfähigkeit der repräsentativen Demokratie und damit in die systemische Überlegenheit der Demokratie insgesamt, die unter Druck offenbar tendenziell despotisch reagiert.

Literatur

Adams A, Adams WP (1994) Die Federalist-Artikel. Politische Theorie und Verfassungskommentar der amerikanischen Gründerväter. Mit dem englischen und deutschen Text der Verfassung der USA, Paderborn et al.

Agamben G (2004) Ausnahmezustand. Homo Sacer II.1, Suhrkamp, Frankfurt am Main

AUMF (2001): Authorization for Use of Military Force, Pub. L. No. 107–40, 14.09.2001
Dershowitz AM (2002) Why Terrorism Works. Understand the Threat, Responding to the Challenge, Yale University Press, New Haven und London
Greiner B (2013) Konstitutionelle Diktatur. Clinton Rossiter über Krisenmanagement und Notstandspolitik in modernen Demokratien. Mittelweg 36:24–40
Lemke M (2011) Das alternate law der Demokratie. Begründungspraktiken für Ausnahmezustände in den USA und Spanien. Zeitschrift für Politik 56:369–392
Lemke M (2012) Ausnahmezustände als Dispositiv demokratischen Regierens. Eine historische Querschnittsanalyse am Beispiel der USA. Zeitschrift für Politikwissenschaft 22:307–331
Lemke M (2013) Am Rande der Republik. Ausnahmezustände und Dekolonisierungskonflikte in der V. Französischen Republik. In: Voigt R (Hrsg) Ausnahmezustand. Carl Schmitts Lehre von der kommissarischen Diktatur. Baden-Baden, Nomos-Verlag, S. 185–208
Lipset SM (1960) The Political Man. The Social Bases of Politics. Garden City
MCA (2006) Military Commissions Act, Pub. L. No. 109–366. 17.10.2006
Möllers C (2013) Legitimationschancen unserer Demokratie. Zeitschrift für Politikwissenschaft 23:279–288
New York Times (2006) Rushing Off the Cliff. 28.9.2006. www.nytimes.com/2006/09/28/opinion/28thu1.html?_r = 0 . Zugegriffen: 3. November 2013
Nohlen D (1998) Legitimität. In: Nohlen D, Schultze RO, Schüttemeyer SS (Hrsg) Politische Begriffe. München, S. 350–352
Pelosi N (2006) Katrina Response a Scandal of Incompetence and Cyronism. California Chronicle, 8.2.2006
Prantl H (2008) Der Terrorist als Gesetzgeber. München
President of the United States (1942a) Executive Order 9066, by the President of the United States, Authorizing the Secretary of War to Prescribe Military Areas, 7 F.R. 1407, February 25, 1942
President of the United States (1942b) Executive Order 9102, by the President of the United States, Establishing the War Relocation Authority in the Executive Office of the President and Defining Its Functions and Duties, 7 F.R. 2165, March 18, 1942
Rossiter C (1948) Constitutional Dictatorship. Crisis Government in the Modern Democracies. Princeton
Sayare S (2012) After Guantánamo, Starting Anew, in Quiet Anger. The New York Times. 26.05.2012, S. A6
Schmitt C (2004) Politische Theologie. Berlin
Singer PW (2005) Outsourcing War. Foreign Affairs 2
Soifer A (1998) Law and the Company We Keep. Harvard
Suggs GG (1991) Colorado's War on Militant Unionism: James H. Peabody and the Western Federation of Miners. Norman
Temple-Raston, Dina. 2007. Blackwater eyes domestic contracts in US. *National Public Radio*, 28. September, http://www.npr.org/templates/story/story.php?storyId=14707922 (30.9.2014).
United States Statutes at Large (1988) The Civil Liberties Act of 1988, Pub. L. No. 100–383, 102 Stat. 903 (codified at 50 app. U.S.C. § 1989 (1988)), Title I, Section 101
US-Supreme Court (1866) Ex parte Lambdin P. Milligan, 71 U.S. 2
US-Supreme Court (1909) Moyer v. Peabody 212 U.S. 78.
US-Supreme Court (1944) Korematsu v. United States 323 U.S. 214

US-Supreme Court (2004) Hamdi v. Rumsfeld 542 U.S. 507
US-Supreme Court (2008) Boumediene v. Bush 553 U.S. 723
Voigt R (2013) Ausnahmezustand. Wird die Statue der Freiheit nur kurzzeitig verhüllt, oder wird sie auf Dauer zerstört? In: Voigt R (Hrsg) Ausnahmezustand. Carl Schmitts Lehre von der kommissarischen Diktatur. Baden-Baden, S. 9–15
Vorländer H (2013) Krise, Kritik und Szenarien: Zur Lage der Demokratie. Zeitschrift für Politikwissenschaft 23:267–278
Weida JC (2004) A Republic of Emergencies: Martial Law in American Jurisprudence. Connecticut Law Review 36:1397–1483
White House (2002) National Security Strategy. Washington, DC: White House
White House (2013) President Obama Speaks on the U.S. Counterterrorism Strategy. 23.5.2013. www.whitehouse.gov/photos-and-video/video/2013/05/23/president-obama-speaks-us-counterterrorism-strategy#transcript. Zugegriffen: 13. Januar 2014
Witte G (2005) Private Security Contractors Head to Gulf. The Washington Post, 8.9.2005

Dr. Annette Förster wissenschaftliche Mitarbeiterin am Institut für Politische Wissenschaft der RWTH Aachen.

Dr. Matthias Lemke wissenschaftlicher Mitarbeiter am Institut für Politikwissenschaft der Helmut-Schmidt-Universität Hamburg.

Der Ausnahmezustand. Zur schleichenden Implementierung und Legitimität von sonder- und außerrechtlichen Maßnahmen

Anna-Lena Dießelmann

Zusammenfassung

Der diskursanalytische Beitrag untersucht den Zusammenhang zwischen dem Sprachgebrauch der Besonderen Aufbauorganisation Kavala, polizeilichen Pressemitteilungen und rechtlichen Texten anlässlich des Protestes zum G8-Gipfel in Heiligendamm 2007 und weist den Einfluss polizeilichen Sprachgebrauchs auf juristische Urteile nach.

Schlüsselwörter

Diskursanalyse · Politische Sprache · Macht · Ausnahmezustand · Legitimität Hegemonie · Polizei · Gewaltenteilung · Rechtstext · Performanz

1 Einführung und leitende Fragestellung

Ausgehend von der These, dass Normen und Ausnahmen gesellschaftlich erzeugte zentrale Kategorien sind, die immer im Kontext von Macht und Ausschluss stehen, soll in diesem Beitrag analysiert werden, wie über den Rekurs auf die Ausnahme Normalität (re)konstruiert wird (Schmitt 1921). Mit anderen Worten: Wie wird der permanente Ausnahmezustand zum Dispositiv des Regierens. Wie Spindler und

---

A.-L. Dießelmann (✉)
Universität Siegen, Siegen, Deutschland
E-Mail: diesselmann@germanistik.uni-siegen.de

© Springer Fachmedien Wiesbaden 2016
M. Lemke et al. (Hrsg.), *Legitimitätspraxis*, DOI 10.1007/978-3-658-05742-8_3

Tonks feststellen, orientiert sich ‚,,Normalität' an wechselnden Sagbarkeitsfeldern innerhalb einer Gesellschaft und differiert von Kultur zu Kultur. […] Dennoch lässt sich eine gewisse *common sense*-Definition von Normalität aufspüren, die vor allem dann zum Tragen kommt, wenn ein gesellschaftlicher Zustand als ‚nicht normal', als Ausnahmezustand, empfunden wird" (2007, S. 5; Herv. im Orig.). Unzählige Beispiele und wiederkehrende Strategien zeigen die Relevanz einer übergreifenden Analyse der Funktion dieses Ausnahmezustands in gegenwärtigen Diskursen[1]: Die Finanzkrise wird als Ausnahmesituation beschrieben und so der Sparzwang legitimiert (Parr 2010; Müller und Schmitz 2010), Bundeswehreinsätze im Innern werden mit Ausnahmezuständen begründet (Rucht 2008), die angebliche Gefahr durch Terrorismus führt zum alltäglichen politischen Ausnahmezustand (Galli und Preusser 2006). Der Ausnahmezustand kann nicht nur als militärischer Notstand ausgerufen werden, vielmehr gehört der sozialpolitische Notstand zum gängigen Dispositiv des Regierens (Spindler und Tonks 2007).

Der „Ausnahmezustand" als *terminus technicus* bezeichnet ein komplexes Ensemble politischer und rechtlicher Phänomene. Bewusst wird er hier in Abgrenzung zu den konkreten Bezeichnungen von einzelnen – juristisch mehr oder weniger klar definierten – Sonderrechten wie Notstand, Kriegszustand oder Gefahrensituation analysiert. Denn der Ausnahmezustand ist kein einzelnes Sonderrecht, sondern eine diskursive Strategie. Im Sinne Agambens wird hier die Markierung der Schwelle zum gemeinhin als Normalität verstandenen verhandelt (Agamben 2004). Für diese Arbeit von Belang sind daher diejenigen Situationen, die als Ausnahmezustand benannt und dadurch als eine Gefahrensituation konstituiert werden. Denn seit der Einführung der Notstandsgesetze in der BRD wird der Ausnahmezustand nicht formal als Notstand ausgerufen. Stattdessen werden Notstandsklauseln schleichend implementiert, um den Ausnahmezustand für den Normalbetrieb handhabbar zu

---

[1] Unter Diskurs wird in Anlehnung an Foucault ein „Fluss durch Zeit und Raum" verstanden, ein sprachlich produzierter Bedeutungszusammenhang, eine Praxis, die Machtstrukturen als Grundlage hat und diese zugleich erzeugt. Äußerungen werden als nicht wiederholbare, „zeitlich-räumlich spezifische Aussagenereignisse" verstanden und als die Atome des Diskurses analysiert (Bührmann und Schneider 2008, S. 26). Der Diskurs kann nach Link in drei Diskurstypen – Spezial-, Inter- und Elementardiskurs – unterteilt werden. Diskurslinguistik ist auf Sprache fokussiert, integriert Ko(n)texte in die Interpretation und ermöglicht so einen prinzipiellen Zugang in die Textnetze der internen und öffentlichen Kommunikation und des Rechts. Einzelne Texte verlieren in der Analyse ihren individuellen Status und werden verstanden als konstitutiver Teil z. B. juristischer Wissensarchitekturen. Diese Methoden der Diskursanalyse eignen sich dazu, verschiedene Typen und Stränge sowie Topoi aufeinander beziehen zu können und vergleichbar zu machen, um Deutungsrahmen und Möglichkeiten des Wissens offen zu legen. Mit der Erforschung der Rolle der Medien für den Normalismus lässt sich die „Ausnahme" als mediopolitisches Narrativ verdeutlichen (Reisigl 2007).

machen. Die repräsentative Demokratie macht die Legitimation dieser Implementierung obligat. Anhand dieser notwendigen Begründungsmuster lassen sich die sprachlichen Verfahren der Regierungsorgane zur Verschärfung der nicht-demokratischen Praxen nachweisen. Subtil aber alltäglich – also „normale" Praxis – ist die schleichende, durch die Produktion von Feindbildern und Krisensituationen legitimierte Implementierung von Notstandsklauseln.[2] Diese Praxis kann besonders deutlich an der Konstituierung von Ausnahmezuständen seitens der Exekutive zur Rechtfertigung ihres Einsatzes gezeigt werden. Am Beispiel des Protestes zum G8-Gipfel in Heiligendamm lassen sich exemplarisch zum einen die vorbereitende Konstruktion von präventiven Legitimierungsoptionen[3] und zum anderen die anschließend tatsächlich realisierten Rechtfertigungsstrategien aufzeigen.

Als Nachweis der diskursiven Konstitution von Legitimität eigenen Handelns dienen auf erster Ebene Aufzeichnungen verschiedener Polizei-interner Kommunikationsvorgänge. Dazu gehören u. a. Protokolle von Telefonaten, vom internen Radio während des Einsatzzeitraums und von Arbeitstreffen; interne Mitteilungen; Notizen; Einsatzhandbücher und Anweisungen.[4] Auf zweiter Ebene wird an einigen Beispielen die Übernahme dieser polizeilichen Kommunikation – insbesondere der Personen- und Lagebeschreibungen – in Gerichtsurteilen nachgezeichnet, also der Einfluss der Exekutive auf die Judikative nachgewiesen. Auf dritter Ebene dokumentieren u. a. die Pressemeldungen, öffentliche Reden und Mitteilungen an die Bevölkerung von der Polizei und der polizeilichen Sonderbehörde Kavala die Umsetzung der intern verhandelten Kommunikationsstrategie mit der Öffentlichkeit. Zum einen werden daran die Motive und Strategien der Öffentlichkeitsarbeit untersucht. Denn Intention jeder (polizeilichen) Öffentlichkeitsarbeit ist die He-

---

[2] Hier wird zwischen „normalen Feinden" und dem Abstraktum „Terrorismus" unterschieden, denn „Es geht weniger um den absoluten Feind, der als ‚globaler Terrorismus' etc. markiert wird, vielmehr um die alltägliche und ‚normale', um die unterschwellige Feindbildproduktion unter den gegebenen Bedingungen, die ‚Sicherheit' als letzten Leitwert staatlichen Handelns ausweisen, und ‚Prävention' als den Weg dorthin" (Knobloch 2008, S. 3).

[3] Zum Verhältnis von Prävention und Risiko und den daran sich neu gestaltenden Aufgaben des Staates schreibt Knobloch: „Dass es besser ist, beliebige vorhersehbare Übel bereits im Vorfeld abzuwenden, und nicht erst dann, wenn sie selbst und ihre manifesten Folgen eingetreten sind, ist ohne weiteres evident. Das verschafft einer Präventionsrhetorik von vornherein einen Vorteil gegenüber allen ‚nachträglichen' Korrekturen und Kompensationen. Hier verhalten sich Gesundheit, Jugendkriminalität, Bildung, Terrorismus ganz analog. Das ist die Alltagsevidenz. Die politische Wirkung ist eine ganz andere. Unter dem Schirm der ‚Prävention' verschiebt sich die Tätigkeit des Staates von der Durchsetzung der Gesetze hin zum Management von ‚Risiken'" (2008, S. 10).

[4] Das Material für diese Untersuchung der internen Kommunikationswege wurde zum größten Teil im Zentralarchiv der Polizei in Mecklenburg-Vorpommern erhoben.

gemonialisierung von Deutungsmustern. Die Analyse dieser Diskursposition im Sicherheits- und Krisendiskurs[5] und ihres Zusammenhangs im diskursiven Gefüge ermöglicht die Aufdeckung der Strategien zur Übernahme konkreter, rechtsbindender Bezeichnungen aus „Ausnahmezuständen" in die „Normalität". *Das Politische* und *das Mediale* sind untrennbar miteinander verflochten, in diesem Sinne und im Anschluss an Link und Jäger/Jäger werden im mediopolitischen Diskurs Normen und Legitimität permanent verhandelt (Link 1992; Jäger und Jäger 2007). Der Zusammenhang von Legitimität und Normalität kann besonders an Situationen des Ausnahmezustands aufgezeigt werden, in denen und mittels derer Handlungen entgegen der geltenden Legitimität implementiert werden und daher besonderer Begründung bedürfen. Hegemonie entsteht in zeitlichem Abstand, durch langwierige Prozesse der Implementierung von Legitimität, die erst in der Rückschau abschließend bewertet werden können. In dieser exemplarischen Studie stehen besonders diejenigen Bedingungen auf dem Prüfstand, die nicht zuletzt zur Änderung von Gesetzen und deren Anwendung geführt haben und somit bestehende Legitimitätsordnungen modifizieren konnten und weiter verändern werden.

2 Zum Verständnis von Norm und Ausnahme aus philosophischer und linguistischer Perspektive

Urteile werden gesprochen. Gesetze werden verabschiedet und verkündet, proklamiert oder veranschlagt, damit sie in Kraft treten. Sie haben in repräsentativen Demokratien keine Geltung ohne den performativen Akt ihrer Versprachlichung.

---

[5] Die analytischen Arbeiten zur Geschichte des Sicherheitsdiskurses setzen in den 1970er Jahren an (Galli und Preusser 2006) und registrieren eine Verschiebung der Bedrohungsszenarien: Zuvor bezog sich die Konstruktion der Bedrohung auf ein bestimmtes Phänomen oder eine spezifische Gruppe wie z. B. Dealer, Gewalttäter oder Migranten als Gefahrenquelle (Link 2006; Köster 2009), gegenwärtig auf eine generelle potenzielle Gefahr. Nach der Verstaatlichung der letzten Stadtpolizei 1975 in München verschwand das Thema „Sicherheit" zunächst aus der kommunalpolitischen Diskussion (Eick und Töpfer 2007). „Gefährliche Orte" und „Angsträume" sind seit den 1990er Jahren wieder entdeckt und besonders in den Diskurs über „Städte" indiziert worden. Diese subjektiven Gefühle werden ent-subjektiviert und dienen zur Legitimation von neuen Repressionstechniken wie im Zusammenhang mit der Terrorismusbekämpfung seit 9/11 (Link 2001). Der Terrorismus wird zur permanenten Bedrohung stilisiert und somit die Lage als im permanenten Ausnahmezustand beschrieben (Agamben 2004). Aus dem Sicherheitsdiskurs können politische Handlungen abgeleitet werden: 2002 hat die diskursive Propagierung der Gefahr zum Erlass des Gesetzes zur Bekämpfung des internationalen Terrorismus geführt. Zusätzlich bestimmen Kriegsmetaphern wie „war on terror" den aktuellen Elementardiskurs, so dass zivile Abwehrmaßnahmen mit militärischen Konnotationen durchsetzt werden.

Sowohl Rechtsetzung als auch Rechtsprechung sind sprachliche Phänomene. So nahe eine linguistische Betrachtung des Rechts demnach liegt: Einerseits steckt die Beschäftigung mit der Genese und Funktion von Gesetzen aus Perspektive der Linguistik noch in den Kinderschuhen, andererseits mangelt es in der Rechtswissenschaft an einer systematischen Auseinandersetzung mit der sprachlichen Ebene[6]. Einige Ergebnisse und Ansätze im Hinblick auf eine linguistische Betrachtung der Rechtswissenschaft und der Tätigkeiten von Juristen lassen sich für diese Analyse fruchtbar machen. So verstehe ich beispielsweise unter frames in Anlehnung an Busse Wissensstrukturen, „die eine Kategorie mit bestimmten Attributen verknüpfen, die jeweils mit bestimmten konkreten Werten gefüllt werden können" (Busse 2013, S. 3). Denn rechtsrelevante Lagebeschreibungen sind Wissensrahmen[7], sie sind verhandelt und stehen stets zur Disposition. Dabei sind die institutionellen Rahmen der Veränderlichkeit klar vorgegeben.

Beginnend mit Schmitts prominentem Zitat „Souverän ist, wer über den Ausnahmezustand entscheidet" (1921, S. 11) bis hin zu Foucaults *Präzisierung* desselben „Wer die Macht hat, bestimmt über den Diskurs" (1991, S. 11)[8], wird die Beziehung zwischen Norm und Ausnahme in philosophischen Arbeiten untersucht. Grob lassen sich zwei Stränge der philosophischen Debatte unterscheiden, die für die Forschungsfrage von Belang sind: Der poststrukturalistische Strang umfasst im Kern Foucaults Ansatz, die Ausnahme als Matrix der (Bio)Macht zu verstehen (1991) und Badious These, Philosophieren beginne erst mit der Ausnahme

---

[6] Im Spannungsfeld zwischen Linguistik und Rechtswissenschaft arbeitet der Juristisch-Linguistische Arbeitskreis am Germanistischen Seminar der Universität Heidelberg u. a. zu Rechtsnormgenese (Vogel 2010; Vogel 2012).

[7] An dieser Stelle sei darauf hingewiesen, dass unter frames oder Wissensrahmen ein mentales Konzept verstanden wird, welches zum Verstehen von sprachlichen Handlungen beiträgt und andere Semantiken um eine notwendige Ebene ergänzt. Das nicht offensichtliche, in gängigen semantischen Beschreibungen und linguistischen Theorien nicht berücksichtigte frame-Wissen greift auf allen Ebenen der Organisation von Sprache ein. Frame-Semantik dient daher auch zur Erfassung und Beschreibung desjenigen Teils von verstehensrelevantem Wissen, das in üblichen semantischen Beschreibungen und Theorien nicht im Fokus steht.

[8] Grundsätzlich stimmt Foucault im Gegensatz zu Agamben mit Negri und Hardt darin überein, dass der Krieg die Ausnahme ist und ihm die Position der allgemeinen Matrix der Macht innewohnt (Foucault et al. 1981). Jedoch bringt er zusätzlich den Begriff der „Biomacht" ins Spiel, um den Einfluss der Ausnahme auch auf andere Bereiche des Lebens und damit als eigentliche „Matrix der Gesellschaft" zu beschreiben (Foucault 2005). Nach Foucault können die gesellschaftlichen Grundlagen, namentlich Macht und Wissen, von der Ausnahme her begründet und somit auch die Frage nach der Identität von der „Ausnahme" hergestellt werden – unter der Prämisse der Biomacht als Normalität.

als Bedingung (2003).⁹ Den zweiten Strang macht die These von Negri und Hardt aus, die im Krieg den permanenten Ausnahmezustand sehen (2003)¹⁰ und Agambens Radikalisierung der Ausnahmetheorien. Agamben bestimmt die Ausnahme als Norm, realisiert in Form des Lagers (2002 et al.).¹¹ Für beide Stränge kann Normalität mit Legitimität identifiziert werden. Daraus lässt sich ableiten, dass über Normalisierung Legitimität erzeugt wird. Dies gilt auch für Handlungen, die rechtlich nicht legitimiert sind.

Das zugrundeliegende Verständnis von Normen leitet sich demzufolge aus den Annahmen des 1) rechtslinguistischen Normbegriffs und des 2) rechtsphilosophischen Normkonzepts ab: Rechtliche Normen sind eine bestimmte Kategorie sozialer Normen, die statt gesamtgesellschaftlich eher innerhalb spezifischer Institutionen verhandelt werden. Rechte sind vorläufige Ergebnisse komplexer sozialer Handlungen. Rechtstexte sind demnach keine reinen Produkte von Werten (keine Container), sondern produzieren eben diese Normen und Werte, die sie zugleich beinhalten. Da ihre Anwendung ihre Wirkung erzeugt, ist Rechtsprechung ein performativer Akt der Rechtsetzung. Denn wer Recht spricht, manifestiert Normen und setzt Handlungsrahmen, also auch rechtliche Bedingungen (Busse 2013).

Was bedeuten diese Prämissen für die Rechtsarbeit? In der Antwort schließe ich mich Vogel an, der Rechtsarbeit nicht als Anwendung von Containern wahrer Inhalte definiert, sondern als performative Gestaltung (Vogel 2012). Die Performativität von Rechtsarbeit wird hier am Beispiel verdeutlicht. Denn die Beschreibung einer Situation als „besondere Lage" oder Ausnahmezustand ist nicht „richtig" oder „falsch" ausgelegt, sondern die Rechtsarbeit ist eine kreative performative Tätigkeit. Rechtsetzung und Rechtsprechung liegen näher beisammen als weithin angenommen. Die idealistische Annahme der Möglichkeit von Gewaltenteilung und die Behauptung ihrer Manifestation im Grundgesetz sind nicht haltbar.

---

⁹ Für Badiou beginnt erst mit der Ausnahme das Philosophieren, da die Ausnahme eine notwendige Bedingung für philosophische Situationen ist (Badiou 2003). Arendt sichtet in der Ausnahme die Möglichkeit der Veränderung, in der Revolution die Bedingung, Politik außerhalb des Staates zu schaffen (Arendt 1986).

¹⁰ Negri und Hardt gehen von der Ausnahme als „permanentem und allerorten herrschenden Konfliktzustand" (Hardt und Negri 2002, S. 7) aus. Der Gewalt kommt in ihrer Definition die Rolle der persistenten Ausnahme zu und damit stehen sie im Widerspruch zu Agamben. Für ihn ist die Ausnahme die originäre politische Beziehung (Agamben 2002) und in unserer Gegenwart ist die Ausnahme (z. B. Krieg, Gewalt) die Norm.

¹¹ Für Agamben ist das Paradigma des Ausschlusses in Form der Ausnahme der *homo sacer*, der als aus dem Leben einschließend Ausgeschlossener eben durch diese Beziehung zum Leben das Leben definiert und statuiert (Agamben 2002; Böckelmann 2007). Diese doppelt paradoxe Beziehung beschreibt Agamben als „Matrix der modernen Gesellschaft" (2004, S. 175).

Normativität ist einem Rechtstext nicht inhärent, denn in der Anwendung eines Rechtstextes durch einen Juristen wird Normativität erst produziert (Holzinger et al. 2010). Über die Analyse der semantischen Kämpfe können demnach Normativierungen und Transkriptionen visibilisiert werden. Das Motiv des Ausnahmezustands ist für diese linguistische Perspektive auf Rechtsetzung interessant, weil sich in solchen Momenten Sagbarkeitsgrenzen – und damit auch rechtliche Grenzen – verschieben lassen.

3 Exemplarische Ereignisse und deren Nachhaltigkeit am Beispiel der Proteste gegen den G8-Gipfel in Heiligendamm 2007

Selbstredend hängt die Legitimation einzelner polizeilicher Maßnahmen gegen Proteste immer von den Prognosen über die erwartete Situation und Härte der Auseinandersetzungen ab. Der Fokus der Bezeichnungen liegt auf strafrechtlich relevanten Kategorien. Diese Beschreibung der Lage wird von polizeilichen Strukturen selbst vorgenommen. Der Verlauf von semantischen Kämpfen und Rechtfertigungen war anlässlich Heiligendamm komplex: Lange im Voraus wurden Lagebilder aus unterschiedlichen Ministerien und polizeilichen Organen eingeholt und die Aufstellung der Gipfelgegner beobachtet. Es sollten die zu erwartenden Straftaten und Angriffe gegen Einrichtungen seitens der Gipfelgegner eingeschätzt werden können, um die Gefahr zu verringern oder gar zu verhindern. Protest ist in der Logik der Polizei ein permanentes Risiko, das es zu begrenzen gilt. Konflikte mit Grundrechten wie dem Recht auf Demonstrationsfreiheit scheinen in dieser Konstellation vorprogrammiert. In diesem Spannungsfeld wird nun an zwei Beispielen aus der Vorbereitung des Einsatzes die Relevanz der sprachlichen Konstitution einer Gefahr als Legitimationsressource dargestellt.

3.1 FRIEDLICHE DEMONSTRANTEN

Die unterschiedlichen Konstruktionsmechanismen der Topoi der FEINDE, die zur Legitimierung der Einsätze handhabbar gemacht werden, müssen dem Topos der FRIEDLICHEN DEMONSTRANTEN gegenübergestellt werden. Dieser Topos bezeichnet diejenigen Personen, die im Rahmen der verfassungsrechtlichen Möglichkeiten ihre Meinung oder auch ihren politischen Widerspruch kundtun, allerdings mittels Formen des Protestes, die hegemonial als legitim anerkannt sind. Mit diesem Topos eng verknüpft sind Grundrechte, die FRIEDLICHE DEMONS-

TRANTEN in Anspruch nehmen. Sie stehen auf der Seite von Recht und Gesetz, handeln im legalen Rahmen, solange sie auch die Einschränkungen der Polizei akzeptieren und einhalten. Sie dienen in den Begründungslogiken der Einsätze als Medium für die Hochwerte[12] „Sicherheit" und „Rechtsstaatlichkeit", wie in Äußerungen Kavalas deutlich wird:

> Wir erwarten viele friedliche Meinungsäußerungen und werden diese Demonstrationen vor unfriedlichen und gewaltbereiten Kundgebungsteilnehmern schützen (Kavala 2007, S. 4).[13]

Sie kommen in der internen Kommunikation der unterschiedlichen Polizeieinheiten nicht vor. In der Kommunikation Kavalas mit anderen Behörden und in der öffentlichen Kommunikation werden FRIEDLICHE DEMONSTRANTEN ausschließlich als Opfer von gewalttätigen Demonstrierenden angeführt, nie als aktiv handelnde Personen. Sie finden zudem Erwähnung in unterschiedlichen Mitteilungen des LKA, BKA und anderer Behörden an Kavala, ausschließlich im Kontext der Aufgabenstellung der Polizei, eben diese zu schützen.

Um das Verhältnis von FRIEDLICHEN DEMONSTRANTEN zu den verschiedenen Topoi der FEINDBILDER fruchtbar machen zu können, müssen die Gruppen zunächst definiert werden. Dazu werden die Demonstrierenden in „friedlich" und „gewaltbereit" unterteilt, wobei vielfältige Synonyme für „gewaltbereit" verwendet werden. Diese Klassifizierung findet auch in Hinblick auf die Blockaden statt:

> Auch wenn die Massenblockaden erfahrungsgemäß durch überwiegend friedliche Gipfelgegner gebildet werden ist nicht auszuschließen, dass unfriedliche und militante Personen oder Personengruppen die Masse der friedlichen Versammlungsteilnehmer als Deckung für ihre gewalttätigen Aktionen nutzen (Kavala 02.02.07).

Auch von anderen Behörden wird diese Logik geteilt, Pressemitteilungen Kavalas werden z. B. vom Ministerium des Innern Mecklenburg-Vorpommern (MdI M-V) geteilt und zitiert. Nach der Großdemonstration in Rostock am 02.06.2007 stellt

---

[12] Hochwertbegriffe sind semantisch schwache, instabile Vokabeln, die zustimmungspflichtige Werte vermitteln und durch die Autorität dieser eine besondere Stellung im Diskurs (Knobloch 2008).

[13] Die Zitationsweise der Belegstellen aus dem Zentralarchiv der Polizei in Mecklenburg-Vorpommern erfolgt nach einem eigenen Kennzeichnungsverfahren, das auf Anfrage bei der Autorin eingesehen werden kann.

Innenminister Caffier die FRIEDLICHEN DEMONSTRANTEN als Opfer der gewaltbereiten Gipfelgegner dar:

> Das Bild tausender friedlicher Demonstranten wurde von 2000 brutalen Schlägern der gewaltbereiten autonomen Szene zunichte gemacht (Kavala 12.06.2007).

Erst in dieser Gegenüberstellung mit den „Schlägern" und der zu verteidigenden „Demokratie" erhalten beide Topoi ihre Funktion.

> Leider wurde die friedliche und legitime Auftaktdemonstration der Gipfelkritiker durch die Gewaltexzesse der linksextremistischen autonomen Szene, die auch unter den friedlichen Demonstranten Schutz suchte, missbraucht. Offensichtlich wollte die autonome Szene die Kooperationsabsprachen zwischen Anmeldern und Versammlungsbehörde aushebeln (MdI M-V 13.06.07).

Die unfriedlichen Demonstrationsteilnehmer werden durch diese Gegenüberstellung als strategisch handelnd charakterisiert. Ihnen wird unterstellt, die FRIEDLICHEN DEMONSTRANTEN zu instrumentalisieren. An anderen Stellen spricht ein Polizeisprecher davon, dass Gewaltbereite die FRIEDLICHEN DEMONSTRANTEN und sogar die gesamte Gegend in „Geiselhaft" genommen hätten (GdP 2007, S. 4). Die Pläne der FRIEDLICHEN DEMONSTRANTEN werden von den „Autonomen" strategisch durchkreuzt, deren Vorhaben verhindert. Die Verwendung des Begriffs „leider" unterstreicht die inszenierende Funktion des Textes, indem sie das persönliche Bedauern des Innenministers angibt, der sich so auf die Seite des friedlichen Protestes stellen kann. Hamburgs Innensenator Nagel fordert dazu auf, sich „von Extremisten zu distanzieren" (Kavala 12.06.20).

Diese höchst ambivalente Inszenierung folgt der allgemeinen Logik des Ausnahmezustands: Zum Schutz der Demokratie muss die Exekutive („leider") auf demokratische Mittel verzichten, da die Gefährdung so hoch ist, dass die Demokratie in Gefahr geraten könnte. Die Gewalttäter, nicht die Behörden, rauben den FRIEDLICHEN DEMONSTRANTEN das Recht auf Protest. Die „Schuld" für die Einschränkung der Grundrechte wird dem Protest selbst zugeschrieben.[14] Die

---

[14] Diese Struktur ist allgemein Ausnahmezuständen inhärent: Ein Beispiel aus dem Diskurs der USA: „We did not start this war. So understand, responsibility for every single casualty in this war, whether they're innocent Afghans or innocent Americans, rests at the feet of the al Qaeda and the Taliban" (Rumsfeld 04.12.01; zitiert nach Gadinger 2013, S. 219). Die Legitimation der Aufhebung der demokratischen Rechte zum Schutz derselben folgt der allgemeinen Begründungslogik des Ausnahmezustands. In Heiligendamm sind Demonstrationen, wie beispielsweise der Sternmarsch, verboten worden, um friedlichen Protest zu schützen.

Polizei inszeniert sich als neutraler Schiedsrichter, als Schlichter. Jedoch verändert das BKA nach der Demonstration am 02.06.2007 seine öffentliche Darstellung der Demonstrationen:

> Nach der Fokussierung auf den ‚Schwarzen Block' im Zusammenhang mit den Ereignissen vom 02.06.2007 kleideten sich Teile der gewaltbereiten Störer nicht mehr schwarz, was eine Differenzierung zu den friedlichen Demonstranten deutlich erschwerte (BKA 2007, S. 29).

Mit diesem Moment nimmt die polizeiliche Presse- und Öffentlichkeitsarbeit von dem Topos Abstand und schwenkt stattdessen in eine differenziertere Beschreibung der potenziellen Gefahrenverursacher ein. Ab diesem Moment gilt ein noch umfassenderer Pauschalverdacht, der jede Versammlung mit polizeilicher Erlaubnis unmöglich macht. Es finden nur noch Demonstrationen statt, die nicht angemeldet und daher nicht „genehmigt" sind. Die Beschreibung des zu erwartenden taktischen Vorgehens der Störer (Verkleiden als friedliche Teilnehmer) macht auch alle FRIEDLICHEN DEMONSTRANTEN nach der Demonstration in Rostock potentiell verdächtig. Über die Gegenüberstellung der Topoi wird zum einen die Notwenigkeit und die zustimmungspflichtige Legitimation des Einsatzes produziert, zum anderen entsteht so ein potenter Topos, der zu „nützlichen Feinden" (Scheerer 2004) ausgebaut wird. Erst durch die Präsentation eines „Beinahe-Anschlags", einer bestehenden gefährlichen „terroristischen Vereinigung" wird der Terror für den Staat ein „potentiell gewinnbringender *nützlicher Feind*" (Scheerer 2004, S. 259). Besonders gut eignet er sich zur Selbstprofilierung staatlichen Handelns, wenn er mit knapper Not verhindert werden konnte, so dass der Staat sich als Sicherheitsproduzent darstellen kann.

Am gelungenen Schutz des Gipfels und der FRIEDLICHEN DEMONSTRANTEN mit minimalem Kollateralschaden wird öffentlich auch durch das MdI M-V der Erfolg des Polizeieinsatzes gemessen:

> Gleichwohl bin ich schon heute der Meinung, dass der Polizeieinsatz im Wesentlichen erfolgreich war. Denn alle Sicherheitsmaßnahmen, die darauf ausgerichtet waren, den Schutz der Konferenzteilnehmer, ihrer Partner und Delegationsmitglieder, den störungsfreien Verlauf der Tagung sowie die Ausübung des Versammlungsrechtes und des Rechts auf freie Meinungsäußerung zu gewährleisten und dabei gleichzeitig die Beeinträchtigung der Bevölkerung in Heiligendamm und Umgebung auf das unumgängliche Maß zu beschränken, konnten im Ergebnis erfolgreich umgesetzt werden (MdI M-V 13.06.07).

Die Berichterstattung etlicher Medien legt den Verdacht nahe, dass Pressemitteilung der Polizei, also im Besonderen Kavalas, übernommen oder gar „abgeschrieben" wurden, ohne eigene Recherche oder Verifizierung der behaupteten Tatsachen. So konnte der Wettbewerb um konfligierende handlungsleitende Konzepte und um die Akzeptanz von Ereignisdeutungen, Handlungsoptionen, Geltungsansprüchen von Seiten der Polizei bestimmt werden. Die Berichte über friedlichen Protest und deren Inhalt wurden von der Pressearbeit Kavalas ausgeblendet. Sie finden auch in den Medien kaum Niederschlag.[15]

3.2 FEINDBILDER

Der Topos der FRIEDLICHEN DEMONSTRANTEN wird an jeder Fundstelle sogenannten „Störer" gegenübergestellt und mit einem FEINDBILD konfrontiert. Die Zuschreibungen von Gefährdung manifestierenden Eigenschaften in den Aussagen Kavalas sind sehr unterschiedlich. In ihrer Konsequenz bewirken sie aber allesamt eine Konstitution von Gefahr oder Risiko. Die Pressearbeit Kavalas zielte konkret auf die Konstruktion von Feindbildern und Feind-Freund-Schemata sowie die Etablierung von bestimmten Kollektivsymbolen. Die massiven Sicherheitsvorkehrungen, die wegen der erwarteten und angekündigten Proteste getroffen wurden, prägten die öffentliche Debatte im Vorfeld des Gipfels. Demonstranten wurden kriminalisiert, so dass allein die potentielle Verletzung der öffentlichen Ordnung und die Gewaltbereitschaft Thema waren. Diese kontrastierende Logik der Unterscheidung zwischen Freund und Feind ist klassisch für Ausnahmezustände, denn im Moment der Ausnahme wird die Situation auf die drohende Gefahr reduziert. Diese Reduktion ist der Ausnahme immanent und besonders in der Präventionslogik von Ausnahmezuständen als Risikosituationen notwendig:

> Bei Risiken handelt es sich nur um statistische Wahrscheinlichkeiten, dass sich eine bestimmte Lage zu einem späteren Zeitpunkt zu einer Gefahr entwickeln könnte. Dabei kann nie ausgeschlossen werden, dass sich ein bestimmter Faktor – im Zusammenwirken mit anderen Faktoren – zu einem Risiko entwickeln könnte. Das bedeutet in der Logik der Inneren Sicherheit, dass potenziell alle Situationen, Orte und Personen als risikobehaftet zu klassifizieren sind. Daher müssen sämtliche Lebensbereiche in den Blick genommen und kontrolliert werden (Stolle und Singelnstein 2007, S. 158).

---

[15] Eine ausführlichere Untersuchung des mediopolitischen Diskurses ist in Vorbereitung und wird hier nur angerissen, ebenso eine ausführlichere Beschreibung und Analyse der folgenden Topoi.

Die interne Konstitution und Festigung von gemeinsamen Feindbildern kann auf Grund der vorhandenen Protokolle und internen Mitteilungen in die Analyse einfließen. Darin spielen die Protokolle des Radiosenders für Einsatzkräfte eine wichtige Rolle.[16] Über diesen Funk werden Angaben wie die folgenden verbreitet:

> Gegenaufklärer, derzeit gesehen am Kreuz Rostock, Dummerstorf/Kavelstorf, Rostock Süd (Kavala Infofunk 02.06.07).

Der FEIND wird als homogene, gemeinsam agierende Einheit dargestellt. Für die Beschreibung der Demonstranten als FEINDE werden Begriffe verwendet, die Eigenheiten der Polizei oder der Bundeswehr beschreiben. Gruppen von Protestierenden werden als „Einheiten" betitelt. Mit der Übertragung der Begrifflichkeit werden auch die damit verbundenen strategischen Handlungsmuster und Organisationsgrade unterstellt.

Eine zentrale Rolle spielt in der internen Kommunikation das Ampelsystem:

> Es sind bis jetzt schätzungsweise 20500 [handschriftlich korrigiert von 20454; Anm. d. Verf.] Personen angereist. Davon: 283 Personen Rot, 753 Personen Gelb, 4564 Personen Grün (Kavala Infofunk 01.06.07).

Da die Weitergabe von Informationen in bedrohlichen Situationen während des Polizeieinsatzes schnell gehen muss, wird z. B. über Funk und in kurzen Mitteilungen eine Zuweisung der Demonstranten in die 3 Kategorien des Ampelsystems verlangt. In die Kategorie „rot" fallen als „gewaltbereit" eingestufte Personen, deren (einziges) Ziel die Ausübung von Gewalt und das Begehen von Straftaten ist. Diese Gruppe wird entpolitisiert, indem ihre Teilnahme an Demonstrationen rein dem Zwecke der Gewaltausübung verordnet wird. Zur Klassifizierung „rot" reicht unter anderem die Distanz der Demonstration zum Wohnort. Es gibt offenbar kei-

---

[16] Der interne Infofunk, auch Radiosender oder Einsatzradio genannt, richtete sich ausschließlich an Polizeieinsatzkräfte, die zum G8-Gipfel im Einsatz waren. Bereits im ersten Kavala-Report wird dieser angekündigt: „Während des Einsatzes schalten wir flächendeckend einen Infokanal, mit dem wir die Möglichkeit nutzen wollen, Sie ständig aktuell über das Einsatzgeschehen auf dem Laufenden zu halten" (Kavala 2007, S. 5). Die Nutzung eines eigenen Radiosenders für Einsatzkräfte birgt einige Risiken, z. B., dass Falschmeldungen intern ohne Prüfung verbreitet werden können, aber auch, dass im Nachhinein die Überprüfung durch Medien oder Politik nicht möglich ist. Backmund/Donat/Ullmann vermuten bereits 2007, dass die Aufzeichnungen entweder nicht vorhanden oder nicht zugänglich sind, was allerdings mit der Sichtung der Akten in Schwerin widerlegt werden kann. Es liegen umfangreiche Sendeprotokolle vor. Und eben an diesen Aufzeichnungen kann sehr deutlich die interne Informationspolitik nachgezeichnet werden.

nen Grund, dieser Gruppe die Teilnahme zu ermöglichen oder zu erlauben (Ullmann 2007, S. 33). Mit der Kategorie „gelb" werden die Personen charakterisiert, die nicht eigenständig Gewalt ausüben, allerdings leicht verführbar seien. Diese Gruppe ist in der Wahrnehmung der Polizei nicht weniger beachtenswert, schließlich sind sie unberechenbar und schlechter erkennbar. Auch hier wird diskursiv eine Reduktion auf das Gewaltpotenzial vorgenommen. Mit der Einstufung „grün" werden alle übrigen Personen erfasst. Dieser Gruppe wird zwar keine direkte Gewaltbereitschaft unterstellt, aber die Bestrebung anderen Personen Übergriffe zu ermöglichen, indem sie diese decken und ihnen gegebenenfalls Schutz bieten. Da jeder Person eine Kategorie zugewiesen wird ist deutlich, dass alle Teilnehmer als Gefahr dargestellt werden. Schon im Vorfeld des Gipfels, also ohne den akuten zeitlichen Druck, wird in der internen Kommunikation diese Klassifikation vorgenommen. Der Rahmen des Sag- und Denkbaren wird verengt. „Die sprachliche Reduktion in der Beschreibung von Personen führt eben zu einem sehr vereinfachten Bild, nämlich dem Bild der minimalen bis maximalen Gefahrenstufe, das völlig für andere Aspekte verblendet", stellt auch Ullmann fest (2007, S. 449). Der Topos der FRIEDLICHEN DEMONSTRANTEN verliere nicht zuletzt mit Einführung des Ampelsystems vollständig an Glaubwürdigkeit (33). Die Einteilung in das Ampelsystem ist intransparent, scheint häufig einem Bauchgefühl der Einsatzkräfte zu entsprechen. Wenn mehrere hundert nicht identifizierte Personen in Funksprüchen in Kategorien eingeteilt werden, wenn keine Informationen über einzelne Personen vorliegen *können,* bleibt das äußere Erscheinen als einziges Kriterium. Die Sortierung in die Kategorie „rot" kann durch Merkmale wie das Tragen einer dunklen Sonnenbrille geschehen (34).

Detaillierter nachweisbar ist das Vorgehen der polizeilichen Leitung Kavalas im Hinblick auf die interne Verbreitung der Feindbilder anhand von internem Schulungsmaterial. Anhand der „Checkliste für Einsatzkräfte" wird deutlich, dass alle erdenklichen Formen des Auftretens von Menschen auf oder nur in Begleitung von Demonstrationen aufgelistet sind und zur Klassifizierung als FEIND dienen. Aus jeder Typisierung wird eine konkrete Gefahrenprognose abgeleitet und eine mögliche Handlungsoption angeraten. Die Beschreibungen verschiedener „Typen" wird zur Kartografie der internen FEINDbilder: Nicht nur „der Provokateur" oder „der Aggressive", sondern auch „der Amateurfotograf", „der Beleidigende" oder der jubelnd begeisterte Teilnehmer werden als Gefahr wahrgenommen.[17] In der „Checkliste für Einsatzkräfte", die das Institut für polizeiliche Aus- und Fortbildung

---

[17] Weitere Kategorien sind „der Provokateur, der Jubelnde, der Beleidigende, der Amateurfotograf, der Hasserfüllte, der Betrunkene, der Aggressive, der Uneinsichtige, der Flüchtende". Zudem werden Situationen beschrieben, wie „die Blockade, das defekte Auto, ein Steinhaufen, ein merkwürdiger Rucksack, der Mann auf dem Dach" (Checkliste für Einsatzkräfte).

herausgibt, werden umfassend alle erdenklichen Momente und Verhaltensmuster größerer Events aufgelistet und Hinweise zur rechtlichen Grundlage gegeben. Der Topos der STRAFTÄTER ist deswegen interessant, weil er dem Begriff eine Bedeutung hinzufügt, die dieser Bezeichnung weder im juristischen Kontext noch im Alltagsverständnis zukommt. Als „Straftäter" bezeichnet die Polizei in ihrem Einsatz in Heiligendamm entgegen der juristischen Bedeutung, die dem Alltagsverständnis des Begriffs nahe kommt, keine Personen, die Straftaten begangen haben, sondern Personen, die verdächtigt werden, Straftaten begangen zu haben. Durch diesen unpräzisen Gebrauch wird eine Vorverurteilung gegen diese Personen erhoben. In der Pressemitteilung vom 13.06.07 heißt es:

> Nach ersten Feststellungen wurden am 2. Juni in Rostock durch die Polizei 95 Straftäter vorläufig festgenommen (MdI M-V 13.06.07).

Immerhin zehn Tage nach den Ereignissen vom 02.06.07 klingt diese zunächst schockierende Zahl wie die Aussage, dass fast 100 Täter gestellt werden konnten. Diese Zahl lässt auf eine enorme Anzahl von Taten und Tätern schließen, da sie zudem impliziert, dass nur ein geringer Teil der Täter auch gefasst werden konnte. Diese Aussage wird durch die zeitliche Distanz zum Ereignis als glaubwürdiger, verifizierter Tatsachenbericht zitiert. Sie verliert allerdings ihre Glaubwürdigkeit, wenn im Anschluss lediglich 9 Haftbefehle und 24 Gewahrsamnahmen resultieren. Nicht allen 95 festgenommenen „Straftäter" konnten Straftaten nachgewiesen werden. Die Öffentlichkeitsarbeit Kavalas folgt den Empfehlungen der europaweit organisierten Schulung von Einsatzkräften, die in einem Handbuch zu großen Demonstrationen zur Steigerung der Legitimität verschiedene Empfehlungen herausgeben. „Streben Sie eine größere Zahl von Strafverfahren an", rät dieses Arbeitspapier von EU-SEC den Polizeien der EU bei Großereignissen. Bereits in einem Bericht im Vorfeld der Gipfelproteste warnt Kavala vor diesen zu erwartenden Straftaten.

> Diese unfriedlichen Aktionen [hier: „Brandanschläge auf Fahrzeuge und Sachbeschädigungen" im Vorfeld des Gipfels; Anm. d. Verf.] zeigen, dass militante G8-Gegner auch in Bezug auf den Gipfel in Heiligendamm vor der Ausübung schwerster Straftaten nicht zurückschrecken (Kavala 2007, S. 15).

Auch die Klassifizierung „schwerste Straftaten" meint im juristischen Sinne keine Sachbeschädigungen, auf die sich jedoch die Bezeichnung Kavalas bezieht. In den Pressemitteilungen und den Abschlussberichten Kavalas und des Innenministeriums sind stets die Protestierenden die Aggressoren, von denen eskalierende Handlungen ausgehen. Das Vorgehen der Einsatzkräfte wird dagegen stets als zurückhaltend, deeskalierend und passiv beschrieben:

> Ein massives polizeiliches Vorgehen gegen die Angehörigen des ‚Schwarzen Blocks', die durch ihre Vermummung gegen das Versammlungsgesetz verstoßen haben, sowie gegen die ersten Steinewerfer, hätte zu diesem Zeitpunkt zu einer Eskalation der Lage führen können. Es galt jedoch, massive Auseinandersetzungen und einen unkontrollierten Verlauf im direkten Innenstadtbereich zu verhindern (MdI M-V 13.06.07).

Die Schuld für die Auseinandersetzung wird stets den „gewaltbereiten Autonomen, die ausschließlich die Straßenschlacht mit den Polizeikräften suchten" (MdI M-V 13.06.07), zugeschoben. Die Polizeikräfte hingegen unterliegen einer Sachzwanglogik. Sie müssen zwangsläufig reagieren, wenn die Übertretung des Gesetzes so massiv ist, dass eine Gefährdung der Sicherheit und Ordnung vorliegt, denn „eines wird die Polizei nie zulassen: rechtsfreie Räume!" (MdI M-V 04.10.07). Mit eben dieser Rhetorik wird auch die Implementierung von rechtlich illegitimen Maßnahmen begründet.[18]

3.3 GEFAHR und RISIKO

Der Ausnahmezustand funktioniert als Reaktion (z. B. auf 9/11) aber auch als Prävention (z. B. als Sicherheitszone). Prävention, als Technik des „Zuvorkommens" (Bröckling 2004), führt dazu, dass Täter ohne Tat konstruiert und Gewissheiten zur Deutung der Zukunft herangezogen werden. Prävention basiert auf der Annahme von Wahrscheinlichkeit und ist als legitime Rechtsgrundlage umstritten, aber im Polizeirecht verankert (z. B. als Grundlage für Gewahrsam). Die Prävention vor dem Hintergrund des Ausnahmezustands transferiert Gefahr in Risiko. Opfer eines Anschlags zu werden ist eine Gefahr. Orte einer potentiellen Bedrohung zu betreten ist ein Risiko. Gegen solche Risiken gibt es im Alltag geläufige Vorsorgemittel. Auch der Einsatz Kavalas wurde mit einer Blitzableiterfunktion begründet und mit dem Risikomanagement beauftragt:

---

[18] Weiterführend könnten die Topoi der VERMUMMTEN, der CLOWNS, der WILDEN beschrieben werden. Zudem relevant ist die diskursiv konstituierte Verbindung von Demonstrierenden und EXTREMISTEN und TERRORISTEN. Die bevorstehende Gefahr wird unter Berufung auf sogenannte Experten auch in den meisten Medien bestätigt: „Sicherheitsexperten beschreiben die Lage derzeit so: Ja, Extremisten jedweder Couleur haben das Treffen der Weltenlenker als Ziel identifiziert" (Boecker 2007).

Ausreichend für ein rechtmäßiges Tätigwerden der Polizei ist das Vorliegen einer Anscheinsgefahr. Diese ist gegeben, wenn aufgrund einer pflichtgemäßen, verständigen und besonnenen Lagebeurteilung vom Vorliegen einer Gefahr ausgegangen wird. Von der Anscheinsgefahr ist der Gefahrenverdacht zu unterscheiden, der lediglich einen sog. Gefahrenerforschungseingriff rechtfertigt (Rechtsabteilung Kavala 2007).

Die Begriffe Anscheinsgefahr und Gefahrenerforschungseingriff lassen explizit Eingriffe zu und legen einen konkreten Rahmen legitimer und nicht-legitimierter Eingriffe fest. Anscheinsgefahr reicht u. a. nicht zur Begründung einer Observation oder einer Überwachung der Telekommunikation aus. Daher ist die Bezeichnung der Lage besonders relevant. Aufgabe rechtsbindender Texte ist das Formulieren verallgemeinernder Begriffe für Ereignisse und Handlungen, die in der Realität vorkommen und spezielle Eingriffe legitimieren. Urteile und Texte, in denen sich rechtliche Auseinandersetzungen spiegeln, gehören zum Spezialdiskurs. Die Behörden produzieren zusätzlich Begründungen für die Öffentlichkeit u. a. in Form von Pressemitteilungen und sind gewissermaßen an der Schnittstelle von Spezial- und Interdiskurs tätig. Deshalb ist ihr Einfluss auf die hegemoniale Meinungsbildung nicht zu unterschätzen. Lagebeurteilungen haben nicht nur rechtsbindende Wirkung, sondern transportieren ihre Sicht in einen Interdiskurs:

> Im Hinblick auf die geplante ‚Aktionswoche' gegen das G8-Treffen hat das BfV – im Einvernehmen mit der LfV M-V – am 31. Mai 2007 eine ‚Besondere Lage' festgestellt (BfV 2007).

Allen Lagebegriffen ist gemein, dass sie eine Handlungsnotwendigkeit erzeugen. Sie unterscheiden sich jedoch hinsichtlich der Frage, welche Eingriffe legitimiert werden können. Zum anderen implementieren sie die zustimmungspflichtigen Hochwerte Sicherheit und Ordnung. Der Hochwert Sicherheit wird in der Logik der Polizei in der Hauptsache als Abwesenheit von Kriminalität und Gefahr verstanden (Bröckling 2004; Holzinger et al. 2010). Die Lageberichte, in denen das Maß der Gefährdung von „Sicherheit und Ordnung" festgestellt und *festgeschrieben* werden, folgen der Logik der Prävention. Die Eingriffslegitimation zeichnet sich durch moralische Überlegenheit aus und scheint ein einwandimmunes Konzept zu sein (Knobloch 2008).

Das Zusammenspiel von Polizei und anderen Behörden lässt sich besonders deutlich an der Legitimation des Bundeswehreinsatzes in Heiligendamm zeigen: Bundeswehreinsätze im Innern waren bis Heiligendamm in der BRD nicht vorgesehen. Zunächst wurde die Amtshilfe der Bundeswehr von Kavala ohne rechtliche Legitimation angefordert. Die Annahme einer Gefahr konnte den Einsatz nachträglich legitimieren.

4 Bewertung der Ergebnisse

Die Folgen des „normalistischen Ausnahmezustands" sind die verstärkte Einschränkung von Grundrechten, die Legitimierung von Bundeswehr-Einsätzen im Innern, zivil-militärische Zusammenarbeit und die Kriminalisierung von Kritikern des demokratischen Gouvernement. Für das untersuchte Fallbeispiel lässt sich eine gravierende Verschiebung der als legitim geltenden Begründungsmuster im Nachhinein feststellen: Der Einsatz in Heiligendamm erscheint bis heute als legitim, woran die Diskurshoheit der Polizeipresse deutlich wird. Denn noch immer dient das Ereignis als diskursiver Bezugspunkt. In der medialen Darstellung sowie der inner-rechtlichen (sprich selbstreferentiellen juristischen) Auseinandersetzung überwiegt der deutlich positive Bezug auf den Rahmen Heiligendamm. Konkret konnte an Texten der deutschen Verfassungsorgane gezeigt werden, wie über die Konstruktion von „Ausnahmezuständen", also krisenhaften Bedrohungsszenarien, der Ausbau des Sicherheitsapparates auf normativer Ebene legitimiert und dadurch „Normalität" konstruiert wird.

Sprachlich verfasste Handlungsbegründungen der staatlichen Institutionen folgen häufig einem einfachen Muster: Je dramatischer die Bedrohung, desto legitimer die Eingriffe in die bestehende Normalität zur Schaffung einer neuen Normalität.

> Wir können dankbar sein, dass kein Polizist tot ist (Kavala Infofunk 02.06.07).

Hegemonie ist aber stets fragmentarisch und labil. Begründungskämpfe sind permanent. Dabei gelten Sicherheit und Normalität als unbedingte Werte, die im Zweifelsfall sogar über der Demokratie stehen. In konstruierten Ausnahmezuständen erscheint die Legitimität von Maßnahmen zweitrangig.

Literatur

Agamben G (2002) Homo sacer. Die souveräne Macht und das nackte Leben. Frankfurt a. M.
Agamben G (2004) Ausnahmezustand. Homo sacer II.1. Frankfurt a. M.
Arendt, Hannah (1989): Ziviler Ungehorsam. In: Hannah Arendt: Zur Zeit. Politische Essays. Hg. v. Marie Luise Knott. Berlin: Rotbuch Verlag.
Backmund M, Donat U, Ullmann K (2007) Feindbild Demonstrant. Polizeiliche Desinformationspolitik in Heiligendamm. In: RAV e. V. (Hrsg) Feindbild Demonstrant. Berlin, S. 111–131
Badiou A (2003) Über Metapolitik. Zürich
BAO Kavala (2007): Kavala Report 1. Hg. v. Landesamt für innere Verwaltung. Landespolizei Mecklenburg-Vorpommern (1/2007).

BfV (31.05.2007): Lagebewertung „Besondere Lage". Zentralarchiv der Landespolizei Mecklenburg-Vorpommern in Schwerin, 200.14.13.
BKA (2007): Abschlussbericht des BKA zu G8. Zentralarchiv der Landespolizei Mecklenburg-Vorpommern in Schwerin, 200.14.13 459.
Boecker A (2007) Ausnahmezustand in Heiligendamm, Deutschlands größter Polizeieinsatz. Süddeutsche Zeitung
Böckelmann, Janine (Hg.) (2007): Die gouvernementale Maschine. Zur politischen Philosophie Giorgio Agambens. 1. Aufl. Münster: Unrast.
Bröckling U (2004) Prävention. In: Bröckling, U, Krasmann S, Lemke T (Hrsg) Glossar der Gegenwart. Frankfurt a. M., S. 210–215
Bührmann A, Schneider W (2008) Vom Diskurs zum Dispositiv. Eine Einführung in die Dispositivanalyse. Bielefeld
Busse D (2013) Frame-analytische Zugänge zu juristischer Semantik. Vortrag auf der Interdisziplinären Tagung „Juristische Korpuspragmatik". Freiburg
Eick V, Töpfer E (Hrsg.) (2007) Kontrollierte Urbanität. Zur Neoliberalisierung städtischer Sicherheitspolitik. Bielefeld
Foucault M (2005) Analytik der Macht. Frankfurt a. M.
Foucault M, Defert D, Ewald F, Lemke T (1981) Archäologie des Wissens. Frankfurt a. M.
Gadinger F (2013) Die Rechtfertigung von Außenpolitik. Die kulturelle Aushandlung des Narrativs „Krieg gegen den Terror" in den USA. Im Erscheinen
Galli M, Preusser HP (Hrsg) (2006) Mythos Terrorismus. Vom Deutschen Herbst zum 11. September. Heidelberg
GdP (2007): Deutsche Polizei 7. Zeitschrift der Gewerkschaft der Polizei (7 – Juli 2007).
Hardt M, Negri A (2003) Empire. Die neue Weltordnung. Frankfurt a. M.
Holzinger M, May S, Pohler W (2010) Weltrisikogesellschaft im Ausnahmezustand. Weilerswist
Jäger M, Jäger S (2007) Deutungskämpfe. Theorie und Praxis kritischer Diskursanalyse. Wiesbaden
Knobloch C (2008) Die Rhetorik des Präventivstaats. Blätter für deutsche und internationale Politik 6:75–82
Köster W (Hrsg) (2009) Parallelgesellschaften. Diskursanalysen und Dramatisierung von Migration. Beiträge studentischen Forschens. Essen
Link J (1992) Normalismus: Konturen eines Konzepts. kultuRRevolution 27
Link J (2001) Radikal umdenken: wie? 33 Denkanstöße angesichts der Denormalisierung nach dem 11. September 2001. kultuRRevolution 43
Link J (2006) Zum Anteil der medialen Kollektivsymbolik an der Normalisierung von Einwanderung. In: Sabine M, Mayerhauser T, Renggli C (Hrsg) Bilder und Diskurse – Bilddiskurse. Weilerswist
Link J (2009) Versuch über den Normalismus. Wie Normalität produziert wird. Opladen
Müller J, Schmitz W (Hrsg) (2010) „Hoffentlich wird es nicht so schlimm, wie es ist." Zu Ursachen, Auswirkungen und Wahrnehmungen der „Krise". Dresden
Parr, R (2010) Nach der Krise ist vor der Krise. Symbole und Narrative der Stadienabfolge in der Börsenberichterstattung von Print- und AV-Medien. In: Müller J, Schmitz W (Hrsg) „Hoffentlich wird es nicht so schlimm, wie es ist." Zu Ursachen, Auswirkungen und Wahrnehmungen der „Krise". Dresden
Reisigl M (2007) Der Wiener Ansatz der Kritischen Diskursanalyse. http://www.qualitative-research.net/index.php/fqs/article/viewArticle/270/591. Zugegriffen: 8 März 2011
Scheerer, Sebastian (2004): Terror. In: Ulrich Bröckling, Susanne Krasmann und Thomas Lemke (Hg.): Glossar der Gegenwart. 1. Aufl. Frankfurt am Main: Suhrkamp, S. 257–262.

Schmitt C (1921) Der Begriff des Politischen. Berlin
Spindler S, Tonks I (Hrsg) (2007) AusnahmeZustände. Krise und Zukunft der Demokratie. Münster
Stolle P, Singelnstein T (2007) Heiligendammer Verdichtungen. Der präventive Sicherheitsstaat nimmt Gestalt an. In: RAV e. V. (Hrsg) Feindbild Demonstrant. Berlin
Ullmann K (2007) Das Ampelsystem. Polizeiliche Gefahrenprognosen während des Gipfels. In: RAV e. V. (Hrsg) Feindbild Demonstrant. Berlin
Vogel, F (2010) Blinde Flecken in der juristischen Hermeneutik. Zur mangelnden Lesbarkeit des Rechts. Rechtstheorie 41:25–33
Vogel, F (2012) Linguistik rechtlicher Normgenese. Berlin

Dr. Anna-Lena Dießelmann Mitarbeiterin an der Universität Siegen und Mitglied der Forschungsgruppe Anatomía del Mal an der Universidad del Valle, Kolumbien.

Teil III
Struktur und Ordnung

Erfolgsbedingungen neuer Institutionalisierungen in multiplen Räumen jenseits des Nationalstaates

Ulf Kemper

Zusammenfassung

Der politiktheoretische Beitrag rekonstruiert die ideengeschichtliche Entwicklung politischer Legitimitätstheorien. In dem Kontext nimmt er sowohl auf die Wandlungen des politischen Denkens in Räumen als auch auf die empirischen Veränderungen von Räumen Bezug. Weiterführend werden unterschiedliche postklassische Legitimitätstheorieansätze diskutiert. Diese reflektieren im Unterschied zu den klassischen Legitimitätstheorien von vorneherein stärker auf die multizentrischen Politikräume der Spätmoderne als auf die ehemals absolut verschlossenen Politikräume der Nationalstaaten. Die besondere Aufmerksamkeit gilt drei ausgewählten Modellen der Konstitutionalisierung von Verfassungsrecht und Staatlichkeit in den Räumen jenseits des Staates. Das Fazit skizziert die Grundzüge einer zeitgenössischen Legitimitätstheorie relationaler Räume.

Schlüsselwörter

Politische Legitimation · Politische Räume · Spatial turn · Beyond the state Ideengeschichte · Republikanismus · Kosmopolitismus · Globales Regieren Weltstaat · Internationale Politische Theorie

---

U. Kemper (✉)
Fachbereich Kultur- und Sozialwissenschaften, Institut für Sozialwissenschaft,
Universität Osnabrück, Osnabrück, Deutschland
E-Mail: ulf.kemper@uni-osnabrueck.de

© Springer Fachmedien Wiesbaden 2016
M. Lemke et al. (Hrsg.), *Legitimitätspraxis*, DOI 10.1007/978-3-658-05742-8_4

1 Einleitung

Dieser Artikel stützt sich auf die These, dass das Denken in Räumen entweder explizit oder aber implizit als konstitutive Funktion in die Konstruktion von Legitimitätstheorien eingeht. Aus der These ergibt sich der Analyseansatz, Legitimitätstheorien erstens in Dependenz von den historischen Wandlungen des Denkens in Räumen und zweitens auf dem Hintergrund empirischer Veränderungen von Räumen zu analysieren. Die Argumentationsführung des Artikels ist auf die Beantwortung der folgenden Ausgangsfrage im Fazit ausgerichtet: Wie müssen politische Legitimität und politischer Raum aufgrund der geleisteten ideengeschichtlichen Analysen und angesichts der Auseinandersetzung mit den empirischen Entgrenzungen der ehemals politisch verriegelten Räume der Nationalstaaten in ein Kontextverhältnis gesetzt werden? In methodischer Hinsicht basiert der Artikel auf dem texthermeneutischen Sinnverstehen und den Grundannahmen der Ideengeschichte: Die politische Ideengeschichte kann als Archiv genutzt werden, das sich zum Laboratorium umfunktionieren lässt, in dem begriffliche Rekonstruktionen entwickelt werden, die propädeutisch für neue Theorieentwicklungen wirken (Münkler 2006, S. 103 ff.). Insgesamt führt der Artikel die Methoden der Einzeltheorieanalyse und des Theorienvergleiches mit den Methoden der Rekonstruktion und der Theorieinnovation zusammen. Die Theorieinnovation besteht in der Skizze einer neuen Legitimitätstheorie relationaler Räume, die sich aufbauend auf der ideengeschichtlichen Auseinandersetzung mit Legitimität und Raum kritisch mit neuen Legitimitätstheorieansätzen auseinander setzt.

Der Artikel beginnt im zweiten Abschnitt mit der Rekonstruktion des Kontextverhältnisses von Legitimität und Raum von der frühen Neuzeit bis zur Spätmoderne. Im dritten und vierten Abschnitt werden zuerst die im Globalisierungsprozess neu entstandenen politischen Räume skizziert und anschließend die differierenden Legitimitätstheorieansätze beschrieben, die auf diese neuen Räume rekurrieren. Die neuen Legitimitätstheorieansätze gehören zu den postklassischen Theorieansätzen, die sich von vorneherein stärker auf die neue Empirie der multiplen Politikräume der Spätmoderne beziehen als auf den Politikraum des Nationalstaates, der in den klassischen Legitimitätstheorien im Zentrum steht. Im fünften Abschnitt werden drei ausgewählte Modelle der Konstitutionalisierung von Verfassungsrecht und Staatlichkeit in den Räumen jenseits des Staates analysiert. Im sechsten Abschnitt werden diese normativen Institutionalisierungen von Weltstaatlichkeit einem Realitätscheck unterzogen und subjektiv beurteilt. Im siebten Abschnitt, dem Fazit, erfolgt eine Stellungnahme zum Erkenntnisinteresse des Artikels, wie eine zeitgenössische Legitimitätstheorie relationaler Räume in Grundzügen auszuformulieren ist.

2 Zum Kontextverhältnis von politischer Legitimität und politischem Raum

Politische Legitimitätstheorien zielen auf die Rechtfertigung einer guten politischen Ordnung. Seit der Überwindung der zellular-kleinräumlichen und horizontalen Raumordnung über das Land und seine Leute mit vereinzelten vertikalen Spitzen wie dem König, den Gutsherren und der Kirche im Mittelalter, dominierte ab der frühen Neuzeit zuerst das räumliche Konzept des Territorialstaates und anschließend des Nationalstaates die Politik (Benz 2008, S. 11 ff.). Nach der Epochenwende orientierten sich die legitimitätstheoretischen Reflexionen an der Struktur des hermetisch verschlossenen Staatsraumes. Der neue Kontextzusammenhang zwischen der Entwicklung von Legitimitätstheorien und dem zugrunde liegenden Raumkonzept wurde in den neuzeitlichen Gesellschaftsvertragstheorien deutlich: Diese nahmen den Vertragsschluss entlang der institutionellen Architektonik des Staates vor und ließen dabei die innertheoretischen Bilder von territorialer Nähe und Ferne aus ihren Naturzustandstheoremen einfließen (Vasilache 2007, S. 77 f.). In der Zeit der unangefochtenen Souveränität der Nationalstaaten dominierten die Vorstellungen der absoluten Raumtheorie, gemäß der Räume als Behälter einen festen und ruhenden Platz einnehmen, mit dem sie sich von anderen Räumen abgrenzen, die Entwicklung der Legitimitätstheorien. Physikalische Vorbilder waren Galilei und Newton. Selbst Autoren, die keinen Zusammenhang zwischen einem an sich seienden Naturraum und der territorialen Fixierung eines Staates konzipierten, sondern sich vom Objektivismus abwandten, blieben legitimitätstheoretisch dem absoluten Raumgedanken treu. Ein gutes Beispiel bietet die Handlungstheorie Max Webers, in der die Legitimation der legal-rationalen Herrschaft im Kontext der von Jellinek übernommenen Trias „Staatsvolk, Staatsmacht, Staatsgebiet" interpretiert wird (Weber 1980, S. 27 ff.).

Abseits des Kontextzusammenhanges zwischen der Legitimation einer vertikalen Herrschaftsspitze und einem politischen Behälterraum entwickelte sich in der Neuzeit in der Form subjektivistischer Legitimitätstheorien in Ansätzen bereits auch ein Denken im Kontextzusammenhang zwischen der politischen Legitimation von multizentrischen Herrschaftsstrukturen und multiplen Räumen jenseits staatlicher Strukturen: Die vertikal-hierarchische, objektivistische und absolute Raumtheorie ersetzte eine horizontal-heterarchische, subjektivistische und relationale Raumtheorie. Kant nahm in der theoretischen Philosophie anfangs Newtons Raum als Hintergrundfolie für die Entwicklung seiner Transzendentalphilosophie (Schroer 2006, S. 42) und konzipierte auch in der praktischen Philosophie eine internationale Völkerrechtstheorie mit einem Primat zwischenstaatlicher Außenpolitiken, die der absoluten Raumtheorie treu blieb. Mit seiner erkenntnistheoretischen Raumtheorie, die den Raum als äußere Form der reinen Anschauung begriff (Kant 1998, S. 97) und Räume durch die produktive Einbildungskraft für a priopri projizierbar erklärte, avancierte er weiterführend jedoch zugleich zum Wegbereiter für die konstruktivistischen und relationalen Raumtheorien.

Gemäß der relational-relativistischen Raumtheorie, deren physikalische Vorbilder Leibniz und Einstein sind, können sich Räume überlappen, durchdringen und befinden sich beständig in Bewegung. In den spätmodernen Politiktheorien nahm die legitimitätstheoretische Beschäftigung mit relationalen Raumtheorien im Zuge der Auseinandersetzung mit den Auswirkungen der Globalisierung auf die Verfasstheit der Staaten und in den Debatten über die Legitimation von demokratischer Herrschaft in der postnationalen Konstellation (Habermas) beziehungsweise der Weltgesellschaft (Luhmann) zu. In den Sozialwissenschaften kam es zu einem *spatial turn*: Die Zeit wurde nicht mehr als dynamischer und bedeutsamer als der Raum eingeschätzt (Döring und Thielmann 2008, S. 7 ff.). Es entwickelte sich eine Raumsoziologie, deren Ausgangspunkt bildete, dass die Erosion der absoluten Staatsräume nicht zu einem Ende des Raumes führe, sondern dass der Prozess der Enträumlichung der Staatsräume mit einer neuen Verräumlichung des Politischen in Gestalt multipler Raumgenesen identisch sei.

Der empirisch zu konstatierende Übergang vom absoluten zum relationalen Raummodell findet in den neuen Legitimitätstheorieansätzen nicht nur Zuspruch: Neben politischen Theoretikern, die sich einem Management von Räumen durch Global Governance-Strukturen verschreiben, die ohne eine politische Zentralinstanz auskommen, gibt es politische Theoretikern, die eine solche Analogisierung der normativen Programmatik zur empirischen Raumordnung ablehnen. Letztere verweisen darauf, dass die Entstehung des Containerraumes des Nationalstaates ein geschichtlicher Glücksfall gewesen sei, der die überzeugende Kombination der demokratischen Willensbildung mit dem Rechts- und Sozialstaat ermöglicht habe. In der Konsequenz werden Vorschläge für neue Institutionalisierungen in den politischen Räumen jenseits des Staates entwickelt, die Staatlichkeit supranational revitalisieren möchten.

3 Neue politische Räume unter, über und neben dem Nationalstaat

Als neue politische Räume, die sich als Konsequenz aus dem und in Reaktion auf den Prozess der Globalisierung entwickelten, sind politische Regionalräume, private Sicherheitsräume, der Politikraum Europa, transnationale Wirtschafts-, Politik- und Migrationsräume, Global Cities und Internetkommunikationsräume zu nennen (Schroer 2006, S. 207 ff.). Als alte Politikräume in veränderter Gestalt treten die sich für die Umwelteinflüsse der neuen relationalen Raumordnung geöffneten Staaten und der internationale Politikraum der staatlichen Außenpolitiken zu den neuen Räumen hinzu (Schroer 2006, S. 219 ff.).

Mit politischen Regionalräume sind alle Räume unterhalb der Bundesstaatsebenen – also Bundesländer, Regionskörperschaften, Kreise und Kommunen – gemeint, die als Reaktion auf den Globalisierungsprozess entweder mehr Kompetenzen für sich beanspruchten, neu gegründet wurden oder sogar eine Sezession betrieben. Die Regionalräume sind zu den absoluten Räumen zu zählen, weil sie durch einen aggressiven Lokalismus gekennzeichnet sind, der anstrebt, das Containerraummodell unterhalb der Staatsebene neu zu fundieren (Schroer 2006, S. 216).

Als Beispiele für private Sicherheitsräume sind *gated communities*, Sicherheitshäuser und *panic rooms* zu nennen (Schroer 2006, S. 217 ff.): Die privaten Sicherheitsräume bezwecken eine Wiederbegrenzung auf minimalem Gebiet gegen den Prozess der politischen Entgrenzung vorzunehmen. Wegen der Notwendigkeit zur wirtschaftlichen Interaktion der privaten Sicherheitsräume mit ihrer Umwelt aufgrund fehlender Autarkie kann der Erfolg der Abschirmung nur eingeschränkt gegeben sein und ist stets fragil.

Der Politikraum Europa umfasst zwei Raumkonzepte in sich. Im Inneren ermöglicht er multizentrische Verflechtungen. Nach außen schottet sich die Europäische Union gegen Migrationsbewegungen als Festung Europa ab und versucht als Konsequenz aus der Erosion der nationalen Politikbehälter das Containermodell europaweit neu aufzuspannen (Schroer 2006, S. 215). Die Abschottung Europas wird allerdings unterminiert, was sich an der Faktizität von Transmigrationsräumen verdeutlicht.

Transmigrationsräume sind soziale Zwischenräume in den Migrationsländern, in denen die Kultur, die Normen und die Sprache der Herkunftsländer weiter bestehen, sich durch die Integration von Elementen der Kultur, der Normen und der Sprache der autochthonen Bevölkerung aber zu einem eigenständigen Typus transformieren (Schroer 2006, S. 211). Die transnationalen Wirtschaftsräume sind Räume, in denen abseits von nationalstaatlichen Einflussmöglichkeiten Preise ausgehandelt und Handelsverträge vereinbart werden. In transnationalen Wirtschaftsräumen entstehen durch Zusammenschlüsse von verschiedenen Kapitalfraktionen transnationale Konzerne (*global players*), die sich keinem Heimatland als fester Akteursbasis mehr zuordnen lassen (Schroer 2006, S. 208). Den transnationalen Politikräumen sind alle Politiken zuzuordnen, die die klassischen Außenpolitiken zwischen zwei oder mehr Staaten unterlaufen. Dazu gehören beispielsweise die Verhandlungen von Global Governance, an denen neben nationalen Akteuren ausgewählte nichtstaatliche Akteure beteiligt sind. Alle transnationalen Räume sind dem relationalen Raummodell zuzuweisen.

Die Zuordnung zu den relationalen Räumen gilt mit Einschränkungen auch für die Global Cities: Obwohl diese an einem eindeutigen geographischen Ort liegen und durch eine Armutsspaltung nach Stadtgebieten fixiert sind, sind die Global Cities als Knotenpunkte für die Vernetzung des transnationalen Finanzsystems, aber auch für weltweite Kunst-, Musik- und Modetrends klassisch relational (Schroer 2006, S. 208 f.).

Die Internetkommunikationsräume nehmen als virtuelle Räume die Funktion wahr, ideeller Kommunikation von dezentralen Orten weltweit realpolitische Auswirkungen zu ermöglichen. Nationale Regierungen können das Netz durch Eingriffe in die Hardwarestruktur und durch Blockaden, Filter und Intranetstrukturen zensieren, die entgrenzende Funktion der transnationalen Information und Diskursivierung kann auf die Dauer aber nicht wirkungsvoll unterbunden werden (Schroer 2006, S. 212 f.). Die Interneträume forcieren die Tendenz zur Etablierung der relationalen Räume.

Die Nationalstaaten durchlaufen einen Funktionswandel. Sie verlieren die Souveränität zur autonomen Steuerung der Politiken in ihrem Staatsraum. Ihre Kompetenzkompetenzen werden substanzlos, wenn der Behälterraum durch die Entgrenzungen der Funktionssysteme der Weltgesellschaft durchlöchert wird. Der Staat besinnt sich innenpolitisch bei seiner Leistungserfüllung als politisches System für die Gesellschaft auf die Verfolgung kooperativer Politiken (Schroer 2006, S. 219 ff.). In dem Kontext öffnet sich der Staatsraum auch außenpolitisch: Staatliche Akteure interagieren zunehmend mit nichtstaatlichen Akteuren in Räumen jenseits des Staates.

4 Politische Legitimitätstheorieansätze im Zeitalter der Globalisierung

Zu den klassischen Legitimitätstheorien[1], die sich am Nationalstaat orientieren, traten mit dem Beginn der Globalisierung postklassische Legitimitätstheorieansätze hinzu. Letztere reflektieren konzeptuell von vorneherein auf die neue Raumordnung. Die postklassischen Ansätze können in zwei Gruppen unterteilt werden: Die erste Gruppe widmet sich der Legitimation von demokratischer Herrschaft in

---

[1] Als Beispiele für klassische Theorien können Webers Legitimitätsglaubenskonzept aus „Wirtschaft und Gesellschaft" (Weber 1980, S. 122 ff.), Luhmanns Legitimitätstheorie aus „Legitimation durch Verfahren" (Luhmann 1983) und Habermas' Beschäftigung mit den „Legitimationsproblemen(n – U.K.) im Spätkapitalismus" (Habermas 1973) und die Frühfassung von Habermas' am Nationalstaat ausgerichteten Diskurstheorie des Rechts und der Demokratie (Habermas 1992) genannt werden.

einem der relationalen Räume oder im Kontext der Verbindung der relationalen Räume. Die zweite Gruppe befürwortet die Rückkehr zum absoluten Raummodell. In dem Kontext wollen die wenigsten dieser Ansätze den Nationalstaat revitalisieren. Die Mehrheit spricht sich für übernationale Staatlichkeiten auf der Grundlage einer Konstitutionalisierung des Völkerrechts aus.

Bezogen auf das politische Mehrebenensystem der EU, das über eine intergouvernemental-horizontale und eine supranational-vertikale Achse verfügt, gibt es zwei verschiedene legitimitätstheoretische Konzepte. Das im politologischen Mainstream verankerte Konzept der Vollparlamentarisierung möchte die EU im Input-Bereich demokratisieren und nach einem Bundesstaatsmodell umorganisieren, was dem absoluten Raummodell nahe kommt. Das Konzept der Legitimation über den Output von effektiven Politikergebnissen (Scharpf 1999, S. 20) erfordert keine Veränderung des politischen Systems *sui generis* der EU.

Kritik an den Global Cities, den Räumen des aggressiven Lokalismus und den privaten Sicherheitsräumen äußert Crouch mit seinem Postdemokratieansatz: Crouch interpretiert diese Räume als negative Folgen des Globalisierungsprozesses. Ihre Entstehung sei durch die neoliberalen Freihandelsabkommen und Zollpolitiken ermöglicht worden, was zur Apathie der Bevölkerungen gegenüber der Demokratie (Crouch 2008, S. 10) in der Form von Wahlenthaltung, mangelnder Bereitschaft zur Partizipation und Politikverdrossenheit beigetragen habe. Crouch plädiert in der Tradition der keynesianischen Sozialdemokratie für eine Rückkehr zu verschlossenen Wohlfahrtsstaaten. Die Praktizierung einer alternativen Wirtschafts- und Sozialpolitik würde für mehr Bürgerengagement innerhalb der Demokratie sorgen und könne die Postdemokratie zurückdrängen, die durch intakte Institutionen und Wahlverfahren gekennzeichnet sei, aber vom inneren Sinn der Demokratie entleert wurde. Crouchs Postdemokratieanalyse beweist eine gegenwartsdiagnostische Schärfe für ein Zwischensystem zwischen der Demokratie und Nichtdemokratie (Crouch 2008, S. 30), vermag von diesem Ausgangspunkt aber keine ausreichenden Lösungsmöglichkeiten für neue Legitimationen anzubieten. Der Verweis auf die Proteste der Globalisierungskritiker und die Entwicklung neuer Identitäten (Crouch 2008, S. 157) ist ebenso unzulänglich wie die Vorstellung, die Globalisierung und mit ihr die Entstehung der neuen Räumen seien freiwillige Entscheidungen gewesen, die deshalb reversibel seien.

Der Ansatz der elektronischen Demokratie erscheint auf den ersten Blick als ein hoffnungsloser Synkretismus aus der partizipatorischen und der deliberativen Demokratietheorie, dem technologisches Wissen und Technikteleologie beigemengt ist: Die Internetkommunikation ermögliche jederzeit direkten Kontakt zwischen Politik und Bürgerschaft und elektronische Petitionen, Referenden und Wahlen. Die Transparenz im Netz offenbare Interessen und ermögliche Kommunikationssysteme, die Geltungsansprüche rationalisierten, mit denen die etablierte Politik konfrontiert werde (Geser 2000, S. 425). Die horizontal-heterarchische Kommunikation transzendiere sämtliche Raumgrenzen und Raumunterschiede. Kritiker verweisen zutreffend darauf, dass politisches Selbstbewusstsein auf Bildung und einem Mindestmaß an mündlicher Kommunikation beruhe, was „(…) in einer Art „technologischem Fehlschluß der Demokratietheorie"" (Schmalz-Bruns 2001, S. 109) übergangen werde: Selbststeuerung und -information der Bürgerschaft seien illusorische Begriffe, weil im Internet mehrheitlich Privatkommunikationen und fragmentierte Diskurse von Peergroups stattfänden und Informationen angebotsoligopolistisch durch korporatistische Steuerungsformen von Unternehmen, Verbänden und Parteien gesteuert würden. Der Ansatz der elektronischen Demokratie enthält Einflusschancen für neue politische Innovationen, ist allein für sich stehend aber nicht für umfassende Legitimationen in den Räumen jenseits des Staates geeignet. Ihm fehlt sowohl die Einflussbasis von kollektiver Akteursmacht als auch diejenige von Rechtsnormativität.

Die wichtigsten postklassischen Theorieansätze zur politischen Legitimation in den multiplen Räumen jenseits des Nationalstaates sind unzweifelhaft das Global Governance-Konzept und der systemtheoretische Ansatz des zivilgesellschaftlichen Konstitutionalismus auf der einen und die Vorschläge zur neuen Institutionalisierung einer Weltrepublik auf der anderen Seite. Die Ansätze unterscheiden sich unter dem Aspekt, inwieweit sich die legitime Herrschaft staatsähnlichen Strukturen annähern soll. Die Differenzen resultieren aus dem Verhältnis, in welches Markt, Zivilgesellschaft und Staatlichkeit gestellt werden sollen: Republikanische Theorien beanspruchen ein Mindestmaß an rechtlicher Regulierung des Marktgeschehens und der gesellschaftlichen Interaktionen, während sich die liberalen Theorien auf die Entwicklung der Zivilgesellschaft konzentrieren und sich einer *lex mercatoria* verpflichtet fühlen: Märkte regulieren sich selbst.

Das Global Governance-Konzept unterläuft durch die Befürwortung von freiwilligen Verhandlungen zwischen Staaten, internationalen Organisationen und nichtstaatlichen Akteuren bewusst eine rechtliche Rahmung. Es möchte die vertikalen Ebenen und horizontalen Einheiten der Politik durch globales Regieren innerhalb transnationaler Räume zusammenführen.[2] Die Beteiligung der nichtstaatlichen Ak-

---

[2] Ein einheitliches Konzept von Global Governance existiert ebenso wenig wie die Festlegung auf ein Akteursauswahlverfahren oder auf bestimmte Entscheidungsmodi: Es kommen sowohl deliberative Konsensfindungen als auch Verhandlungspakete und Mehrheitsabstimmungen zur Anwendung. Insgesamt lassen sich drei Verwendungsweisen von Global Governance unterscheiden: „Global Governance als analytische Perspektive, Global Governance als politisches Programm und Global Governance als wissenschaftlicher und gesellschaftlicher Diskurs" (Dingwerth und Pattberg 2006, S. 377).

teure sehen liberale Politiktheoretiker als die zentrale Legitimationsfunktion von Global Governance an. Dagegen bemängeln republikanische Politiktheoretiker, die nichtstaatlichen Akteure seien illegitime Lobbyvertreter ohne Mandatierung durch den *demos*. Es gibt allerdings auch Autoren, die mit den Politiken von Gobal Governance republikanische Motive wie die Beförderung eines Weltallgemeinwohls und die Errichtung eines neuen internationalen Institutionenregimes verbinden (Messner und Nuscheler 2003, S. 3): Die Ersetzung der *rule of law* durch ein *system of rule* verstehen sie als zeitlich begrenztes Übergangsstadium.

Die systemtheoretische Position des zivilgesellschaftlichen Konstitutionalismus knüpft an Luhmanns Weltgesellschaftstheorie an: Weil die Funktionssysteme im Weltmaßstab ausdifferenziert seien, könnten weder Interventionen der nationalen noch der internationalen Politik die weltweite Interaktionssteuerung im normativ beabsichtigten Sinne verändern: Steuerungsversuche würden von den Systemen als Fremdreferenzen wahrgenommen und allerhöchstens als Irritationen aus der Umwelt in ihre systeminterne Kommunikation aufgenommen (Kontextsteuerung). Legitimität sei eine Kontingenzformel der Macht im politischen System und diene als Zweitcodierung der Macht (Luhmann 2003, S. 55). Den Versuch, einen Weltstaat zu errichten und über dessen Politiken die Weltgesellschaft zu legitimieren, lehnte Luhmann ab (Luhmann 1975, S. 71). Teubner verweist auf die Autopoiesis des internationalen Privatrechts, das in den rechtlosen transnationalen Räumen strukturelle Koppelungen herstellt, aus denen sich ein Konstitutionalismus pluraler Zivilverfassungen entwickelt (Teubner 2007, S. 130 ff.). Das Privatrecht stelle alle notwendigen Ressourcen zur Verfügung, die die Evolution der Weltgesellschaft benötige. Legitimität könne bewahrt und auch neu entwickelt werden, weil die Autopoiesis des öffentlichen Rechtes nachholend an die Evolution des internationalen Privatrechts anknüpfe und sich neu konstituiere (Teubner 2007, S. 145 f.).

Die Abwehr der Existenz von Weltstaatlichkeit bedeutet für den Systemtheoretiker Teubner die präventive Beseitigung eines Störfaktors im Sinne einer kommunikativen Interferenz. Eine entgegengesetzte Sichtweise vertreten die politischen Theoretiker Höffe, Niederberger und Held, die sich von der Institutionalisierung von Staatlichkeit und Recht in den multiplen Räumen jenseits des Staates neue Legitimationen erhoffen.

5 Konzepte neuer Institutionalisierungen in den multiplen Räumen jenseits des Nationalstaates

Das globale Regieren in den entgrenzten Räumen der Globalisierung kann aus der Sicht der transnationalen und kosmopolitischen Demokratietheorien keine Herrschaft des Rechts generieren. Die Herrschaft des Rechts sei die Voraussetzung für die Legitimation von Politik und könne nicht durch Konsensbildungen, Abstimmungen oder Interessenausgleiche im Rahmen von Global Governance ersetzt werden. Aus ihrer Sicht kann ausschließlich übernationale Staatlichkeit zuzüglich der Herrschaft des Rechts demokratisch legitimieren. Unzweifelhaft dient ihnen die von Kant übernommene und zeitgenössisch rekonstruierte Idee der Weltrepublik als Leitbild. Die Institutionalisierung von neuer Weltstaatlichkeit unterscheidet sich in den Theorien von Höffe, Niederberger und Held hinsichtlich der Delegation der Kompetenzkompetenzen an die subnationalen, nationalen und supranationalen Politikebenen. Die räumliche Form der anvisierten Institutionengebilde differiert stark voneinander.

Höffe und Niederberger sprechen sich beide gegen einen unitarischen Weltstaat aus, unterscheiden sich allerdings bei der vertikalen Abstufung und der horizontalen Zuordnung von Kompetenzen zu den föderalen Strukturen. Höffe rekurriert sehr stark auf das Subsidiaritätsprinzip (Höffe 2002, S. 296 ff.). Die nationale Eigenständigkeit der Staaten müsse erhalten werden, um die Vielfalt der Kulturen, eine globale Öffentlichkeit und den wohlstandsfördernden Wettbewerb zu bewahren (Höffe 2002, S. 315 ff.). Ein Mindestmaß an Weltstaatlichkeit sei notwendig, um den Menschenrechtsschutz der Subjekte gewährleisten zu können (weltbürgerlicher Vertrag). Weil ein globaler Leviathan entstehen könne, der die Freiheiten aller Subjekte in sich aufsauge, müsse die Delegation der Kompetenzkompetenzen nach dem Prinzip der politischen Sparsamkeit immer von der Souveränität der Einzelstaaten ausgehend bestimmt werden (völkerrechtlicher Vertrag). Durch eine Doppelkammerstruktur der weltstaatlichen Legislative aus einer Vertretung der Weltbürger und einer Kammer der Staaten soll die Komplementarität im Verhältnis von Weltstaat und Einzelstaaten garantiert werden (Höffe 2002, S. 310). Deutlich wird, dass Höffe zwar einen Weltstaatsraum begründen und legitimieren möchte, in diesem aber die Entstehung einer vertikalen Hierarchie durch die Dominanz der horizontalen Selbstkoordination der Staaten verhindern will (Zürn 2011, S. 89).

Niederberger knüpft im Grundsatz an die föderale Weltstaatskonzeption Höffes an, bringt aber den Aspekt des „(…) Republikanismus der Nicht-Beherrschung" (Niederberger 2009, S. 388) neu ein. Die Entwicklung der Weltrepublik sei rechtsnormativ geboten, weil in den transnationalen Räumen jenseits der Staaten beherrschende Faktoren entstanden seien, durch die in illegitimer Weise Bürger anderer Staaten „(…) durch Akteure anderer Staaten bzw. durch andere Staaten selbst" (Niederberger 2009, S. 376) beherrscht würden. Da die Globalisierung für die Beherrschung von Bürgern durch andere Staaten und staatsfreie Märkte und Gesellschaften stehe, müsse eine denationalisierte Legitimitätstheorie globalen Charakters sein (Niederberger 2009, S. 379). Der legitimitätstheoretisch ideale Zustand der Nicht-Beherrschung sei in weite Ferne gerückt, wenn erstens eine nicht mit ausreichenden Kompetenzen ausgestattete Konföderation gebildet werde oder zweitens das positive Recht zur Ausübung von Freiheit und das negative Freiheitsrecht zum Schutz vor Willkür falsch austariert würden (Niederberger 2009, S. 408). Die Lösung bestehe darin, dass die vertikalen Ebenen und horizontalen Einheiten der Weltrepublik derart kombiniert würden, dass nicht-beherrschende Relationen von globaler Ebene, Staaten und nichtstaatlichen Akteuren geformt werden, die sich selbstregulativ negativ bestimmend aufeinander beziehen (Niederberger 2009, S. 409). In der transnationalen Demokratie soll die Macht in relationalen Räumen ausbalanciert werden, indem innerhalb eines nicht-holistischen Netzwerkes vielfache Verbindungen und Kontrollen hergestellt werden (Niederberger 2009, S. 465): Obwohl Niederberger wie Höffe eine zentrale Weltstaatsebene einfordert, entspricht seine Netzwerkstruktur allerhöchstens noch in Ansätzen dem Containerraummodell.

Auch Held ist kein expliziter Befürworter eines unitarischen Weltstaates. Indem er der globalen Politikebene der Weltrepublik aber ein Primärrecht zuweist (Held 2010, S. 100), das im Ausnahmefall auch gegen kontinentale, nationale und lokale Widerstände durchzusetzen ist, dominiert in seinem Bundesstaat die Vertikale. Held spricht sich für eine Organisationsreform der Vereinten Nationen zu einem Weltstaat mit Weltregierung, Weltparlament und Weltgerichten aus (Held 1995, S. 272 f.). Legitimitätstheoretisch bezieht sich Held auf die kosmopolitische Interpretation des Theorems der Weltbürgerschaft als Grundlegung eines globalen *demos* (Held 1995, S. 233): Die Individuen treten als moralische Grundeinheiten an die Stelle, die den Staaten in den Rechtsnormen des klassischen Völkerrechts für die internationalen Beziehungen zukam. Anders als bei Höffe ergänzt die Legitimation durch die Bürger die Legitimation des Weltstaates durch die Staaten nicht. Die Bürgerlegitimation ersetzt die Staatenlegitimation vollständig!

6 Realitätscheck der vorgestellten Konzepte neuer Institutionalisierungen in den multiplen Räumen jenseits des Nationalstaates

Der Hinweis auf die neuen staatlichen und nichtstaatlichen Herrschaftsformen in den transnationalen Räumen jenseits des Nationalstaates deutet aus republikanischer Theorieperspektive auf die notwendige Verrechtlichung dieser Räume hin. So angemessen neue Institutionalisierungen jenseits der Staaten aus Gründen des Menschenrechtsschutzes auch erscheinen mögen, es drängt sich eine skeptische Frage auf: Sind die Weltstaatstheorien aufgrund ihrer hohen normativen Geltungsansprüche eventuell „zu utopistisch"?

Die Institutionalisierung von Weltstaatlichkeit in den multiplen Räumen jenseits der Staaten könnte aus folgenden Gründen ausschließlich in der föderalen Variante und mit ungewisser Zukunftsaussicht realisiert werden: Die Staaten werden ihre Souveränitäten in den außen- und sicherheitspolitischen Kernfeldern freiwillig nicht an einen kosmopolitischen Weltstaat im Sinne Helds abtreten. Die „ungesellige Geselligkeit" (Kant 1999, S. 4) kann die Staaten in entgrenzten Politikfeldern mit nachrangiger Bedeutung zur supranationalen Vergemeinschaftung von Kompetenzen und zu einem Integrationsprozess antreiben. Im Ergebnis kann eine föderale Institutionenstruktur stehen. Die Erfolgsaussicht auf die Realisierung eines handlungsfähigen und problemlösenden Weltstaates muss allerdings auch in der föderalen Variante als eingeschränkt beurteilt werden, wenn man sich die jüngsten Probleme des europäischen Integrationsprozesses – Wohlstandsgefälle, Eurokrise, Armutswanderung – veranschaulicht. Regionale Integrationsprozesse in Südamerika oder Afrika wären mit noch viel gewaltigeren Aufgabenstellungen konfrontiert als es die europäische Integration ist. Schlussendlich würden die wohlhabenden Industriestaaten sich innerhalb eines Weltstaates selbst beschränken müssen, was als unrealistisch einzuschätzen ist: Internationale Rechtsgenesen können nationale Herrschaft und Macht sukzessive rationalisieren, aber nicht auf einen Schlag nivellieren. Die USA verbieten trotz massiver Kritik beispielsweise immer noch die Auslieferung ihrer Staatsbürger an den Internationalen Strafgerichtshof. In einer Weltrepublik könnten sie dieses Sonderrecht nicht mehr in Anspruch nehmen.

Als Konsequenz aus diesem Realitätscheck wird für eine Kombination aus der Institutionalisierung föderaler Weltstaatlichkeit in der räumlichen Form eines multizentrischen Mehrebenensystems mit deliberativen und pluralistischen Aushandlungsprozessen und direktdemokratischen Arrangements plädiert.

7 Fazit: Eine Legitimitätstheorie relationaler Räume

Eine zeitgenössische Legitimitätstheorie muss im Sinne eines Norm-Empirie-Abgleichs auf die Raumordnung der Gegenwart reflektieren und eine normative Überdehnung im Verhältnis zur Empirie der multiplen Räume vermeiden. Die Übertragung des klassischen Legitimationskonzeptes des Staates auf die Weltebene orientiert sich am absoluten Raummodell, das mit den faktisch dominierenden relationalen Räumen kontrastiert. Aufgrund nationaler Chauvinismen und mangelnder Effektivität ist der Zweifel an der empirischen Realisierungsfähigkeit eines kosmopolitischen Weltstaates berechtigt. Der kosmopolitische Weltstaatsentwurf ist weiterhin auch aus demokratietheoretischen Erwägungen abzulehnen: Das kosmopolitische Weltstaatsmodell beinhaltet das Problem der Unfähigkeit zur Inklusion und Exklusion von Staatsbürgerschaft und die fundamentale Gefahr einer weltweiten Einheitsstaatsdiktatur, die sich auf einen monolithischen Republikanismus beruft.

Der Wert des Allgemeinwohls ist in der postnationalen Konstellation nicht komplett zur Disposition zu stellen, kann aber nicht mehr wie bei Rousseau a priori und ontologisch für die gesamte Gesellschaftsorganisation als *volonté générale* vorausgesetzt werden. Soll die Sozialintegration der Weltgesellschaft gelingen, ist der Wert des politischen Gemeinwohls in zwei Weisen zu affirmieren: 1. Als konstitutionelles Rechts-, Sozialstaatlichkeits- und Demokratiepostulat auf der globalen Ebene. 2. Als konstitutioneller Zielwert für deliberative und pluralistische Politikpraktiken zwischen den vertikalen Ebenen und horizontalen Einheiten.

Politische Legitimation nicht in absoluten Räumen und vertikal-hierarchisch, sondern in relationalen Räumen und horizontal-heterarchisch zu denken, wird eine bleibende intellektuelle Herausforderung der Zukunft sein: Für die Bewältigung der mittelalterähnlichen Raumordnung des 21. Jahrhunderts existiert keine monokausale Lösungsmöglichkeit. Sie verweist auf das Management und die Verbindung der neuen Räume, nicht aber auf ihre Fusionierung oder gar auf den anachronistischen Versuch zur Revitalisierung autonomer Nationalstaaten.

Empirisch angemessen *und* normativ geboten wäre eine föderal-globale Institutionenstruktur mit minimaler Staatlichkeit und Subsidiaritätsprinzip. Eine gemäßigte Supranationalisierung von Recht und Staatlichkeit ist zu präferieren, um Rechts- und Sozialstaatlichkeit, demokratische Willensbildung und Prozesse der kollektiven Identitätsbildung in den Räumen jenseits der Staaten zu ermöglichen: Das transnationale öffentliche Recht sollte die Dominanz gegenüber dem transnationalen Privatrecht in der Form der Rahmengesetzgebung ausüben.

Zusätzlich zur Installation eines freiheitsverbürgenden transnationalen Rechtsregimes sollte auch eine globale Legislative geschaffen werden, die in den ausgewählten Feldern der Wirtschafts- und Finanzpolitik mittels regulativer Politiken gegen Finanzkrisen und Währungsspekulationen tätig werden darf.

Die gemäßigte Weltstaatlichkeit sollte sich in der räumlichen Form eines multipedalen Mehrebenensystems durch Vernetzungen zwischen vertikalen Ebenen und horizontalen Einheiten an die transnationalen Räume der Spätmoderne anpassen, sich bedingt für Einflüsse des zivilgesellschaftlichen Konstitutionalismus öffnen und kooperative Politiken von Global Governance nicht als Konkurrenz auffassen.

In den verschiedenen Bereichen des Mehrebenensystems sollten drei Entscheidungsmodi Legitimationen ausüben: In den aufgewerteten Institutionen der internationalen Politik, in den Staaten, in den Bundesländern und in den regionalen und kommunalen Körperschaften sollten Wahlen zum Zuge kommen. Deliberations- und pluralistische Aushandlungsprozesse sind für Politiken zur Ausführung vorzusehen, die relationale Raumdurchdringungen beinhalten und multidimensionale Vernetzungen politischer Ebenen und Einheiten betreffen. Referenden sollten in Fragen der Umwelt-, Klima- und Verbraucherschutzpolitik und bei Verlagerungsfragen von Souveränitätsrechten und Mitgliedschaftsfragen in strategischen Bündnissen zum Tragen kommen.

Literatur

Benz A (2008) Der moderne Staat. Grundlagen der politologischen Analyse. München
Crouch C (2008) Postdemokratie. Frankfurt a. M.
Dingwerth K, Pattberg P (2006) Was ist Global Governance? Leviathan: Berliner Zeitschrift für Sozialwissenschaft 34: 377–399
Döring J, Thielmann T (2008) Einleitung: Was lesen wir im Raume? Der Spatial Turn und das geheime Wissen der Geographen. In: Döring J, Thielmann T (Hrsg) Spatial Turn. Das Raumparadigma in den Kultur- und Sozialwissenschaften. Bielefeld, S. 7–45
Geser H (2000) Auf dem Weg zur Neuerfindung der politischen Öffentlichkeit. Das Internet als Plattform der Medienentwicklung und des sozio-politischen Wandels. In: Martinsen R, Simonis G (Hrsg) Demokratie und Technik – (k)eine Wahlverwandtschaft? Opladen, S. 401–429
Habermas J (1973) Legitimationsprobleme im Spätkapitalismus. Frankfurt a. M.
Habermas J (1992) Faktizität und Geltung. Beiträge zur Diskurstheorie des Rechts und des demokratischen Rechtsstaats. Frankfurt a. M.
Held D (1995) Democracy and the Global Order. From the Modern State to Cosmopolitan Governance. Cambridge
Held D (2010) Cosmopolitanism: Ideals and Realities. Cambridge
Höffe O (2002) Demokratie im Zeitalter der Globalisierung. München
Kant I (1998) Kritik der reinen Vernunft. Hamburg
Kant I (1999) „Idee zu einer allgemeinen Geschichte in weltbürgerlicher Absicht". In: Kant I. (Hrsg) Was ist Aufklärung? Ausgewählte kleine Schriften. Hamburg, S. 3–19
Luhmann N (1975) Die Weltgesellschaft. In: Luhmann N (Hrsg) Soziologische Aufklärung 2. Opladen, S. 51–88
Luhmann N (1983) Legitimation durch Verfahren. Frankfurt a. M.
Luhmann N (2003) Macht. Stuttgart
Messner D, Nuscheler F (2003) Das Konzept Global Governance. Stand und Perspektiven. INEF Report 67, Duisburg
Münkler H (2006) „Politische Ideengeschichte". In: Münkler H (Hrsg) Politikwissenschaft. Ein Grundkurs. Hamburg, S. 103–131
Niederberger A (2009) Demokratie unter Bedingungen der Weltgesellschaft? Normative Grundlagen legitimer Herrschaft in einer globalen politischen Ordnung. Berlin und New York
Scharpf FW (1999) Regieren in Europa. Effektiv und demokratisch? Frankfurt a. M. und New York
Schmalz-Bruns R (2001) Internet-Politik. Zum demokratischen Potenzial der neuen Informations- und Kommunikationstechnologien. In: Martinsen R, Saretzki T, Simonis G

(Hrsg) Politik und Technik. Analysen zum Verhältnis von technologischem, politischem und staatlichem Wandel am Anfang des 21. Jahrhunderts. Sonderheft Politische Vierteljahresschrift 31. Wiesbaden, S. 108–131

Schroer M (2006) Räume, Orte, Grenzen. Auf dem Weg zu einer Soziologie des Raums. Frankfurt a. M.

Teubner G (2007) Globale Zivilverfassungen. Alternativen zur staatszentrierten Verfassungstheorie. In: Neves M, Voigt R (Hrsg) Die Staaten der Weltgesellschaft. Niklas Luhmanns Staatsverständnis. Baden-Baden, S. 117–146

Vasilache A (2007) Der Staat und seine Grenzen. Zur Logik politischer Ordnung. Frankfurt a. M.

Weber M (1980) Wirtschaft und Gesellschaft. Grundriß der verstehenden Soziologie. Tübingen

Zürn M (2011) Vier Modelle einer globalen Ordnung in kosmopolitischer Absicht. Politische Vierteljahresschrift 52: 78–118

Dr. Ulf Kemper Lehrbeauftragter am Fachbereich Sozialwissenschaften der Universität Osnabrück.

Auf der Suche nach der verlorenen Legitimität: Die Legitimitätspolitik der Europäischen Zentralbank (EZB)

Martin Ströder

Zusammenfassung

Der Beitrag widmet sich der Europäischen Zentralbank (EZB) und ihrer geldpolitischen Legitimität, die in den letzten Jahren insbesondere von deutscher Seite in Frage gestellt wird. Im Beitrag werden legitimationspraktische Strategien diskutiert, die darauf verweisen, dass die EZB auf der Suche nach ihrer verlorenen Legitimität ist und diese Suche aktiv gestaltet bzw. managt.

Schlüsselwörter

Legitimität · Legitimation · Geldpolitik · Europäischen Zentralbank (EZB, Legitimationsmanagement · Organisationsstrategie

1 Einleitung

Das Regieren in transnationalen Mehrebenensystemen ist heute eine politische Normalität. Ein gutes Beispiel für ein solches Mehrebenenregieren ist die EU, die für und mit ihren Mitgliedstaaten verbindliche Entscheidungen trifft (Töller 2006, S. 5 ff.), die nicht immer von allen Mitgliedstaaten akzeptiert werden. Von aktueller Bedeutung ist in diesem Zusammenhang insbesondere die Geldpolitik der

---

M. Ströder (✉)
Universität Duisburg-Essen, Essen, Deutschland
E-Mail: martin.stroeder@uni-due.de

© Springer Fachmedien Wiesbaden 2016
M. Lemke et al. (Hrsg.), *Legitimitätspraxis*, DOI 10.1007/978-3-658-05742-8_5

Europäischen Zentralbank (EZB). Der EZB und ihrer Geldpolitik fehlt es krisenbedingt an Legitimität (Sibert 2011). Legitimität, die man in ihrer Funktionalität politikwissenschaftlich auch als die empirisch beobachtbare Folgebereitschaft der Regierten bezeichnet (Scharpf 2009). Die EZB – so die grundlegende Annahme dieser Arbeit – ist aktuell auf der Suche nach der im Mehrebenensystem verlorenen Legitimität ihrer geldpolitischen Entscheidungen. Eine Suche, die sie in die zielgerichtete Legitimitätspolitik treibt.

Der vorliegende Aufsatz will einen Beitrag zum Verständnis dessen leisten, was in der politikwissenschaftlichen Literatur jüngst „Legitimitätspolitik" genannt wurde (Nullmeier et al. 2012). Das Regieren in Mehrebenensystemen geht mit Legitimationszwängen einher, denen die unzureichend legitimierten Regierenden begegnen müssen. Ich argumentiere nachfolgend, dass die Legitimität von Mehrebenenentscheidungen im Prozess einer strategisch-zielgerichteten Legitimitätspolitik konstruiert werden kann, die dem von Suchman (1995) eingeführten Legitimitätsmanagement ähnelt. Dass der strategisch-zielgerichtete Prozess der Legitimitätspolitik in Mehrebenensystemen zu beobachten ist, soll hier anhand der jüngsten Entwicklungen im Politikfeld der europäische Geldpolitik beschrieben werden. Zwei zusammenhängende Entwicklungen geben Anlass für die *Existenz der Legitimitätspolitik*: *Erstens* dem Vorstelligwerden des EZB-Präsidenten Mario Draghi vor Bundestagsausschüssen zur Erklärung seiner Geldpolitik im Sommer 2012 und *zweitens* die im Sommer 2013 von der EZB selbst eingeleitete Forcierung der Veröffentlichung von EZB-Ratssitzungsprotokollen.

Die Vorgehensweise ist wie folgt: Nachdem (2.) die Grenzen des Demokratiebegriffs im Kontext des Mehrebenenregierens erläutert sind, soll (3.) das Mehrebenenregieren als permanenter legitimationspolitischer Ausnahmezustand eingeordnet werden. Daran anknüpfend soll (4.) Legitimitätspolitik von Entscheidungspolitik abgegrenzt werden. Die in den Abschnitten zwei bis vier entwickelten Annahmen, sollen sodann in den drei nachfolgenden Abschn. (5., 6. und 7.) am jüngsten Verhalten der EZB geprüft werden, um letztlich (8.) die Beobachtungen zur exekutiven Legitimitätspolitik zu resümieren.

2 Die Grenzen des Demokratiebegriffs: Regieren in politikfeldspezifischen Mehrebenenarenen

Ein Mehrebenensystem ist eine Konfiguration von Entscheidungsarenen, die sich an Territorien orientiert (Benz 2010, S. 111). Ein Mehrebenensystem im hier diskutierten Sinne übersteigt und integriert die untergeordneten nationalen und subnationalen Ebenen. Im Zuge der Entstehung eines Mehrebenensystems delegieren die nationalen Ebenen Kompetenzen an die übergeordneten Ebenen. Die letztliche

Ausübung der delegierten Kompetenzen erfolgt allerdings nicht souverän, sondern in Koordination mit den untergeordneten Ebenen, wobei die Art und Weise der Koordination zwischen den Ebenen und je nach Politikfeld höchst unterschiedlich organisiert sein kann (Benz 2010, S. 117). Die politikfeldspezifischen Institutionen konstituieren etwas, das als politikfeldspezifische Regulierungsarenen bezeichnet wird (Mayntz 2007). Diese „ausreifenden" politikfeldspezifischen Regulierungsarenen (Noweski 2008) sind mittlerweile von derartiger Qualität, dass einige Beobachter geneigt sind, von einem die nationalen, die europäischen und die globalen politikfeldspezifischen Ebenen integrierenden transnationalen Verwaltungsraums bzw. eines solchen Verwaltungsrechts zu sprechen (Olsen 2003; Kingsbury, et al. 2005; Chiti und Mattarella 2011).

Jede politikfeldspezifische Ausreifung eines Mehrebenensystems geht mit dem zwangsweisen Verlust nationaler Souveränität einher. Eine theoretische Konsequenz ist, dass der klassische Demokratiebegriff gegenüber seiner klassischen Ausprägung an Komplexität gewinnt (Schliesky 2004). Der klassische Demokratiebegriff reicht nicht mehr aus, um die zu beobachtenden Phänomene der institutionellen Mehrebenenintegration als einwandfrei demokratisch zu bezeichnen. Folglich wird den in transnationalen Regulierungsarenen getroffenen Entscheidungen ein Demokratiedefizit attestiert (Große Hüttmann und Knodt 2011). Die politische Wissenschaft sieht das anschwellende Demokratiedefizit insbesondere in der Stärkung der nationalen Exekutiven begründet. Diese treten auf den übergeordneten Ebenen als „quasi-parlamentarische Akteure" (Beichelt 2011) auf, wo sie in den einstigen Bereichen einer nationalen Außenpolitik zunehmend Innenpolitik betreiben können, ohne die nationalen Legislativen ihren originären Funktionen entsprechend einzubeziehen (Martin 2000; Töller 2006). In der Debatte um die zukünftige Demokratisierung speziell des europäischen Mehrebenensystems werden unterschiedliche Ansätze diskutiert. Diese Demokratisierungsansätze haben vielfach einander gemein, dass sie die Demokratisierung zwar in den klassisch-normativen Kategorien nationaler Einheitsstaaten mit einem direkt gewählten, voll funktionsfähigen Europäischem Parlament im Zentrum der Demokratisierungsbemühungen denken, den Gedanken an eine vollständige Substitution der Nationalstaaten allerdings vermeiden (Maurer 2002; Maurer 2011).

3 Mehrebenenregieren als legitimationspolitischer Ausnahmezustand

Wie gezeigt geht das Mehrebenenregieren einher mit einer Debatte um ein an normativen Idealvorstellungen gemessenem Demokratiedefizit. Das Demokratiedefizit lässt sich etwas allgemeiner auch als Legitimitätsdefizit darstellen. Allgemeiner, weil Legitimität im Kontext demokratisch organisierter Staaten mit einer ganz besonderen Qualität einhergeht. Jede Legitimitätsbewertung erfolgt danach auf der Basis eines Abgleichs des Ist-Zustands mit den dafür geltenden normativen Referenzen. Referenzen des *Sein-Sollens*, deren Kern auf die „dienende Funktion" (Schliesky 2004, S. 598) einer monistisch gedachten demokratischen Input-Legitimität zurückgeht, die sich in der ungebrochenen Repräsentation der Interessen der wählenden Bürger (des Volkes) durch ihre gewählten und damit demokratisch ermächtigten Repräsentanten spiegelt. Weil solche Legitimationsketten in Mehrebenensystemen zunehmend in Frage gestellt werden, bemüht man sich um Ersatz. Seit einiger Zeit wird die funktionale Problemlösungsfähigkeit politischer Systeme und die Gemeinwohlorientierung im Sinne einer Orientierung am politischen Output als Alternative zur Input-Legitimität proklamiert: Die Rede ist von der sogenannten Output-Legitimität von politischen Entscheidungen (Majone 1998; Scharpf 1999, S. 16 ff.; Schliesky 2004, S. 597 ff.).

Die alternative Konzentration auf die Output-Legitimität vermag bei genauerer Betrachtung jedoch weder das Fehlen der Input-Legitimität zu kompensieren noch kann sie selber für sich beanspruchen uneingeschränkt demokratisch legitimiert zu sein. Denn „Pareto-Verbesserungen motivieren aus sich heraus nicht notwendig Zustimmung", schreibt Schäfer (2006, S. 193). In fragmentierten Mehrebenensystemen kann Effizienz und Problemlösungsfähigkeit die Legitimität technisch-administrativer Entscheidungen zwar im Einzelfall garantieren. Wenn Mehrebenenentscheidungen allerdings von politischer Relevanz sind, wenn sie also politisiert werden und eine Öffentlichkeit erfahren, dann kann auch die Output-Legitimität an ihre demokratischen Grenzen stoßen. Die demokratischen Grenzen der Output-Legitimität liegen demnach dort, wo die scheinbar inhaltlich optimale Problemlösung dennoch Konflikte erzeugt. Und dies ist in Mehrebenensystemen deutlich eher möglich als beispielsweise in input-legitimierten Nationalstaaten. Politikfeldspezifisches Mehrebenenregieren ist demzufolge als ein situationsbedingter legitimationspolitischer Ausnahmezustand einzuordnen, den es seitens der handelnden Akteure legitimitätspolitisch zu kontrollieren gilt.

4 Entscheidungspolitik und Legitimitätspolitik

Die Ressource Legitimität ist also im Zuge der Entwicklung des modernen politikfeldspezifischen Mehrebenenregierens zu einem prekären Gut geworden. Aber Legitimität ist keine unbeeinflussbare Größe. Legitimität als Folgebereitschaft der Regierten lässt sich sozial konstruieren. „Legitimacy is possessed objectively, yet created subjectively", schreibt Suchman (1995, S. 574). Sollten die gegebenen Voraussetzungen der Entscheidungsfindung bzw. des Entscheidungsinhalts die Folgebereitschaft der Regierten nicht quasi-automatisch zulassen, dann kann Legitimität durch den Akt der beobachtbaren Legitimation erzeugt werden. Barker (2007, S. 21 f.) schreibt: „Legitimation is [...] the creation or attribution of meaning and justification, not prior or subsequent of action, but as a component or aspect of it." Die zielgerichtete Legitimation einer politikfeldspezifischen Entscheidung ist das was nachfolgend als Legitimitätspolitik bezeichnet werden soll.

Legitimitätspolitik ist wie die Entscheidungspolitik Bestandteil des politischen Wettbewerbs (ähnlich auch Gaus 2011). Legitimitätspolitik ist jedoch von der Entscheidungspolitik zu unterscheiden. Der Unterschied ist, dass sie sich in Kontexten des Mehrebenenregierens anderen Adressaten zuwendet. Die Entscheidungspolitik in politikfeldspezifischen Mehrebenensystemen muss als ein *Regieren von nationalen Regierungen* wahrgenommen werden (Scharpf 2009, S. 253). Und weil Legitimität die Folgebereitschaft auch derjenigen mit sich bringt, die sich eine andere Problemlösung gewünscht bzw. die eine andere als die herrschende Regierung gewählt hätten (Schäfer 2006, S. 188; Scharpf 2009, S. 245), muss die zielgerichtete Legitimitätspolitik von politikfeldspezifischen Mehrebenenentscheidungen die Akteure von der Richtigkeit einer Entscheidung überzeugen, die die Legitimität als „generalized perception or assumption that the action of an entity are desirable, proper, appropriate within some socially constructed system of norms, values, beliefs, and definition" (Suchman 1995, S. 574) infrage stellen.

Legitimitätspolitik ist im Gegensatz zu der Entscheidungspolitik zwingend beobachtbar. Während Mehrebenenentscheidungen in komplexen, nicht selten informellen Verfahren zu Stande kommen (Warleigh 2003, S. 34; Conzelmann 2012, S. 221; Reh et al. 2013), ist Legitimitätspolitik ein gewollt beobachtbarer Akt strategisch-zielgerichteten Handelns. Legitimitätspolitik ist strategisch-zielgerichtet, weil sie auf die ein oder andere Art und Weise öffentlich kommuniziert werden muss. Sie ist strategisch-zielgerichtet, weil es im Interesse der Regierenden liegt, Legitimität zu erzeugen, also die Folgebereitschaft der Regierten in Bezug auf eine spezifische Mehrebenenentscheidung zu beeinflussen. Denn nur in Bezug auf einen spezifischen entscheidungspolitischen Zusammenhang lässt sich die Prekarisierung der Legitimität erkennen und ist die strategisch-zielgerichtete Erzeugung von Legitimität erforderlich. Die beobachtbare Zielgerichtetheit und Öffentlichkeit dessen, was hier Legitimitätspolitik genannt wird, erinnert an die Unterscheidung von *Entscheidungs-* und *Darstellungspolitik* in den Arbeiten von Ullrich Sarcinelli (2005, S. 121). Dieser allerdings beschreibt Darstellungspolitik als öffentlichkeitswirksamen oder repräsentativen Teil einer mit der Entscheidungspolitik eng verflochtenen Medienpolitik. Er beschreibt Darstellungspolitik als Bestandteil einer zunehmend „publikationsträchtigen Politik" (S. 116), ohne darauf zu verweisen,

dass Politik publikationsträchtig sein könnte, weil sie möglicherweise aktiver Legitimation bedarf.
Legitimitätspolitik ist öffentlich beobachtbare Überzeugungsarbeit. Die Öffentlichkeit, die legitimitätspolitisch überzeugt werden muss, lässt sich räumlich eingrenzen. Sie findet ihre Grenzen in den Mitgliedstaaten der Mehrebenensysteme. Das europäische Mehrebenensystem integriert völlig unterschiedlich gewachsene Organisations- nicht Herrschaftsmodelle. Während die idealtypische Vorstellung der Input-Legitimität staatenübergreifend – zumindest in Europa – auf ein relativ einheitlich entwickeltes Fundament baut, ist die politikfeldspezifische Organisation der Staaten mitunter fundamental verschieden (Nelson 2011). In Mehrebenensystemen werden Entscheidungen getroffen, die den gereiften nationalen Politikfeldern mitunter alles andere als schrittweise, sondern darüber hinausgehende institutionelle Veränderungen abverlangen. Institutionelle Veränderungen, die jede nationale Öffentlichkeit im Rahmen der ökonomischen Harmonisierung Europas und der Welt bis heute in der Regel hingenommen hat; deren Legitimität aber im Zuge beispielsweise einer natürlichen oder krisenbedingten Politisierung zunehmend national hinterfragt wird. Dies ist gut so, bescheinigt diese Entwicklung uns doch den Reifungsprozess einer kritischen Öffentlichkeit. Den politischen Mehrebenenakteuren verlangt sie allerdings ab, sich politikfeld- und entscheidungsspezifisch mit den nationalen Öffentlichkeiten rück zu koppeln, um sich und ihre Politik strategisch-zielgerichtet zu legitimieren.

5 Die Legitimität der EZB und ihrer gemeinsamen europäischen Geldpolitik

Die Legitimität von Zentralbankentscheidungen ist ein seit langem diskutiertes Thema (Boulding 1969). Die Input-Legitimität der heute zumeist unabhängigen Zentralbanken findet ihre Grenzen im Akt der gesetzlichen Kompetenzdelegation an professionelle Zentralbanker (Volcker 1990). Der Grund für die institutionelle Unabhängigkeit der Zentralbanken ist der Zielkonflikt, dem eine politisch weisungsgebundene Zentralbank ausgesetzt wäre. Ein Zielkonflikt, dessen Kern darin besteht, dass das zentrale Ziel der Geldpolitik, die Wertstabilität der Währung, durch die Kontrolle der Geldmenge erreicht werden kann. Man delegiert die Geldpolitik an Zentralbanker, weil Berufspolitiker dazu neigen, die langfristige Erhaltung der Geldwertstabilität der kurzfristigen Finanzierung des Staatswesens zu opfern. Ein Vorgang, der in der Geschichte bereits mehrfach zu steigenden Inflationsraten bei gleichzeitiger Entwertung des Volkseigentums geführt hat (Eijffinger und Haan 1996; Gischer et al. 2012, S. 49). Die institutionelle Unabhängigkeit der Zentralbanken und damit des Politikfelds der wertstabilitätsorientierten Geldpolitik ist europaweit anerkannt und damit legitimiert. Die Anerkennung war Grundlage für die Gründung der Europäischen Währungsunion und der EZB (Art. 130 AEU). Der EZB ist zuallererst aufgetragen, die allgemeine Preisstabilität für den Euroraum zu sichern. Darüber hinaus ist sie im Rahmen der Preisstabilitätssicherung nachrangig befugt, die europäische Wirtschaft zu fördern. Untersagt ist ihr die Staatsfinanzierung (Art. 127 Abs. 1 AEU).

Legitimitätspolitisch ebenso relevant ist, dass die EZB eine formell gesehen supranational organisierte Exekutivinstitution ist. Die EZB kommt ihren geldpolitischen Aufgaben in zwei zentrale Gremien nach: Dem EZB-Rat und dem EZB-Direktorium.[1] Der EZB-Rat setzt sich zusammen aus sechs Direktoriumsmitgliedern und aus aktuell 17 nationalen Zentralbankpräsidenten. Das EZB-Direktorium, dessen Mitglieder vom Ministerrat für eine achtjährige Amtszeit bestimmt werden, trifft sich täglich in Frankfurt. Der Präsident des Direktoriums, aktuell bekleidet Mario Draghi dieses Amt, ist das supranational-exekutive Gesicht der EZB. Alle geldpolitischen Entscheidungen werden monatlich vom EZB-Rat nach Art. 10 des europäischen Zentralbankprotokolls mit *einfacher Mehrheit* beschlossen, was den supranationalen Charakter der EZB-Ratsentscheidungen unterstreicht. Diese einfache Mehrheit der geldpolitischen Entscheidungen kann legitimitätspolitisch insbesondere in Krisenzeiten problematisch sein, wie Neil Fligstein und Kathleen R. McNamara (2000, S. 1) weitsichtig hervorheben: „The ECB, as it is constituted, can deal with these crises in any way that it chooses. But if it chooses to ignore the real problems of the member state governments, its basis of legitimacy with those governments and the citizens of Europe will be undermined. This could have disastrous consequences." Die EZB agiert demnach im europäischen Mehrebenensystem auf der Basis einer in Krisenzeiten sich prekarisierenden Legitimität bzw. einem legitimitätspolitischen Ausnahmezustand.

Im Zuge der europäischen Schuldenkrise kam es am 06.09.2012 erstmals zu einer solchen Situation, bei der ein gelpolitischer Beschluss nicht – wie sonst – einstimmig angenommen wurde. Der deutsche Bundesbankpräsident Weidmann wollte seine geldpolitische Nicht-Zustimmung in der institutionalisierten Presseerklärung erwähnt wissen (EZB 2012).[2] Legitimitätspolitisch profitierte der Bundesbankpräsident von der die Geldpolitik politisierenden Konfrontation, weil er

---

[1] Ein drittes Gremium, der *erweiterte Rat*, soll hier nicht weiter berücksichtigt werden.

[2] Der *Konfrontation* des Bundesbankpräsidenten mit der EZB-Geldpolitik ging der Rücktritt des Direktoriumsmitglieds und Chefvolkswirts Wolfgang Stark im September 2011 voraus. Warum Weidmann sich zu seiner geldpolitischen Konfrontation veranlasst sah, ist nicht eindeutig auszumachen. In den Medien kursiert die Begründung, dass der Beschluss zum unbegrenzten Anleihenankauf ausschlaggebend war. Ebenso denkbar ist eine Konfrontation

sich als ein von der bundesdeutschen Öffentlichkeit legitimierter und mit exekutiver Macht ausgestatteter Zentralbanker bewies, der *seine nationalen Interessen* geltend macht. Für die EZB und ihre Mission eine gemeinsame europäische Geldpolitik durchzusetzen, stellte der Widerspruch allerdings einen delegitimierenden Akt dar. Die öffentlich-konfrontative Opposition des für die EU und die europäische Geldpolitik so bedeutenden Wirtschaftsraums in einem geheimen Entscheidungsprozess ist als Affront gegen die Zentralbankpolitik zu werten, die von der durch die Konfrontation an diesem Thema interessierten nationalen Öffentlichkeit eine zusätzliche delegitimierende Dynamik erfährt (hierzu allgemein Ehrmann und Fratzscher 2010; Berger et al. 2011). Um diese die Legitimität prekarisierende Dynamik zu kontrollieren, betreibt die EZB in Person ihres supranationalen Direktoriums Legitimitätspolitik unter anderem auf der nationalen Ebene. Also für die Öffentlichkeit einer Ebene, die es für sich gewinnen muss.

6 Legitimitätspolitik 1: Der EZB-Präsident im Deutschen Bundestag

Der EZB-Präsident, Mario Draghi, hat die delegitimierende Dynamik erkannt, die auf die Ratsentscheidung vom 06.09.2012 folgte. Die Ereignisse haben den Präsidenten in seiner Funktion als exekutives Oberhaupt seiner Organisation dazu angehalten, an die mediale deutsche Öffentlichkeit zu gehen. Ein Akt der zielgerichteten Legitimitätspolitik. Geschickt hat er sich am 14.09.2012 in einem Interview mit der Süddeutschen Zeitung (SZ 2012) indirekt zu einer Stellungnahme vor dem deutschen Parlament bereit erklärt, zu der er auch eingeladen wurde. Strategisch geschickt war nicht nur die selbst initiierte Einladung, die erkennen lässt, dass die EZB den Legitimationszwang erkannt hatte; strategisch geschickt war vielmehr auch die Wahl des Ortes, d. h. des Bundestags. Mario Draghi nahm im Vorfeld und im Anschluss an seinen Auftritt im Bundestag auch weitere Termine wahr, so zum Beispiel Interviews in deutschen Medien oder eine Rede auf dem Wirtschaftstag der Volks- und Raiffeisenbanken am 07.11.2012 in Frankfurt/Main (EZB 2012a). Der Auftritt vor drei Fachausschüssen des Bundestags (Haushalt, Finanzen und europäische Angelegenheiten) allerdings ist von besonderer strategischer Bedeutung, weil Mario Draghi mit ihm die intergouvernementale Ordnung des Eurosystems überschreitet und seine Position gegenüber dem Bundesbankpräsidenten, dem eigentlichen Vertreter Deutschlands im europäischen Zentralbanksystem, un-

---

aus dem Grund, dass die spezifisch deutsche Situation eine Zinserhöhung stabilitätspolitisch wünschenswert gewesen wäre.

mittelbar stärkt. Auch wenn er schlussendlich nur vor einem Bundestagausschuss und nicht vor dem gesamten Plenum die Chance bekam, die Legitimität der Entscheidungen seiner Institution zu managen, so muss man dennoch konstatieren, dass es sich bei seinem Auftritt um einen reinen Akt des output-orientierten Legitimitätspolitik handelte. Und das nicht zuletzt, weil die Entscheidungen zu diesem Zeitpunkt schon getroffen waren.

Wegen der von der Öffentlichkeit ausgeschlossenen Befragung durch die Abgeordneten fällt ein Urteil schwer. Allerdings gibt die mediale Berichterstattung sowie die anschließende Pressekonferenz Aufschluss über mögliche Intentionen, die Mario Draghi mit seinem Auftritt verband, die wiederum Rückschlüsse auf die Strategien seiner Legitimitätspolitik zulassen: So antwortete Mario Draghi beispielsweise auf die Frage hin, ob der EZB-Präsident (Mario Draghi) jetzt nach Hause fährt und dort sagen könne: „mission accomplished", dass das wohl zu viel verlangt wäre. Er gibt allerdings zu erkennen, dass eine Rezeption in diesem Sinne durchaus sein Anliegen war, also dass sein Auftrag im Zeichen einer zu erledigenden Mission stand, die Legitimität seiner Arbeit zu managen (EZB 2012b). Mario Draghi operierte demnach zielgerichtet. In diesem Sinne wird der Auftritt von Mario Draghi von einigen Medien als eine erfolgreiche „opération de charme" bewertet (LeFigaro 2012). Dieser Eindruck findet sich nicht nur in der Art und Weise seiner beachtenswerten Zurückhaltung und Ruhe bestätigt, die Mario Draghi erkennbar ausstrahlt und die von Bundestagspräsident Norbert Lammert auch direkt gelobt wird (EZB-Bundestag Pressekonferenz). Man findet sie vielmehr auch bestätigt, wenn Norbert Lammert darüber hinaus den fraktionsübergreifenden vertrauensbildenden Mehrwert der Veranstaltung lobt, bei der man es geschafft hat „wechselseitig etwas besser, sowohl Besorgnisse wie Absichten zu verstehen" (EZB-Bundestag Pressekonferenz). Gefragt nach dem Nutzen des Treffens hebt Mario Draghi hervor, dass die Veranstaltung dabei geholfen habe, Komplexität zu reduzieren. Und zwar für alle Beteiligten, einschließlich seiner selbst. Die Veranstaltung habe Komplexität reduzieren geholfen, weil sie für ihn mit der Notwendigkeit einherging, „[to] express your views in a way that can be understood by non-specialist" (EZB-Bundestag Pressekonferenz). Norbert Lammert hebt schlussendlich die Besonderheit dieser Unterredung hervor, darauf verweisend möglicherweise „eine besondere Tradition begründet zu haben", die man „aber [...] von Notwendigkeiten abhängig machen [...] und nicht zu einer sterilen Routine entwickeln" (EZB-Bundestag Pressekonferenz) wolle. Mit dem Verweis auf die Notwendigkeiten betont Norbert Lammert nochmals den politikfeld- und output-spezifischen Charakter dessen, was hier Legitimitätspolitik genannt wird. Legitimitätspolitik muss den Einzelfall betreffen. Strategisch-kommunikativ muss das Vorgehen von Mario Draghi als einen Akt der rationalisierenden bzw. normalisierenden Einordnung des gesamteuropäisch geldpolitischen Sachverhalts interpretiert werden. Seine Strategie wählt er möglicherweise in dieser Form, weil er seine Entscheidung ex post zu legitimieren versucht, er einer spezialisierten Regulierungsorganisation vorsitzt, die erwartungsgemäß rationale und gut reflektierte Entscheidungen trifft und weil er sich der Bedeutung der Hörerschaft für seine Legitimitätspolitik bewusst ist. Rechtfertigen kann er sich als Technokrat nur auf diese Weise und damit unabhängig von jeglicher parteipolitischer Moralisierung.

7 Legitimitätspolitik 2: Die Veröffentlichung der EZB-Ratssitzungsprotokolle

Ein weiterer hier zu nennender Akt der zielgerichteten Legitimitätspolitik, der unmittelbar auf den eher als Notfallmaßnahme zu bezeichnenden Besuch im Bundestag folgte, ist die Ende Juli 2013 wiederum vom EZB-Direktorium forcierte Institutionalisierung der Veröffentlichung der EZB-Ratssitzungsprotokolle. In einem gemeinsamen Interview, das am 29.07.2013 gleichzeitig in den Tageszeitungen Le Figaro in Frankreich und Süddeutsche Zeitung in Deutschland erschien (Rexer und Robin 2013), brachten das französische Direktoriumsmitglied Benoît Cœuré und das deutsche Direktoriumsmitglied Jörg Asmussen diesen legitimitätspolitisch intendierten institutionellen Wandel ins Spiel, den der Präsident kurze Zeit später wiederum in der Süddeutschen Zeitung öffentlich bestätigte (Rexer und Zydra 2013). Auslöser für das Nachdenken über diesen Schritt, mag die Pressekonferenz gewesen sein, bei der Mario Draghi am 06.09.2012 erstmals die Existenz einer abweichenden Position im EZB-Rat zugab. Mario Draghi antwortete darin auf die Frage eines Journalisten: „Well, it was not unanimous. It doesn't mean that it was not unanimous. There was one dissenting view. We do not disclose the details of our work. It is up to you to guess" (Pressekonferenz EZB-Ratssitzung). In dieser Antwort kommt deutlich die Schwierigkeit zum Ausdruck, der dem EZB-Präsidenten in Zeiten eines legitimitätspolitischen Ausnahmezustands begegnen muss. Diese Schwierigkeiten gehen ursächlich auf die Öffentlichkeitspflichten der EZB in Verbindung mit ihren Entscheidungen zurück, die weit hinter die anderer Zentralbanken zurückfallen (Belke et al. 2006).

Die Entscheidungen der EZB werden – wie angedeutet – formell mit einfacher Mehrheit beschlossen. Ob diese formelle Regel allerdings angewendet wird, kann angezweifelt werden, weil die EZB außer einer Pressemitteilung und einer Pressekonferenz keine Informationen zu ihren Entscheidungen veröffentlicht. Hingewiesen wird stets auf die Einstimmigkeit der geldpolitischen Beschlüsse. Der Zentralbanker Goodhart (2005) merkt in seinem öffentlichen Brief an den damaligen EZB-Präsident Jean-Claude Trichet an, dass die offizielle Bekanntgabe einer einstimmigen Entscheidung eine kontinentaleuropäische Tradition sei, und dass die einzigen Dokumente, die über das Stimmverhalten des EZB-Rats Auskunft erteilen können, bereits vor der Ratssitzung formuliert würden. Bei Hayo und Méon (2013) ist zu lesen, dass die Mitgliedstaaten das Inkrafttreten einer 2004 beschlossenen Rotation der mittlerweile 17 Eurostaaten 2009 aussetzten. Die Rotation hatte vorgesehen, dass maximal 15 Zentralbankpräsidenten an den Ratssitzungen teilnehmen. Ein Aussetzen, das darauf schließen lässt, das die Teilnahme eines Mitglieds der nationalen Zentralbank trotz der formal institutionalisierten Mehrheitsregel von großem Wert zu sein scheint. Möglicherweise weil faktisch im Konsens entschieden wird.

Dadurch dass Mario Draghi in seinem Statement einen Dissens im Entscheidungsprozess einräumt, ihn sogleich aber auch wieder beschwichtigt und noch dazu darauf verweist, dass es Aufgabe der Öffentlichkeit sei, sich das Weitere in dieser Sache zusammen zu reimen, wird die legitimitätspolitische Sprengkraft deutlich, die der institutionalisierten Öffentlichkeitspolitik der EZB zu Grunde liegt. Alle wollen Einstimmigkeit hören, weil alle Einstimmigkeitsmeldungen gewöhnt sind. Ein Hinweis auf einen Dissens muss zwangsläufig politisierend wirken. Eine Politisierung kann sich eine weitgehend geheim agierende demokratisch legitimierte Mehrebenen-Zentralbank jedoch nicht leisten kann. Ob Draghi bewusst gewesen ist, wie sehr alles weitere in den herrschenden Krisenzeiten zum medial-spekulativen Spielball wurde, sei dahingestellt. Legitimitätspolitisch ist die Institutionalisierung der Veröffentlichung der Sitzungsprotokolle allerdings der richtige Schritt. Eine zeitnah auf das Sitzungsende folgende Veröffentlichung der Sitzungsprotokolle, die aktuell in unterschiedlichen Formen diskutiert wird, könnte eine überbordende Politisierung einschließlich der delegitimierenden Dynamik der geldpolitischen Entscheidungen des EZB-Rats vermeiden helfen. Veröffentlichte die EZB ihre Sitzungsprotokolle, dann würde der öffentliche Rechtfertigungsdruck schwinden, der auf dem EZB-Direktorium lastet. Dies hat schon Goodhart (2005) in seinem Brief an Jean-Claude Trichet versucht deutlich zu machen, insofern er die Veröffentlichung der Sitzungsprotokolle mit dem Ziel empfiehlt, dass sie seinen Job einfacher machen würden.

8 Schluss – Legitimitätspolitik?

Das Mehrebenenregieren bringt die Prekarisierung der Input-Legitimität fast zwangsweise mit sich. Alternativ bemüht man die Output-Legitimität, d. h. die inhaltliche Legitimität der Entscheidungen, beispielsweise ihre Effizienz. Das Mehrebenenregieren kann aber scheinbar effiziente Entscheidungen hervorbringen, die derart politisiert sind, das ihre Output-Legitimität im politikfeldspezifischen Einzelfall nicht automatisch gegeben ist. Entscheidungen, die sodann durch eine von der exekutiven Entscheidungspolitik abzugrenzenden exekutiven Legitimitätspolitik öffentlich gerechtfertigt werden müssen.

Die EZB und ihre gesamteuropäische Geldpolitik ist ein Politikfeld, in dem sich in jüngster Zeit exekutive Legitimitätspolitik beobachten lässt. Die Legitimität der EZB und ihrer Geldpolitik für die Euroländer wird seit der EZB-Ratssitzung vom 06.09.2012 von Deutschland öffentlich in Frage gestellt. Als Folge der aktuellen Krisenzeiten ist eine Prekarisierung der geldpolitischen Legitimität hin zum legitimitätspolitischen Ausnahmezustand zu beobachten. Fragliche Legitimität bedeutet fragliche Regelungszuständigkeit der Regierenden und fragliche Folgebereitschaft der Regierten. In solchen Fällen ist es notwendig, dass die Regierenden die Folgebereitschaft der Regierten positiv beeinflussen, um sich ihrer Legitimität zu versichern und auch um sich für zukünftige Aufgaben zu empfehlen. Die Legitimitätspolitik des EZB-Direktoriums im Anschluss an den 06.09.2012 ist ein hervorragendes Beispiel in dieser Sache. Auf einen ersten legitimitätspolitischen Akt der zielgerichteten Kommunikation auf der nationalen Ebene des Dissenses, in den Medien aber ebenso im direktdemokratisch legitimierten Deutschen Bundestag, den man als strategisches Notfalllegitimitätsmanagement einordnen muss, stellt der zweite legitimitätspolitische Akt die Bemühung um eine langfristigere Lösung dar, dessen Umsetzung ein kurzfristiges Notfalllegitimitätsmanagement allerdings nicht für alle Zeiten ausschließen lässt. Denn geldpolitische und auch andere Mehrebenensystem-Entscheidungen sind und bleiben legitimitätspolitisch prekär und erfordern immer wieder eine zielgerichtete exekutive Legitimitätspolitik, die sich aus einem situativen Management und der Anpassung institutioneller Strukturen zusammensetzt.

Literatur

Barker R (2007) Democratic Legitimation: What is it, who wants it, and why? In: Hurrelmann A, Schneider S, Steffek J (Hrsg) Legitimacy in an Age of Global Politics. Transformations of the state. Palgrave Macmillan, Basingstoke, UK, S 19–34

Beichelt T (2011) Regierung als quasi-parlamentarische Akteure: Die Rolle der nationalen Exekutiven im Mehrebenenparlamentarismus. In: Abels G, Eppler A (Hrsg) Auf dem Weg zum Mehrebenenparlamentarismus? Funktionen von Parlamenten im politischen System der EU. Nomos, Baden-Baden, S 119–131

Belke A, Kösters W, Leschke M, Polleit T (2006) A call for publishing ECB Council meeting minutes. In: Banzhaf J, Wiedmann S (Hrsg) Entwicklungsperspektiven der Unternehmensführung und ihrer Berichterstattung: Festschrift für Helmut Kuhnle. DUV Gabler Edition Wissenschaft. Wiesbaden, S 223–236

Benz A (2010) Multilevel Governance – Governance in Mehrebenensystemen. In: Benz A, Dose N (Hrsg) Governance – Regieren in komplexen Regelsystemen. 2., aktualisierte und überarbeitete Auflage, Springer VS, Wiesbaden, S 111–135

Berger H, Ehrmann M, Fratzscher M (2011) Monetary Policy in the Media. Journal of Money, Credit and Banking 43:689–709. 10.1111/j.1538–4616.2011.00392.x

Boulding K E (1969) The Legitimacy of Central Banks. Paper Prepared for the Steering Committee for the Fundamental Reappraisal of the Discount Mechanism Appointed by th Board of Governors of the Federal Reserve System. http://fraser.stlouisfed.org/docs/historical/federal%20reserve%20history/discountmech/legcent_boulding.pdf. Zugegriffen: 24. August 2014

Chiti, Edoardo/Bernardo Giorgio Mattarella (Hrsg.), 2011: Global Administrative Law and EU Administrative Law. Relationships, Legal Issues and Comparison, Berlin, Heidelberg.

Conzelmann T (2012) Informal governance in international relations. In: Christiansen T, Neuhold C (Hrsg) International Handbook on Informal Governance. Edward Elgar, Cheltenham, UK, Northhampton, MA, USA, S 219–235

Ehrmann M, Fratzscher M (2010) Politics and Monetary Policy. Review of Economics and Statistics 93:941–960. doi: 10.1162/REST_a_00113

Eijffinger S C W, Haan J d (1996) The political economy of central bank independence. Special papers in international economics; no. 19, International Finance Section, Department of Economics. Princeton University, Princeton, NJ

EZB (2012a) Rede von Mario Draghi, Präsident der EZB, zum Wirtschaftstag 2012 „Kapitalismus in der Krise? Die Zukunft der Marktwirtschaft" der Volksbanken und Raiffeisenbanken organisiert vom Genossenschaftsverband e. V., Frankfurt am Main, 7. November 2012. http://www.ecb.europa.eu/press/key/date/2012/html/sp121107.de.html. Zugegriffen: 24. August 2014.

EZB (2012b) Mario Draghi, President of the ECB, Interview with Der Spiegel, conducted by Michael Sauga and Anne Seith, 22 October, published 29 October 2012. http://www.ecb.europa.eu/press/inter/date/2012/html/sp121029.en.html. Zugegriffen: 22. August 2014

Fligstein N, McNamara K R (2000) The Promise of EMU and the Problem of Legitimacy. Center for Society and Economy, Policy Newsletter, University of Michigan Business School. https://docs.google.com/a/georgetown.edu/file/d/0B3zaCmyJADl2NEpidk5VdXo4RW8/edit?pli=1. Zugegriffen: 24.8.2014

Gaus D (2011) The Dynamics of Legitimation. Why the study of political legitimacy needs more realism. Center for European Studies, University of Oslo, ARENA Working Paper No. 8. http://www.sv.uio.no/arena/english/research/publications/arena-publications/workingpapers/working-papers2011/wp-08-11.pdf. Zugegriffen: 24.8.2014

Gischer H, Herz B, Menkhoff L (2012) Zentralbanken und Europäische Zentralbank. In: Gischer H, Herz B, Menkhoff L (Hrsg) Geld, Kredit und Banken. 3. Auflage, Springer. Heidelberg, S 41–63

Goodhart C (2005) Dear Jean-Claude… Central Banking Journal 16:32–36

Große Hüttmann M, Knodt M (2011) Das Ende der Demokratie in Europa? Intergouvernmentalismus, Euro-Krisenpolitik und »Mehrebenenparlamentarismus« in der EU. In: Abels G, Eppler A (Hrsg) Auf dem Weg zum Mehrebenenparlamentarismus? Funktionen von Parlamenten im politischen System der EU. Nomos, Baden-Baden, S 133–148

Hayo B, Méon P-G (2013) Behind closed doors: Revealing the ECB's decision rule. Journal of International Money and Finance 37:135–160. http://dx.doi.org/10.1016/j.jimonfin.2013.06.005

Kingsbury B, Krisch N, Stewart R B (2005) The Emergence of Global Administrative Law. Law and Contemporary Problems 68:15–61

LeFigaro (2012) Draghi: opération de charme réussie devant le Bundestag, 24.10.2012. http://www.lefigaro.fr/conjoncture/2012/10/24/20002-20121024ARTFIG00641-draghi-operation-de-charme-reussie-devant-le-bundestag.php. Zugegriffen: 24.8.2014

Majone G (1998) Europe's 'Democratic Deficit': The Question of Standards. European Law Journal 4:5–28. doi: 10.1111/1468-0386.00040

Martin L L (2000) Democratic commitments: legislatures and international cooperation. Princeton University Press, Princeton, NJ

Maurer A (2002) Parlamentarische Demokratie n der Europäischen Union. Der Beitrag des Europäischen Parlaments und der nationalen Parlamente. Nomos, Baden-Baden

Maurer A (2011) Mehrebenenparlamentarismus – Konzeptionelle und empirische Fragen zu den Funktionen von Paralmenten nach dem Vertrag von Lissabon. In: Abels G, Eppler A (Hrsg) Auf dem Weg zum Mehrebenenparlamentarismus? Nomos. Baden-Baden, S 43–64

Mayntz R (2007) The Architecture of Multi-level Governance of Economic Sectors. In: Mayntz R (Hrsg) Über Governance. Institutionen und Prozesse politischer Regelung. Campus Verlag, Frankfurt am Main, S 79–104

Nelson R R (2011) The Complex Economic Organization of Capitalist Economies. Capitalism and Society 6:1–24. doi:10.2202/1932-0213.1082

Noweski M (2008) Ausreifende Politikfelder – Perspektiven einer Strategie. Der moderne Staat (dms) 4:481–494

Nullmeier F, Geis A, Daase C (2012) Der Aufstieg der Legitimitätspolitik. Rechtfertigung und Kritik politisch-ökonomischer Ordnungen. In: Geis A, Nullmeier F, Daase C (Hrsg) Der Aufstieg der Legitimitätspolitik. Rechtfertigung und Kritik politisch-ökonomischer Ordnungen. Nomos, Baden-Baden, S 11–38

Olsen J P (2003) Towards a European administrative space? Journal of European Public Policy 10:506–531. doi:10.1080/1350176032000101244

Reh C, Héritier A, Bressanelli E, Koop C (2013) The Informal Politics of Legislation: Explaining Secluded Decision Making in the European Union. Comparative Political Studies 46:1112–1142. doi: 10.1177/0010414011426415

Rexer A, Robin J-P (2013) Benoît Cœuré and Jörg Asmussen: Interview with Süddeutsche Zeitung und Le Figaro. BIS Central Bankers' Speeches

Rexer A, Zydra M (2013) Draghi will geheime EZB-Protokolle veröffentlichen. Süddeutsche Zeitung, 31.7.2013. http://www.sueddeutsche.de/wirtschaft/ezb-praesident-draghi-will-geheime-ezb-protokolle-veroeffentlichen-1.1734972. Zugegriffen: 24.8.2014

Sarcinelli U (2005) Politische Kommunikation in Deutschland. Zur Politikvermittlung in demokratischen Systemen. Wiesbaden

Schäfer A (2006) Die demokratische Grenze output-orientierter Legitimation. integration 29:187–200

Scharpf F W (1999) Regieren in Europa: effektiv und demokratisch? Campus Verlag, Frankfurt am Main

Scharpf F W (2009) Legitimität im europäischen Mehrebenensystem. Leviathan 37:244–280. doi:10.1007/s11578-009-0016-7

Schliesky U (2004) Souveränität und Legitimität von Herrschaftsgewalt. Die Weiterentwicklung von Begriffen der Staatslehre und des Staatsrechts im europäischen Mehrebenensystem. Mohr Siebeck, Tübingen

Sibert A (2011) The damaged ECB legitimacy. VOX Research-based policy analysis and commentary from leading economists. http://www.voxeu.org/article/damaged-ecb-legitimacy. Zugegriffen: 24. August 2014

Suchman M C (1995) Managing Legitimacy: Strategic and Institutional Approaches. The Academy of Management Review 20:571–610. doi:10.5465/AMR.1995.9508080331

Töller A E (2006) How European Integration Impacts on National Legislatures: The Europeanization of the German Bundestag. Center for European Studies, Program for the Study of Germany and Europe, Working Paper Series 06.2. http://aei.pitt.edu/9283/1/toller.pdf. Zugegriffen: 24. August 2014

Volcker, Paul A., 1990: The Triumph of Central Banking, The 1990 Per Jacobsson Lecture, Washington, D.C. In: URL: http://www.perjacobsson.org/lectures/1990.pdf (21.10.2013).

Warleigh A (2003) Informal governance: improving EU democracy? In: Christiansen T, Piattoni S (Hrsg) Informal Governance in the European Union. Edward Elgar, Cheltenham, UK, Northapton, MA, USA, S 22–35

Martin Ströder MA wissenschaftlicher Mitarbeiter am Institut für Politikwissenschaft der Universität Duisburg-Essen

Teil IV
Regieren und Institutionen

Legitimation von Verwaltungshandeln

Frederik Brandenstein und Daniela Strüngmann

Zusammenfassung

Die Begriffe Legitimation und Legitimität sind für eine unmittelbare Anwendung auf die Bürger-Verwaltungsbeziehung nicht hinreichend konkret. Ausgehend von verschiedenen theoretischen Konzepten arbeitet der Beitrag fünf Kategorien heraus mit denen sich Verwaltungshandeln daraufhin beobachten lässt. Auf dieser Basis werden empirische Befunde zugeordnet und analysiert. Im Ergebnis erweisen sich die Kategorien als sehr nützlich, Phänomene von Akzeptanz bzw. Nicht-Akzeptanz des Verwaltungshandelns zu identifizieren und auf grundsätzliche Annahmen über die Legitimität von Verwaltungshandeln zu beziehen.

Schlüsselwörter

Legitimation · Legitimität · Öffentliche Verwaltung · Bürger-Verwaltungsbeziehungen · Akzeptanz · Verwaltungshandeln · Institutionenvertrauen

---

F. Brandenstein (✉) · D. Strüngmann
Universität Duisburg-Essen, Essen, Deutschland
E-Mail: frederik.brandenstein@uni-due.de

D. Strüngmann
E-Mail: daniela.struengmann@uni-due.de

© Springer Fachmedien Wiesbaden 2016
M. Lemke et al. (Hrsg.), *Legitimitätspraxis*, DOI 10.1007/978-3-658-05742-8_6

1 Einleitung

In der medialen und der wissenschaftlichen Öffentlichkeit wird aufmerksam nach Anzeichen möglicher Legitimationskrisen des politisch-administrativen Systems Ausschau gehalten. Dahinter steht die Annahme, dass sie auf ein für die Demokratie riskantes Verfehlen normativer Grundlagen schließen lassen und/oder auf ein Missverhältnis zwischen den Funktionsansprüchen der Gesellschaft und der Performanz des politischen Systems verweisen. Auf letzteres zielt insbesondere das Modell Eastons ab, das die Funktionsfähigkeit eines politischen Systems von der Unterstützung abhängig macht, die seine Strukturen, die Solidarität seiner Mitglieder und die Träger von „authority roles" des Systems erfahren (Easton 1965, S. 158 ff.). So betrachtet sind eine Vielzahl von Entwicklungen potentiell legitimationsrelevant: Schwindende Wahlbeteiligung und nachlassende Mobilisierungsfähigkeit politischer Parteien lassen die Legitimation auf der Input-Seite versiegen, so dass das Handeln von Politik und Verwaltung immer weniger überzeugend auf den Willen der Wahlbürger verweisen kann. Schwankungen des Vertrauens in Regierungsinstitutionen oder in bestimmte Protagonisten des politischen Systems können ebenfalls als Hinweise für inputseitige Veränderungen betrachtet werden, sind sie doch Ausdruck sich verändernder diffuser Unterstützung für das politische System. Vor diesem Hintergrund ist es auch von Interesse, Verwaltungshandeln unter Legitimationsaspekten zu betrachten.

Das Vertrauen der Bevölkerung in die Behörden ist im Vergleich mit anderen Regierungsinstitutionen stabiler (Grunow 2012, S. 340). Auf der Output-Seite sieht sich die öffentliche Verwaltung allerdings mit immer neuen regelungsbedürftigen Politikfeldern konfrontiert (extensive Politisierung), die in einer selbstbewussten und wohlhabenden Gesellschaft auch permanent Reibungen mit den Interessendomänen von Bürgern erzeugen (intensive Politisierung; Benz 1994, S. 43 ff.). In beiden Fällen heißt Politisierung in diesem Kontext vor allem mangelnde Komplexitätsreduktion durch die vorgeschalteten Ebenen des politischen Systems: Verwaltungsspitze und politische Eliten lassen, für alle sichtbar, zu viele Handlungsoptionen bis in die vordersten Ränge der Verwaltung durch (Luhmann 2010, S. 126). Verwaltungsentscheidungen werden dadurch mehrdeutig und können leicht durch Beobachter und Bürger in Frage gestellt werden. Folgenreich ist dabei nicht allein die Wahrnehmung, dass Verwaltung auch anders entscheiden könnte (unabhängig davon, ob dies der Realität des Verwaltungspersonals oder den rechtlichen Rahmenbedingungen tatsächlich entspricht). Es muss auch die Bereitschaft hinzutreten, einen Konflikt mit den Behörden zu riskieren und Verwaltungsentscheidungen tatsächlich in Frage zu stellen. Diese Widerständigkeit Regelungsbetroffener erfährt viel öffentliche Aufmerksamkeit, wenn sie sich in

Protesten niederschlägt, ist aber auch insgesamt in der wissenschaftlichen Diskussion keineswegs neu (Würtenberger 1996).

Eine governanceorientierte Perspektive der Verwaltungsforschung legt ihr Augenmerk auf Interdependenzen in Implementationsprozessen und hier auf das Zusammenspiel von staatlichen mit anderen Akteuren, seien sie öffentlich oder privat. Üblicherweise gilt das Interesse dabei kollektiven Akteuren, bspw. Unternehmen im Kontext von Public-Private Partnerships.[1] Vor dem Hintergrund der skizzierten Herausforderungen jedoch rückt der einzelne Bürger in den Fokus: „Kooperatives Verwaltungshandeln vermag in einer solchen Situation frühzeitig wichtige Koordinierungsleistungen sowohl zwischen den beteiligten Behörden als auch im Verhältnis der öffentlichen Verwaltung zu den Bürgern zu übernehmen" (Dose 2014, S. 248) und trägt dann u. a. zur Legitimationsbeschaffung bei.

Die öffentliche Verwaltung bildet eine wichtige Kontaktfläche zwischen politisch-administrativem System und den Bürgern. Sie tritt ihnen gegenüber als Implementationsinstanz auf (insbesondere auf der lokalen Ebene), wenn es um die Anwendung von Gesetzen und politischen Programmen geht. In diesem Sinne lassen sich unter dem Begriff öffentlicher Verwaltung die Organisationen zusammenfassen „[…], die öffentliche Aufgaben vorbereiten (Ministerialverwaltung) und (auf Gesetzesgrundlage) durchführen (insb. lokale Verwaltung) – wobei sie sich öffentlicher Mittel und des öffentlichen Dienstes (Personal) bedienen" (Grunow und Strüngmann 2008, S. 122). Ihr Personal verkörpert einen Großteil der Authority Roles, auf die sich im Modell Eastons spezifische Unterstützung richtet und die Anforderungen an das System (Demands) aufnehmen und in Outputs umwandeln (1965, S. 286).

Die Legitimation von Verwaltungshandeln ist sowohl aus Sicht der Politischen Theorie (Rosanvallon 2010) relevant, als auch aus der Perspektive einer anwendungsorientierten Diskussion um die Umsetzung kooperativer und partizipativer demokratischer Entscheidungsfindung und -implementation (Dose 2009). Der vorliegende Beitrag will in diesem Kontext herausarbeiten, wo in den Beziehungen zwischen Bürgern und Verwaltung Potentiale für die Steigerung von Legitimität bestehen und wo Risiken der Delegitimierung liegen. Zunächst klärt der Beitrag dazu die Begriffe Legitimität und Legitimation im Kontext öffentlicher Verwaltung. In Abschnitt drei werden Elemente der Legitimation herausgearbeitet, entlang derer die Bürger-Verwaltungs-Beziehungen betrachtet werden können. Im Anschluss werden einige empirische Daten aus anderen Kontexten zur Illustration

---

[1] Vgl. u. a. Benz und Dose zu Governance in der Policy-Forschung (2010, S. 21 ff.) sowie Jann und Wegrich zu Governance in der Verwaltungspolitik (2010, S. 175 ff.).

herangezogen. Hier soll gezeigt werden, ob die genannten Elemente sich in der Praxis finden lassen.

2 Legitimität und Legitimation

Legitimität beschreibt im Allgemeinen die Qualität einer Beziehung, hier der zwischen Bürgern und Verwaltung. In dem Maße, in dem die mit ihr verbundene Belastung von den Beteiligten akzeptiert, hingenommen oder den daraus entspringenden Erwartungen entsprochen wird (Folgebereitschaft), variiert auch die Legitimität. Im Verhältnis zwischen Verwaltung und Bürgern, in dem Legitimitätsanforderungen aus dem Verwaltungshandeln heraus entstehen, bedeutet dies „a generalized perception or assumption that the actions of an entity [hier der Verwaltung; Verf.] are desirable, proper, or appropriate within some socially constructed system of norms, values, beliefs, and definitions" (Suchman 1995, S. 547). Maximale Legitimität liegt vor, wenn Legitimationsobjekte, seien es die Verwaltungsorganisationen oder ihr Handeln, sich aus einer alle Alternativen ausschließenden (Alltags-) Theorie heraus rechtfertigen lassen (Meyer und Scott 1983, S. 201; Deephouse und Suchman 2008). Zwei Überlegungen sind dabei grundlegend: Zum einen, dass in einem Prozess der Legitimation Legitimität entstehen, reproduziert oder abgebaut werden kann sowie zum anderen, dass weitere Qualitäten der Beziehung zwischen Bürger und Verwaltung, wie zum Beispiel Formalität, Rechtmäßigkeit, Effizienz und Effektivität, legitimierend wirken können.

Hohe Grade an Institutionenvertrauen gelten dabei als eine Voraussetzung für Legitimität in den Bürger-Verwaltungs-Beziehungen. Hierunter wird die stabile Erwartung von Individuen gefasst, dass andere ihnen nicht schaden, wobei diese Erwartungen im Unterschied zu anderen Formen des Vertrauens nicht aus der eigenen Erfahrung im interpersonalen Umgang gewonnen werden (Fuchs et al. 2002, 429 ff.). Stattdessen erwartet man, dass Andere Normen und Werte der jeweiligen Institution, in deren Namen sie handeln, inkorporieren, kennen und teilen: „[I]t is the built-in meaning of institutions, its evidence and moral compellingness, that leads ‚them' to share with ‚me' a commitment to the norms and values represented by the institutions and thus transforms [...] my anonymous fellow citizens into trustworthy and actually trusted ‚compatriots'" (Offe 1999, S. 21).

Auf diesem, je nach Bereich unterschiedlich tragfähigen Fundament können aus einer Governanceperspektive betrachtet verschiedene Modi der Handlungskoordinierung zwischen Bürger und Verwaltung aufbauen. Sie unterscheiden sich unter anderem darin, welche Folgen sie für die Legitimationsbeschaffung haben. Die Vermutung liegt zum Beispiel nahe, dass „ein hoheitlich-bürokratischer Vollzug nicht stets die notwendige Anerkennung des staatlichen Handelns als legitim [garantiert]" (Dose 2014, S. 248). Daher lohnt es sich, alle Formen der Handlungskoordinierung zwischen Bürger und Verwaltung in den Blick zu nehmen, von der Hierarchie bis zu den durch Informalität und Ermessen geprägten Netzwerken (Benz 2006, S. 30 ff.).

Mit einem stärkeren Fokus auf die Verwaltung selbst kommt auch die juristisch orientierte Verwaltungswissenschaft zu einem ähnlichen Schluss. Abweichend vom oben dargelegten Gebrauch des Legitimationsbegriffs ist demokratische Legitimität hier gleichbedeutend mit Rechtmäßigkeit. Die Ausübung der Staatsgewalt ist demokratisch legitim, wenn sie auf verfassungsmäßig abgesicherten Verfahren der Programmierung beruht (sachlich-inhaltliche Legitimation), wenn die Sachwalter dieser Entscheidungen ebenfalls einwandfrei berufen worden sind (personelle Legitimation) und gleiches auch für die Konstitution der mit dem Staatshandeln befassten Organisationen gilt (funktionell-institutionelle Legitimation; Schmidt-Aßmann 1991, S. 357 ff.). Die Feststellung dessen obliegt Gerichten.

Hinter dieser Herleitung steht die Annahme, Legalität und Legitimität seien so eng aneinander gekoppelt, dass man gar nicht mehr zwischen ihnen unterscheiden müsse. Sie wird allerdings zunehmend durch eine Sensibilität dafür ergänzt, dass allein juristische Sorgfalt und Kontrolle nicht immer ausreichen, im konkreten Kontakt zwischen Bürger und Verwaltung die oben genannten Stabilisierungserfolge ausreichender Legitimität herbeizuführen. Neben die Rechtmäßigkeit tritt dann Akzeptanz. Vor diesem Hintergrund kommt es zu einer Abkehr vom administrativen Konflikt-Management. Gefällte Entscheidungen werden nicht in jedem Fall durchgesetzt, sei es durch Zwangsmaßnahmen, sondern es wird Wert auf ein Akzeptanz-Management gelegt, das im Entscheidungsverfahren selbst die Voraussetzungen für ein möglichst konfliktarmes Implementieren von administrativen Maßnahmen legt: „Verbürgt die demokratische Legitimation von staatlichen Entscheidungen durch das vom Parlament beschlossene Gesetz nicht mehr unbedingt Akzeptanz bei den betroffenen Bürgern, so wird Akzeptanz zum wichtigen Ziel von Verwaltungsverfahren" (Würtenberger 1996, S. 29).

Der administrative Prozess springt dann dort ein, wo Parlamente und Gerichte nicht mehr in der Lage sind, ausreichend Legitimität zu erzeugen. Die Sicherung politischer Legitimität verlagert sich von der Input-Legitimation zur Output-Legitimation und berücksichtigt als solche „stärker die Qualität der Ergebnisse für die Bewertung der Policies und – zum Teil – auch für die Akzeptanz von Politik und Administration" (Grunow 2012, S. 5). Die öffentliche Verwaltung gewährleistet somit „nicht nur für ihr eigenes Handeln, sondern auch für das politische System im engeren Sinne Akzeptanz und (Output-)Legitimation" (Grunow und Strüngmann 2008, S. 122). Eigene legitimatorische Aktivität öffentlicher Verwaltung steht somit also in einem größeren Kontext unvollständigen Prozessierens politischer Entscheidungen von der parlamentarischen auf die administrative Ebene. Unvollständig ist es deshalb, weil die Komplexität zu-, die Präzision der Gesetze und Vorschriften aber abnimmt und weil der parlamentarisch hergestellte Legitimationsvorrat für die derart prozessierten Regelungen zu deren Implementation nicht immer ausreicht (Grimm 2001). Das führt seit Anfang der 90er Jahre immer öfter zu der Erkenntnis, „[d]er Verwaltung wächst dadurch [durch vage Vorgaben des Gesetzgebers, Verf.] die Aufgabe ‚eigener aktiver Interessenbestimmung und Konsensbildung' zu. Das heißt aber: aus Bürokraten werden Politiker" (Dreier 1993, S. 659). Die funktionale und institutionelle Differenzierung zwischen Politik und öffentlicher Verwaltung weicht auf (Grunow 2012, S. 336).

3 Elemente der Legitimation in den Bürger-Verwaltungs-Beziehungen

Wie kann nun eine solche, auf Legitimation von Verwaltungshandeln gerichtete Bürger-Verwaltungs-Beziehung aussehen?

Die oben genannte Definition von Legitimation bezieht sich auf Institutionen, die aus der Sicht der dort zitierten neoinstitutionalistischen Organisationstheorie aus regulativen, normativen und kulturell-kognitiven Pfeilern bestehen. Träger der legitimierenden Bedeutung dieser Institutionen, zu denen auch Behörden mit ihrem Personal und dem ihnen entspringenden Verwaltungshandeln gezählt werden können, sind „symbolic systems, relational systems, routines and artifacts" (Scott 2008, S. 78). Sie beziehen sich auf mindestens einen dieser Pfeiler und können entsprechend auch in den drei Dimensionen unterschieden werden.

Regulativ bedeutet in diesem Kontext ein „stable system of rules, whether formal or informal, backed by surveillance and sanctioning power that is accompanied by feelings of fear/guilt or innocence/incorruptibility [...]" (Scott 2008, S. 54). *Normativ* bezieht sich auf wünschenswerte Ziele und die Grenzen der dafür einzusetzenden Mittel. Hiervon wiederum können professionelle Normen unterschieden werden. Ihre Bedeutung speist sich aus spezifischen Mittel- und Zielvorgaben von Berufsgruppen und ihrer Einbettung in spezielle Organisationen, die nicht zwingend mit allgemeinen gesellschaftlichen Normen und Werten übereinstimmen müssen (Deephouse und Suchman 2008, S. 53). Schließlich setzen sich nach dieser Lesart Institutionen drittens aus *kulturell-kognitiven* Elementen zusammen, die sowohl schlichte Verständlichkeit von Institutionen umfassen als auch die unhinterfragte Akzeptanz und das Abrufen bestimmter Handlungsabläufe, die in einem bestimmten sozialen Setting als selbstverständlich und angemessen hingenommen werden (*taken-for-grantedness*). Abschließend ergänzt *pragmatic legitimacy* als vierte Dimension diese Typen: Institutionen werden in ihrer Angemessenheit demnach auch danach beurteilt, inwieweit ihr Wirken im pragmatischen Eigeninteresse der Legitimationssubjekte liegt (Suchman 1995).

Sozialpsychologische Forschung zu Fragen von Gesetzestreue und zur Compliance gegenüber Behörden und Gerichten schließt daran an. Sie belegt, dass Legitimitätserwägungen auf der Ebene einzelner Personen bedeutsam sind. Eine grundlegende Studie geht dabei der Frage nach, ob Gesetzestreue und öffentliche Ordnung nicht besser durchgesetzt werden können, wenn sie nicht mit Sanktionen verknüpft, sondern an die Übereinstimmung mit grundlegenden Vorstellungen darüber gebunden sind, was staatliche Autoritäten dürfen und wie sie angemessen vorgehen sollten. Zugespitzt stellt sich die Frage, ob öffentliche Ordnung auf Straferwartungen und Abschreckung basierend durchgesetzt werden soll oder ob nicht eine legitimationsorientierte, sich selbst regulierende „law-abiding society" effizienter ist (Tyler 2003). In Abgrenzung zu einer persönlichen Moralität wird Legitimität dort verstanden als „a perceived obligation to societal authorities or to existing social arrangements. Moral values are personal standards to which people attempt to align their behavior" (Tyler 2006, S. 390) definiert.

Auf was sich diese Verpflichtung gründet, ist in einer Reihe von Studien empirisch untersucht worden. Dabei hat sich das Ausmaß wahrgenommener Verfahrensgerechtigkeit (procedural justice) als entscheidend dafür herausgestellt, ob im genannten Bereich Behörden und Gerichten Legitimität zu- oder abgesprochen wird (Sunshine und Tyler 2003). Diskutiert wird in diesem Zusammenhang, wie genau das Verhältnis von individuellem Nutzenkalkül auf der einen, Verpflichtungspotential von Legitimationsurteilen der Bürger auf der anderen Seite ist. Außerdem stellt sich die Frage, auf welchen Mechanismen der Effekt der Verfahrensgerechtigkeit beruht und damit verbunden, wie er zu beeinflussen wäre. Hier stehen drei Modelle in der Diskussion. Zum einen wird die Einschätzung der Verfahrensgerechtigkeit durch Eigeninteresse beeinflusst (Lind und Tyler 1988, S. 216 ff.). Sie sichert ein Mindestmaß an Einfluss auf den Prozess der administrativen und juristischen Entscheidungsfindung, die sich wiederum für persönlichen Nutzen einsetzen lässt, z. B. zur Milderung von Strafe. Dieser Weg der Legitimation ist letztlich begrenzt durch die Ermessensspielräume von Gerichten, Polizei und anderen Behörden. Von Interesse ist daher zweitens, dass Verfahrensgerechtigkeit wichtige Signale über die Zugehörigkeit zu einer sozialen Gruppe, ihren Status und die eigene Stellung innerhalb dieser Gruppe transportiert (Tyler und Blader 2003). Weil als fair wahrgenommene Verfahren staatlicher Instanzen eine positive soziale Identität bestätigen, also zeigen, 1) dass Bürger mit den Trägern staatlicher Entscheidungen zu einer sozialen Gruppe gehören, 2) diese Gruppe einen akzeptablen Status in der Gesamtgesellschaft genießt und 3) die Adressaten wiederum in dieser Gruppe selbst eine annehmbare Stellung inne haben, können ihre Entscheidungen auch dann Legitimität für sich beanspruchen, wenn sie materiell betrachtet nachteilig oder lästig sind. Neben materielles Eigeninteresse und Gruppenwert tritt drittens der System-Rechtfertigungs-Ansatz. Er betont den Zusammenhang von Fairnessperzeption und Legitimität umgekehrt: Demnach befriedigt die Gewissheit, einer geregelten sozialen Ordnung ausgesetzt zu sein grundlegende menschliche Bedürfnisse nach der Reduktion von Kontingenz. Daher steigt das Maß an Fairnesswahrnehmung und Legitimitätszuschreibung in dem Maße, in dem die Betroffenen von den in Frage stehenden Legitimationsobjekten, also staatlichen Autoritäten und Prozedere, abhängig sind: „[B]elieving that the social system is the way it should be helps to reduce uncertainty and manage threat and creates a sense that there is common ground to maintain shared reality" (van der Toorn et al. 2011, S. 128).

Neoinstitutionalistische und sozialpsychologische Legitimationskonzepte kommen auf unterschiedlichen Wegen zu ähnlichen Schlussfolgerungen. Sie weisen beide auf den Wert der pragmatischen Legitimität hin, die auf unmittelbaren Nutzen der Outcomes für die Legitimationssubjekte abstellt, als Grund, sich einer vorgefundenen Ordnung entsprechend zu verhalten. Gleichzeitig relativieren beide Ansätze jedoch die Erklärungskraft reinen Nutzenkalküls zu Gunsten normativer Zuschreibungen der Legitimationssubjekte. Beide Ansätze verdeutlichen, dass beim Verwaltungshandeln im Kontakt mit Bürgern konzeptionell eine Reihe von Möglichkeiten bestehen, Legitimität für die staatliche Aufgabenwahrnehmung zu erzeugen – auch wenn der Weg verstellt ist, es jedem recht zu machen.

Damit das in der Praxis auch möglich ist, muss man von Ermessensspielräumen ausgehen können. In einem engeren Sinne braucht es dafür rechtliche Normen, innerhalb derer, „ […] gleichwohl die Wahl zwischen verschiedenen Verhaltens- bzw. Entscheidungsmöglichkeiten bleibt" (Wilhelm 2011, S. 310). Diese liegen für die Verwaltungspraxis ebenso vor, wie ein auf der Grundlage von gängiger Rechtsprechung und Rechtsdogmatik entwickelter Rahmen für den angemessenen Gebrauch von Ermessen (ebd. Wilhelm 2011, S. 310).

Eine Praxis der Ermessensausübung existiert im Handeln von Verwaltung ohnehin, wie Studien zu Street-Level Bureaucrats, dem publikumsnahen Verwaltungspersonal, zeigen. Diese befinden sich in einer Position mit Policy-Maker-Qualitäten, mit Ermessen bei den Inhalten und Autonomie gegenüber den Vorgesetzten (Lipsky 1980, S. 16 ff.). Street-Level Bureaucrats agieren unter chronischem Ressourcenmangel und können entsprechend nicht unbegrenzt pragmatische Legitimität der Klienten und Klientinnen herleiten. Sie sehen sich mit konfligierenden eigenen und externen Normen und Rollenerwartungen konfrontiert, die sie austarieren müssen, wenn sie bei Bürgerinnen und Bürgern sowohl normativ als auch kognitiv-kulturell auf Verständnis stoßen wollen. Diese Konflikte entstehen, da neben den Legitimitätsansprüchen der Klienten Anforderungen der Organisation bzw. Vorgesetzten und, nicht zu unterschätzen, das Selbstverständnis von richtiger Aufgabenwahrnehmung innerhalb der eigenen Berufsgruppe berücksichtigt werden wollen (Evans 2011, S. 371).

Zusammenfassend kann man in der Literatur also folgende Bereiche identifizieren, in denen Legitimation im Kontakt zwischen Bürgern und Verwaltung hergestellt werden kann:

- Statuserwartungen: Verwaltungshandeln kann durch Kommunikation auf Augenhöhe die Statuserwartungen von Bürgerinnen und Bürgern positiv bestätigen und die entsprechend stabilisierende Wirkung legitimen Verwaltungshandelns entfalten.
- Fairness und Verfahrensgerechtigkeit: Gleiches gilt für Verwaltungskontakte, in denen Bürgerinnen und Bürgern ihre eigenen Ansprüche fair berücksichtigt und abgewogen finden.
- Outcome: Trotz der genannten Einschränkung trägt des Weiteren die Beurteilung des Outcome durch die Bürgerinnen und Bürgern zu Legitimität bei. Nicht nur die Effektivität spielt dabei eine Rolle, sondern auch das Verhältnis des Ergebnisses zum Aufwand, also die Effizienz des Verwaltungshandelns.
- Professionalität: Für beide Seiten, Verwaltungspersonal und Bürger, trägt die Erfüllung von Erwartungen an eine professionelle Ausübung der jeweiligen Verwaltungstätigkeit und des zugehörigen Berufsbilds zur Legitimität von Verwaltungshandeln bei. Beim Personal können Konflikte zwischen Organisationszielen und den Ansprüchen der Berufsgruppe zu Entfremdung führen, beispielsweise in der Sozialarbeit, wenn Leistungen rationiert werden müssen und die nach Berufsnormen angemessene Betreuung nicht mehr erfolgen kann.
- Transparenz und Verständlichkeit: Schließlich ist schlichte Verständlichkeit legitimationsfördernd.

4 Legitimation in Bürger-Verwaltungs-Beziehungen in der Empirie

Anschließend an die konzeptionellen Überlegungen und die Identifikation von legitimierenden Elementen der Bürger-Verwaltungs-Beziehungen, sollen nun Beispiele aus der Empirie skizziert werden.

Die Potentiale für Legitimierung bzw. die Gefahr der Delegitimierung werden in der Praxis insbesondere im Bereich *Statuserwartung* offensichtlich: Entsprechende Versuche der öffentlichen Verwaltung, die Akzeptanz der Bürger über diesen Weg zu fördern, lassen sich beispielsweise bei der verstärkten Kunden- und Serviceorientierung der öffentlichen Verwaltung im Zuge von New Public Management bzw. dem Neuen Steuerungsmodell empirisch feststellen. Dies kann als ein sowohl materieller als auch rhetorischer Versuch gewertet werden, den Statusunterschied zwischen Klienten der Verwaltung und Verwaltungspersonal zu nivellieren oder gar zu Gunsten der Bürger umzukehren: „Mit der Akzentuierung von Kundenorientierung und Dienstleistungsmentalität erfolgt eine Aufwertung der Adressatenrolle im Verwaltungshandeln" (Lorig 2009, S. 232). In ihrer Bestandsaufnahme des Neuen Steuerungsmodells in Deutschland haben Bogumil u. a. festgestellt, dass über 70 % der etwa 900 von ihnen befragten Kommunen Reformen implementiert haben, die auf eine Verbesserung der Kundenorientierung abzielen (Bogumil et al. 2007, S. 41).

Auch die Ansätze der Kommunen, im Zuge des Neuen Steuerungsmodells ihre Organisationsstrukturen im Inneren der Verwaltung zu verändern, haben das Ziel, Verwaltungshandeln effizienter zu machen oder zumindest in der Außenwirkung durch die Annäherung an privatwirtschaftliche Strukturen so zu erscheinen und so Legitimität und Akzeptanz zu erhöhen. Die Mehrzahl der befragten Kommunen gibt allerdings auch an, dass Änderungen in der Organisationsstruktur tatsächlich beispielsweise zu einer Verringerung der Verfahrensdauer führen (Bogumil et al. 2007, S. 47 f.). Eine Mischform, in der sowohl interne Organisationsstrukturen verändert werden, als auch der direkte Kontakt der öffentlichen Verwaltung mit dem Bürger, stellt die Einführung von Bürgerämtern bzw. One-Stop Agencies im Generellen dar.

Weitere empirische Befunde entsprechen den oben ausgeführten Überlegungen: Soziale Faktoren als Element der Legitimität, wie beispielsweise der Gruppenwert im Sinne des Statusgefühls, sind nachweislich von Bedeutung. So weist Rölle auf Grundlage eines Datensatzes der KSWP[2] eine signifikant negative Korrelation zwischen der Zustimmung zur Aussage „In Behörden wird man wie eine Nummer behandelt" und dem „Vertrauen in die öffentliche Verwaltung" nach sowie anderseits auch einen positiven Zusammenhang hinsichtlich „Bürger kann sich gut gegen Amtsentscheidungen wehren" und dem Vertrauen (2009, S. 234 ff.). Dieses offensichtlich delegitimierende Ohnmachts- und Ungleichheitsempfinden der Bürger kann auch durch andere Daten illustriert werden. Eine typische Interviewäußerung im Rahmen einer eigenen Untersuchung[3] lautet beispielsweise: „[…] den kleinen

---

[2] KSPW = „Kommission für die Erforschung des wirtschaftlichen und sozialen Wandels in den neuen Bundesländern", (für nähere Informationen zum KSPW-Datensatz „Politische Resonanz" (1996) Rölle 2009, S. 230 ff.).

[3] Die Aussagen sind Leitfadeninterviews mit Bürgern zu ihren Einstellungen gegenüber der öffentlichen Verwaltung entnommen, die im Rahmen des noch zu veröffentlichenden Dis-

Mann erwischt es dann, der [...] kann sich nicht wehren. Aber andere, die ein ganz großes Rad drehen, da wird dann vielleicht auch schon mal ein Auge zugedrückt, das sind dann Dinge, die man [...] als ungerecht, als ungerecht empfindet. Ja." Hier kommt zudem der Gedanke der *Fairness* und *Verfahrensgerechtigkeit* zum Tragen.

Zudem lässt sich feststellen, dass es sich offensichtlich positiv auf die Erzeugung von Akzeptanz auswirkt, wenn das Ergebnis der Leistung der Verwaltung aus Sicht des Bürgers zielführend und der *Outcome* positiv ist. Dies schlägt sich in den Interviewäußerungen beispielsweise in der Art nieder, dass es am Ende doch geklappt habe: „[...], weil ich immer letzten Endes immer das bekommen habe, was ich wollte", – pragmatische Elemente von Legitimität entspringen solchen Wahrnehmungen der Bürger-Verwaltungs-Beziehungen.

Wenn die Behandlung der Bürger zügig und zuvorkommend ist, profitiert die Verwaltung von der Legitimitätswirkung *professionellen Handelns*. So lässt sich z. B. empirisch ein positiver Zusammenhang zwischen dem Vertrauen in die Verwaltung sowie Items, in denen die Performanz der Verwaltung positiv bewertet wird feststellen, so bspw. „Die meisten Beamten sind freundlich und hilfsbereit" (Rölle 2009, S. 234). Hier zeigt sich zudem eine erfolgreiche Strategie normativer und professioneller Legitimation. Bei negativ bewerteten Items, beispielsweise „Bearbeitung von Anträgen dauert länger als notwendig" kann eine signifikant negative Korrelation mit dem Vertrauen in die Verwaltung festgestellt werden: Anders ausgedrückt, verspielt die Verwaltung bei den Bürgern die Möglichkeit, ihr Handeln professionell zu legitimieren (Rölle 2009, S. 234).

Der Versuch der Verwaltung, ihre auf Formularen, Bescheiden und in der direkten Interaktion mit den Bürgern verwandte Sprache zu verbessern, ist ein Beispiel dafür, dass sie die legitimationsfördernde Wirkung von *Transparenz* und *Verständlichkeit* längst erkannt hat. Am mittlerweile mehrfach wiederaufgelegten Arbeitshandbuch „Bürgernahe Verwaltungssprache", herausgegeben durch das Bundesverwaltungsamt (2002), wird das exemplarisch deutlich. Es richtet sich als Leitfaden mit konkreten Anweisungen an die Verwaltungsmitarbeiter aller Bereiche mit Bürgerkontakt. Detailliert werden dort konkrete Empfehlungen zu Wortwahl und zum Satzbau gegeben. Das Bewusstsein der Verwaltungsakteure, dass Verwaltungssprache legitimierende Wirkung entfalten und damit Einfluss auf die Akzeptanz von Verwaltungshandeln nehmen kann, zeigt sich in aller Deutlichkeit im Vorwort des Handbuchs:

---

sertationsprojektes der Autorin erhoben wurden. Insgesamt wurden 76 Leitfadeninterviews geführt, in denen das Meinungsbild der Interviewteilnehmer zur öffentlichen Verwaltung inklusive etwaiger Einflussfaktoren und Konsequenzen erhoben wurde.

Die Menschen erleben den Staat ‚hautnah' im Umgang mit den Behörden. Ärger, Ohnmacht, Wut oder Enttäuschung können durch unverständliche Verwaltungssprache, umständliche Bearbeitungsweise und mangelnde Beteiligung der Betroffenen im Verwaltungsverfahren entstehen. Verständliche, einsehbare und vom Wohlwollen getragene Schreiben können dagegen Vertrauen der Menschen zur Behörde – und damit auch zum Staat – schaffen. (Bundesverwaltungsamt 2002, S. 6)

5 Fazit

Die Begriffe Legitimität und Legitimation sind für eine unmittelbare Anwendung auf die Bürger-Verwaltungs-Beziehungen zu wenig konkret. Ein Weg, diese Beziehungen trotzdem unter Legitimationsaspekten zu betrachten, ist in diesem Beitrag verfolgt worden, indem das Gesamtkonstrukt in Elemente zerlegt wurde. Dabei war es zielführend, sich auf Vorarbeiten aus einer Reihe von Bereichen der Politik- und Verwaltungswissenschaft, aber auch auf interessante Erkenntnisse benachbarter Disziplinen zu stützen.

Um die Ansätze für eine empirische Analyse zu nutzen, ist es notwendig, die Zusammenhänge immer wieder an die Empirie rückzukoppeln und damit zu belegen, dass es in den realen Bürger-Verwaltungs-Beziehungen beobachtbare Entsprechungen gibt. Für einen kleinen Teil potentiell legitimierender Elemente wurde dies hier getan. Eine systematische empirische Analyse steht allerdings bislang noch aus. Insgesamt lässt sich im Anschluss an die Fragestellung dieses Beitrags sagen, dass Statuserwartungen, Fairness, Outcome und Transparenz vermutlich einen Einfluss auf die Legitimität von Bürger-Verwaltungs-Beziehungen haben und dass die angeführten Elemente in der Verwaltungspraxis beobachtbar sind. Die Frage, ob noch andere legitimierende Elemente identifiziert werden können, bleibt offen.

Von Interesse ist aber nicht allein, über die genannten vier Elemente hinaus weitere Details in einer Legitimationsperspektive der Bürger-Verwaltungs-Beziehungen zu berücksichtigen. Unbeantwortet ist bisher auch die Frage, welche genauen Konsequenzen für den unmittelbaren Kontakt von Publikum und Verwaltung, aber auch für die Funktionsfähigkeit des politischen Systems, Erfolge und Misserfolge in der Legitimierung von Verwaltungspraxis haben. Für die Verwaltung im demokratischen Rechtsstaat ist Legitimität wohl durchaus auch Selbstzweck. Nichtsdestotrotz ist es von großem Interesse, die Effekte unterschiedlich legitimen Verwaltungshandelns auf Effizienz, Verbindlichkeit und ganz allgemein den Impact von implementierten Policies zu kennen.

Darüber hinaus sind auch die Wurzeln bestimmter Einstellungen der Bürger gegenüber der Verwaltung, die den legitimierenden Charakter ihrer Beziehungen prägen, bisher kaum bekannt. Die Verwaltung ist für den Bürger nicht nur, wie am Anfang beschrieben, die Kontaktfläche, an der staatliche Herrschaft erlebt wird. Sie stellt auch eine Projektionsfläche dar, auf die sich Stereotype und Vorbehalte beziehen. Ihre Entstehung und Wechselwirkung mit der Legitimitätserfahrung im unmittelbaren Kontakt mit der Verwaltung sind wenig erforscht.

Besonders interessant für die weitere Forschung ist die Beobachtung, dass die identifizierten legitimierenden Elemente nicht nur isoliert für öffentliches Verwaltungshandeln gelten, sondern sich durchaus sehr ähnlich in legitimierenden Praktiken im Privaten Sektor wiederfinden. Das Potential dieser Vergleichsperspektive wird deutlich, wenn man zum einen die Diskussion um eine kundenorientierte Reform der Verwaltung im Rahmen von New Public Management bzw. des Neuen Steuerungsmodells betrachtet. In diesem Kontext wurde intensiv das legitimierende und demokratisierende Potential solcher, ursprünglich auf Effizienzsteigerung gerichteter Maßnahmen thematisiert (Lorig 2009). Auf der anderen Seite lohnt sich vergleichend ein Blick darauf, wie im privaten Sektor mit einem gut etablierten System wie dem der RATER-Analyse Kundenzufriedenheit abgefragt und analysiert wird. Hier erfolgt eine Bewertung der Dienstleistungsqualität durch den Vergleich der erwarteten und der durch den Kunden wahrgenommenen Leistung eines Unternehmens in fünf Dimensionen.[4] Es zeigt sich, dass diese Merkmale weitestgehend komplementär zu jenen angelegt sind, die hier im Zuge der NPM-/NSM-Reform als legitimationsrelevant in den Bürger-Verwaltungs-Beziehungen herausgearbeitet wurden. Es stellt sich somit die Frage, wo die Chancen und Grenzen eines Vergleichs öffentlicher und privater Organisationen liegen. Eine systematische Gegenüberstellung kunden- bzw. bürgerbezogener Praktiken in diesen Bereichen könnte spannende Einsichten und Lerneffekte in beide Richtungen generieren.

Literatur

Benz A (1994) Kooperative Verwaltung. Funktionen, Voraussetzungen und Folgen. Baden-Baden

Benz A (2006) Eigendynamik von Governance in der Verwaltung. In: Bogumil J, Jann W, Nullmeier F (Hrsg) Politik und Verwaltung. Wiesbaden, S 29–49

---

[4] Die Dimensionen sind: Reliability, also die Verlässlichkeit des entsprechenden Dienstes; Assurance, im Sinne der Fähigkeit der Mitarbeiter, Kompetenz auszustrahlen; Tangibles, als professionelles Erscheinungsbild der Mitarbeiter und der privaten Organisation; Empathy, zwischen Mitarbeitern und Kunden sowie letztlich Responsiveness, im Sinne eines Kundenservices, der schnell und angemessen reagiert (Zeithaml et al. 1990).

Benz A, Dose N (2010) Governance – Modebegriff oder nützliches sozialwissenschaftliches Konzept? In: Benz A, Dose N (Hrsg) Governance – Regieren in komplexen Regelsystemen. Eine Einführung. Wiesbaden, S 13–35

Bogumil J, Grohs S, Kuhlmann S, Ohms AK (2007) Zehn Jahre Neues Steuerungsmodell. Eine Bilanz kommunaler Verwaltungsmodernisierung. Berlin

Bundesverwaltungsamt (2002) BBB – Arbeitshandbuch „Bürgernahe Verwaltungssprache". http://www.bva.bund.de/SharedDocs/Downloads/DE/BVA/Verwaltungsmodernisierung/ Buergernahe_Verwaltungssprache_BBB.pdf. Zugegriffen: 14. Januar 2014

Deephouse DL, Suchman M (2008) Legitimacy in Organizational Institutionalism. In: Greenwood R, Oliver C, Sahlin-Andersson K, Suddaby R (Hrsg) The SAGE Handbook of Organizational Institutionalism. London et al., S 49–77

Dose N (2009) Kooperative Verwaltung – Ausdruck einer demokratisierten öffentlichen Verwaltung? In: Czerwick E, Lorig WH, Treutner E (Hrsg) Die öffentliche Verwaltung in der Demokratie der Bundesrepublik Deutschland. Wiesbaden, S 177–195

Dose N (2014) Informelles Verwalten aus governance-analytischer Perspektive. In: Bröchler S, Grunden T (Hrsg) Informelle Politik. Wiesbaden, S 247–262

Dreier H (1993) Informales Verwaltungshandeln. Staatswissenschaften und Staatspraxis 4:647–681

Easton D (1965) A systems analysis of political life. New York

Evans T (2011) Professionals, managers and discretion. Critiquing street-level bureaucracy. British Journal of Social Work 41:368–386

Fuchs D, Gabriel OW, Völkl K (2002) Vertrauen in politische Institutionen und politische Unterstützung. Österreichische Zeitschrift für Politikwissenschaft 31:427–450

Grimm D (2001) Politik und Recht. In: Grimm D (Hrsg) Die Verfassung und die Politik. Einsprüche in Störfällen. München, S 13–31

Grunow D (2012) Bürgernähe der öffentlichen Verwaltung als Gegenstand empirischer Implementationsforschung. In: Schimanke D, Veit S, Bull HP (Hrsg) Bürokratie im Irrgarten der Politik. Baden Baden, S 333–354

Grunow D, Strüngmann D (2008) Bürokratiekritik in der öffentlichen und veröffentlichten Meinung. Der moderne Staat 1:121–140

Jann W, Wegrich K (2010) Governance und Verwaltungspolitik. Leitbilder und Reformkonzepte. In: Benz A, Dose N (Hrsg) Governance – Regieren in komplexen Regelsystemen. Eine Einführung, Wiesbaden, S 175–200

Lind EA, Tyler TR (1988) The Social Psychology of Procedural Justice. New York

Lipsky M (1980) Street-Level Bureaucracy. Dilemmas of the Individual in the Public Services. New York

Lorig W (2009) Die kundenorientierte Verwaltung. In: Czerwick E, Treutner WH, Treutner E (Hrsg) Die öffentliche Verwaltung in der Demokratie der Bundesrepublik Deutschlands. Wiesbaden, S 255–246

Luhmann N (2010) Politische Soziologie. Frankfurt a. M.

Meyer JW, Scott WR (1983) Centralization and the Legitimacy Problems of Local Government. In: Meyer JW, Scott WR (Hrsg) Organizational Environments: Ritual and Rationality. Beverly Hills, S 199–215

Offe C (1999) How Can We Trust Our Fellow Citizen? In: Warren M (Hrsg) Democracy and Trust. Cambridge, S 42–87

Rosanvallon P (2010) Demokratische Legitimität: Unparteilichkeit. Reflexivität. Nähe. Hamburg

Rölle D (2009) Vertrauen in die öffentliche Verwaltung – Zwischen Systemstabilität und Modernisierungsdruck. Der moderne Staat 2:219–242

Schmidt-Aßmann E (1991) Verwaltungslegitimation als Rechtsbegriff. Archiv des öffentlichen Rechts 116:329–390

Scott WR (2008) Institutions and organizations. Ideas and interests. Los Angeles

Suchman MC (1995) Managing Legitimacy. Strategic and Institutional Approaches. Academy of Management Review 20:571–610

Sunshine J, Tyler TR (2003) The Role of Procedural Justice and Legitimacy in Shaping Public Support for Policing. Law & Society Review 37:513–547

van der Toorn J, Tyler TR, Jost JT (2011) More than fair: Outcome dependence, system justification, and the perceived legitimacy of authority figures. Journal of experimental social psychology 47:127–138

Tyler TR (2003) Procedural Justice, Legitimacy, and the Effective Rule of Law. Crime and Justice 30:283–357

Tyler TR (2006) Psychological Perspectives on Legitimacy and Legitimation. Annual Review of Psychology 57:375–400

Tyler TR, Blader SL (2003) The group engagement model. Procedural justice, social identity, and cooperative behavior. Personality and Social Psychology Review 7:349–361

Wilhelm H (2011) Ermessen ohne Ende. Deutsche Verwaltungspraxis 62:310–315

Würtenberger T (1996) Die Akzeptanz von Verwaltungsentscheidungen. Baden-Baden

Zeithaml VA, Parasuraman A, Berry L (1990) Delivering Quality Service. Balancing Custumer Perceptions and Expectations. New York

Frederik Brandenstein MA Lehrbeauftragter am Institut für Politikwissenschaft, Fakultät für Gesellschaftswissenschaften, Universität Duisburg-Essen.

Daniela Strüngmann MA wissenschaftliche Mitarbeiterin am Institut für Politikwissenschaft der Universität Duisburg-Essen.

Zur Legitimität informaler Institutionen im Regierungssystem

Timo Grunden

Zusammenfassung
Der Beitrag fragt nach den Quellen und Voraussetzungen der Legitimität informaler Institutionen in (parlamentarischen) Regierungssystemen. Es wird eine Heuristik mit drei Kategorien entwickelt, anhand derer die Legitimität informaler Institutionen analysiert werden kann: erstens anhand ihrer Legalität als erste notwendige, wenn auch noch nicht hinreichende Voraussetzung für ihre Legitimität; zweitens anhand ihrer Funktionalität für die normativen Ziele und operativen Erfordernisse einer Verfassung oder Satzung; drittens anhand ihrer Rechtfertigungsfähigkeit im Hinblick auf die Interessen und Erwartungen politischer Akteure und den von ihnen repräsentierten Mitgliedern und Wählern.

Schlüsselwörter
Informelles Regieren · Informelle Institutionen · Regierungssystem · Legitimität Legalität · Funktionalität

---

T. Grunden (✉)
Landtag NRW, Düsseldorf, Deutschland
E-Mail: timo.grunden@landtag.nrw.de

© Springer Fachmedien Wiesbaden 2016
M. Lemke et al. (Hrsg.), *Legitimitätspraxis*, DOI 10.1007/978-3-658-05742-8_7

1 Einleitung

Demokratisches Regieren ist ein konstitutionell geordneter Prozess, der öffentliche Interessenkonflikte in (reversible) Entscheidungen überführt. Diese erhalten den Status gesellschaftlicher Verbindlichkeit, indem sie durch demokratisch berufene Verfassungsorgane legitimiert und durch die Bürokratie implementiert werden. Doch sowohl die (verfassungs-)rechtlich fixierten Verfahren der Gesetzgebung als auch jene der Berufung der Verfassungsorgane markieren lediglich notwendige Phasen und Stadien, die der Regierungsprozess durchlaufen muss, um verbindliche Entscheidungen hervorbringen zu können. Hinreichend sind sie nicht. Regieren unterliegt auch Regeln, erfolgt in Akteurskonstellationen und vollzieht sich durch Handlungen, deren Existenz und Wirkungsmacht nicht auf rechtlich verbindliche Institutionen zurückzuführen sind, zuweilen von rechtlichen Kategorien gar nicht erfasst werden können. Das Interesse dieses Beitrages gilt der Legitimität dieser informalen Komponenten des Regierens. Genauer: der Legitimität informaler Institutionen im Regierungssystem einer effektiven rechtsstaatlichen Demokratie. Diese – zugegeben etwas umständlich anmutende – Konkretisierung ist deshalb wichtig, weil sich in der Politikwissenschaft hinter dem Begriff „Informalität" derart viele unterschiedliche Definitionen, Untersuchungsgegenstände und theoretische Zugänge verbergen, dass von einem kohärenten Forschungsfeld nicht die Rede sein kann (Bröchler und Grunden 2014)[1].

Bevor also die Legitimität informaler Institutionen in den Mittelpunkt rücken kann, muss spezifiziert werden, was unter Informalität verstanden werden soll und anhand welcher Merkmale informale Institutionen identifiziert werden können. Dem Begriff der informalen Institution wird hier ein enges Institutionenverständnis zugrunde gelegt, das sich auf *explizite Regelaspekte* für die Interaktion und Selbstorganisation kollektiver Akteure beschränkt (Mayntz und Scharpf 1995, S. 41 ff.; Helms 2004, S. 30). Der zunächst theoretisch zu entwickelnde Merkmalsraum informaler Institutionen orientiert sich somit an den Charakteristika formaler Regelsysteme und wird gegen das weite, kulturalistische Institutionenverständnis des organisationssoziologischen Neo-Institutionalismus abgegrenzt (Abschn. 2 und 3).

Im Anschluss kann sich dieser Artikel seiner Leitfrage widmen: *Aus welchen Quellen speist sich die Legitimität informaler Institutionen im Regierungssystem?* Die Antwort wird lauten, dass es derer drei sind: ihre Legalität, ihre Funktionalität und schließlich ihrer Rechtfertigungsfähigkeit (Abschn. 4). Sie ist ein heuristisches Destillat aus empirischen Untersuchungen, die zum einen der Autor selbst zu den Führungsstilen und Entscheidungsprozessen deutscher Landesregierungen

---

[1] Die politischen Bewertungen in diesem Beitrag sind ausschließlich meine persönlichen.

durchgeführt hat, und die zum anderen aus ähnlich gelagerten Studien anderer Autoren gewonnen worden ist.[2] Es handelt sich also um ein theoretisches Erklärungsangebot, das trotz seiner Ableitung aus empirischen Fallstudien einer expliziten empirischen Überprüfung harrt, aber gleichwohl den Anspruch erhebt, angeben zu können, wo es sich lohnt, nach empirischen Erklärungen für die Legitimität informaler Institutionen zu suchen.

Die entwickelten heuristischen Überlegungen beziehen sich ausschließlich auf informale Institutionen in parlamentarischen Regierungssystemen. Das ist deshalb von Bedeutung, weil – wie noch zeigen sein wird – die Entstehung und Ausgestaltung informaler Institutionen immer von der Beschaffenheit einer Formalstruktur respektive den formalen Institutionen des Regierungssystems abhängig sind. Dennoch spricht viel dafür, dass die ausgearbeiteten Quellen der Legitimität informaler Institutionen prinzipiell auch für andere Regierungssysteme Geltung beanspruchen können. Allerdings hätte man es im Fall eines präsidentiellen oder semi-präsidentiellen Systems mit anderen als jenen informalen Institutionen zu tun, die hier zur Illustration der theoretischen Überlegungen dienen.

2 Zum Begriff der „informalen Institution"

Bei allen Unterschieden haben alle Analysen zum informalen Regieren eine Gemeinsamkeit: Sie stellen normative und/oder funktionale Bezüge zur Formalstruktur des Regierungssystems oder einer genuin politischen Organisation her. Normative Bezüge sind Variationen der Frage nach den Effekten informaler Entscheidungsstrukturen auf die demokratische oder zumindest gesellschaftliche Legitimität des Regierens. Funktionale Bezüge kreisen um Leistungen bzw. Leistungshemmnisse, die informale Strukturen sowohl für die Funktionen eines Regierungssystems oder einer politischen Organisation als auch für die Ziele und Interessen der dort handelnden Akteure mit sich bringen.

Dass Analysen zum informalen Regieren einen Formalitätsbezug aufweisen müssen, erklärt sich schon aus der Semantik des Begriffs: „Wo von Informalität die Rede ist, wird Formalität unweigerlich mitgedacht" (Pannes 2011, S. 39). Der

---

[2] Vgl. Grunden 2009 zu den Regierungen Eichel in Hessen (1991–1999), Höppner in Sachsen-Anhalt (1994–2002), Biedenkopf in Sachsen (1990–2002) sowie Korte et al. (2006) zu den Regierungen Rau, Clement, Steinbrück und Rüttgers in Nordrhein-Westfalen (1990–2006). Vgl. ferner Korte 1998 zum Führungsstil Helmut Kohls; Florack 2014 zur Regierung Rüttgers in NRW sowie Kropp 2001 zum Koalitionsmanagement in Rheinland-Pfalz (1996–2001), Sachsen-Anhalt (1994–1998) sowie Thüringen (1994–1999), Helms 2005 zum Koalitionsmanagement der rot-grünen Bundesregierung.

Kontrast verweist auf die zentrale Kategorie zur Analyse des informalen Regierens: Institutionen im Sinne von Regeln der politischen Interaktion und Entscheidungsfindung. Formale Institutionen sind (staats-)rechtlich legitimiert (als Verfassungen, Gesetze, Verordnungen oder Satzungen), ihre Auslegung ist in den meisten Fällen einer Jurisdiktion unterworfen und ihre Anwendung wird im Zweifelsfall durch das staatliche Gewaltmonopol sichergestellt.[3] Formale Institutionen definieren abstrakte Ziele sowie Ge- und Verbote für das Handeln des Staates bzw. einer Organisation. Satzungen oder das Staatsorganisationsrecht schreiben aber nur in wenigen Fällen konkrete Handlungen oder inhaltliche Entscheidungen vor. Sie beinhalten überwiegend Regeln für Entscheidungsverfahren, indem sie z. B. Amtsinhabern, Gremien oder Verfassungsorganen Kompetenzen zuweisen und deren Entscheidungsmodi festlegen.

Was sind nun die Kennzeichen informaler Institutionen? Gretchen Helmke und Steven Levitsky definieren sie als „socially shared rules, usually unwritten, that are created, communicated, and enforced outside of officially channels" (Helmke und Levitsky 2004, S. 727). Ihr wesentliches Merkmal ist demnach Verbindlichkeit, die nicht auf staatlichen Rechtsetzungen und Sanktionen beruht. Die Eleganz dieser oft zitierten Definition besteht erstens darin, dass sie sowohl für rechtsstaatliche Demokratien mit wirksamen, d. h. in der Realität angewendeten formalen Institutionen genutzt als auch auf Autokratien oder Transformationsstaaten angewendet werden kann, in denen dem (Verfassungs-)Recht allenfalls eine fassadenhafte Bedeutung zukommt. Zweitens werden informale Institutionen als „socially shared rules" nicht nur auf politische Regelungsaspekte beschränkt, sondern auch – trotz vorsichtig formulierter Einschränkungen der Autoren selbst (Helmke und Levitsky 2004, S. 728) – einem weiten, kulturalistischen Institutionenverständnis zugänglich gemacht. Diese konzeptionelle Offenheit darf aber nicht darüber hinwegtäuschen, dass unterschiedliche systemische Kontexte in Kombination mit unterschiedlichen theoretischen Prämissen zu inkompatiblen Analysezugängen führen. Ob informale Institutionen im Kontext wirkungsmächtiger oder weitgehend wirkungsloser Formalstrukturen analysiert werden, ist eine Weichenstellung mit weitreichenden

---

[3] Um es deutlich zu formulieren: Das Kriterium der rechtlichen Verbindlichkeit subsumiert auch die „Rechtsschöpfung", d. h. die Interpretation und Auslegung eines Gesetzes oder der Verfassung durch die (Verfassungs-)Gerichtsbarkeit unter den Begriff der formalen Institution bzw. formalen Institutionalisierung. Die höchstrichterliche Auslegung von (Verfassungs-)Normen mag zwar aus einer bestimmten demokratietheoretischen Perspektive bedenklich sein (Maus 2008), aber verfassungspolitische Legitimationsdefizite einer Jurisdiktion, selbst wenn man ihr politische Motive unterstellt, nehmen ihrer Rechtsauslegung in effektiven rechtsstaatlichen Demokratien nicht die rechtliche Verbindlichkeit und „degradieren" ihre Entscheidungsfindung nicht zu „informellen" oder „informalen" Prozessen.

Konsequenzen für ihre Funktion, Entstehung und auch Legitimität. Gleiches gilt für die Frage, ob unter informalen Institutionen Regelaspekte verstanden werden sollen, die den Akteuren zur Disposition stehen, oder ob sie als internalisierte normative, symbolische und kognitive Verhaltensprägungen konzeptionalisiert werden, die „hinter dem Rücken der Akteure" (Schimank 2003, S. 248) ihre Wirkung entfalten.

Das kulturalistische Verständnis informaler Institutionen ist oft in Studien der Transformations- und Autokratieforschung anzutreffen, die auf der Makroebene den Ursachen der Dominanz traditioneller Herrschaftsformen (Patrimonialismus, Partikularismus, Klientelismus etc.) über demokratische Rechtsstaatsprinzipien auf der Spur sind (als Überblick Köllner 2012). Das hier zu Tage tretende Verständnis informaler Institutionen ist mit dem Institutionenbegriff des soziologischen Neo-Institutionalismus weitgehend deckungsgleich und reicht von Normen angemessenen Verhaltens über internalisierte Wertvorstellungen bis zu „kognitiven Skripten", die mehr oder minder zwangsläufig zu bestimmten Handlungen führen (Scott 2001, S. 51 ff.). Der Formalitätsbezug findet sich hier in den Nachweisen, dass informale Institutionen als Ausdruck politischer Kulturen die Durchsetzung demokratischer und rechtsstaatlicher Strukturen hemmen oder gar verhindern können. In diesem Sinne beeinflussen informale Institutionen zwar die Effektivität formaler Institutionen, existieren und wirken aber relativ unabhängig von Formalstrukturen.

Die theoretischen Konsequenzen, die sich aus dieser Perspektive für Annahmen zur Entstehung und Veränderung informaler Institutionen ergeben, bringt Hans-Joachim Lauth auf den Punkt: „Im Gegensatz zu formellen Institutionen, die durch den Staat und im Falle einer Demokratie durch die Volkssouveränität legitimiert sind, beruhen informale Institutionen auf einer Auto-Lizenzierung (Selbstinkraftsetzung und -behauptung). Während formelle Institutionen von Akteuren mit Regelungskompetenz durchaus sinnhaft gestaltet und verändert werden können, gilt dies bei informalen Institutionen nicht, da sie quasi naturwüchsig entstehen" (Lauth 1999, S. 64 f.). Die so definierten Merkmalsräume informaler Institutionen sind unverkennbar auf spezifische Erkenntnisinteressen und Untersuchungsgegenstände zugeschnitten, die allerdings für die Analyse des Regierens im Rahmen wirksamer formaler (Verfassungs-)Institutionen nicht als Wegweiser dienen können. Die Regierungs-, Parteien- und Parlamentarismusforschung kennt eine Vielzahl expliziter Verfahrensregeln und Entscheidungsgremien, die sich nicht aus Rechtsquellen ableiten lassen, aber genauso wenig auf eine „Auto-Lizenzierung" zurückgeführt werden können. Mit „wider belief systems", „cultural frames" oder „common scripts" (Scott 2001, S. 58) ist nicht viel gewonnen, wenn z. B. die sich wandelnde machtpolitische Bedeutung eines Koalitionsausschusses oder die Funktion eines innerparteilichen Verhandlungsarrangements samt seiner Entscheidungsregeln erklärt werden soll. Zudem sind diese informalen Institutionen nicht „naturwüchsig" entstanden, sondern das Resultat von Institutionenpolitik (zu Entstehung und Wandel informaler Institutionen Grunden 2014).

Mit alldem soll ausdrücklich nicht gesagt sein, dass die neo-institutionalistische Organisationssoziologie keine gewinnbringenden Ansätze zur Analyse der Entstehung, Funktion und Legitimität informaler Institutionen in der hier vorzunehmenden Definition bereitstellen könne. Entscheidend ist, dass Institutionen Handlungsspielräume für Akteure strukturieren, deren Handeln aber nicht determinieren. Nimmt man diese Grundannahme aller Spielarten des Neo-Institutionalismus ernst (als Überblick Hall und Taylor 1996), bedarf es eben auch einer analytischen Unterscheidung zwischen Institutionen und Handlungen. Ohne diese Unterscheidung erliegen Institutionenanalysen allzu schnell einem Kryptodeterminismus, in dessen Folge der Akteursdimension allenfalls noch der Stellenwert einer „zeremoniellen Fassade" in einem doch als neoinstitutionalistisch deklarierten Forschungsprogramm zukommt. Aber: „Institutions do not cause outcomes on their own: they set the framework within which contending interests do battle. Interests, and the ideas that lie behind them, are fundamental drivers in political life" (MacIntyre 2003, S. 169). Der Akteursdimension in Form von Wert- und Kausalvorstellungen, Interessen, Machtressourcen und Fähigkeiten gebührt gerade dann der Stellenwert einer eigenständigen Kategorie, wenn der Entstehung und Veränderung (informaler) Institutionen, ihrer Funktion und Legitimität nachgespürt werden soll, sie mithin als „abhängige Variable" zu behandeln sind. Umgekehrt spiegelt sich im Handeln von Akteuren zwar durchaus *auch* die Verbindlichkeit sowohl formaler als auch informaler Institutionen wider, aber eben nicht nur. Selbst Handlungsroutinen und -muster, die sie sich z. B. zu Führungsstilen verdichten, sind nicht immer - und nie ausschließlich - institutionalisiert, d. h. auf bestimmbare Regeln zurückzuführen, nur weil sie wiederholt beobachtet oder von Dritten imitiert werden können. Institutionen sind nur eine von vielen Quellen politischen Handelns. Zudem sind sie nicht immer eindeutig und hinterlassen „‚gaps' or ‚soft spots' between the rule and its interpretation or the rule and its enforcement" (Mahoney und Thelen 2010, S. 14).

Aus diesen Gründen sollte im Hinblick auf die Verfassungs- und Organisationsrealitäten in rechtsstaatlichen Demokratien die Klassifikation einer Institution als *informal* an ein enges, „neo-traditionelles" Institutionenverständnis der Regierungslehre (Helms 2004, S. 30) gebunden bleiben, während Wert- und Kausalvorstellungen, Interessen und Fähigkeiten der Akteursdimension vorbehalten bleiben. Die Kategorie der informalen Institution gewinnt an analytischer Schärfe, je enger sie sich an expliziten und von Akteuren reflektierten Regelaspekten orientiert, die z. B. regulieren welche Akteure in einem eigens geschaffenen Gremium mittels vereinbarter Entscheidungsmodi über festgelegte Themenbereiche entscheiden.

Informale Institutionen in demokratischen Rechtsstaaten sind demnach Regelsysteme der Entscheidungsfindung, Führung und Koordination, die zum einen keine rechtliche, aber gleichwohl eine vereinbarte politische Verbindlichkeit auszeichnet und die zum anderen eine (vorläufige) Abweichung oder Konkretisierung benennbarer Regeln der Formalstruktur darstellen, ohne dass sie einen unmittelbaren bzw. vorsätzlichen Rechtsbruch bedeuten.

Unter diesen Prämissen besitzen informale Institutionen einen rationalen Kern, zumindest einen rationalen Anspruch, weil sie bewusst geschaffen worden sind, weil sie allgemeine Zustimmung finden oder zumindest auf Akzeptanz und abstrakte Einsicht in ihre Notwendigkeit treffen. Die Missachtung „vereinbarter Verbindlichkeit" (Grunow et al. 2011) kann schließlich politische Sanktionen (z. B. den Verfall eines Regierungsbündnisses), oder hohe politische Kosten (z. B. Steuerungsverluste) nach sich ziehen. Informales Regieren kann somit als freiwillig regulierter Entscheidungsprozess charakterisiert werden, der *politische* Verbindlichkeit herstellt, die in rechtliche Verbindlichkeit überführt werden soll.[4]

3 Informale Institutionen in Parteien und parlamentarischem Regierungssystem

Vor dem Hintergrund der bisherigen Ausführungen lassen sich zwei grobe Kategorien informaler Institutionen unterscheiden, die die Interaktion und Selbstorganisation kollektiver Akteure strukturieren:

---

[4] An dieser Stelle ist auf ein semantisches Definitionsproblem in der sozial- und politikwissenschaftlichen Literatur hinzuweisen. Die Begriffe formal und formell bzw. informell und informal werden dort oft als Synonyme verwendet (so auch bei Grunden 2014). Dabei ist durchaus eine Abstufung denkbar: Während formale Institutionen alle rechtlich verbindlich Regelaspekte umfassen, werden zuweilen freiwillige Regeln, die durch rechtlich nicht verbindliche „Verträge" oder „Satzungen" in die *Form* formaler Regeln gegossen werden, als „formell" bezeichnet, nicht schriftlich fixierte Regeln oder „formlose" Erwartungen gegenüber Handlungen und Entscheidungsverfahren als „informell" charakterisiert. Der Begriff „informal" ist dann der Überbegriff für rechtlich nicht verbindliche Regelaspekte. Ob eine solche begriffliche Abstufung tatsächlich mehr analytische Klarheit bringt, erscheint mir zweifelhaft; zumal der Versuch, „formlose" Erwartungen unter den Begriff der „Institution" zu subsumieren, die Grenze zwischen Regelaspekten und Handlungen verwischt, was ja insbesondere dem soziologischen Neo-Institutionalismus den Vorwurf des „Krypto-Determinismus" eingebracht hat (Mayntz und Scharpf 1995, S. 41). Hier geht es um explizite, den Akteuren zur Disposition stehende Regelaspekte für die mir die Bezeichnung „informal" als hinreichend erscheint. Die Unterschiede zwischen informalen Institutionen lassen sich m. E. besser anhand ihrer empirischen Erscheinungsform klassifizieren.

Von Formalstrukturen abweichende oder diese ergänzende Verfahrens- und Entscheidungsregeln

Diese erste Kategorie zeichnet sich durch eine relativ stark ausgeprägte Regelhaftigkeit aus, weil sie für bestimme Entscheidungssituationen relativ eindeutige Handlungsmaximen beinhalten, Kompetenzen zuweisen und/oder als Referenzen in Konfliktfällen dienen (vgl. als Überblick Kropp 2008). Dazu zählen z. B. die Fraktionsdisziplin und die innerfraktionelle Arbeitsteilung in Form der politikfeldspezifischen Federführung von Fachpolitikern oder das Verbot wechselnder Mehrheiten in Koalitionen (als Abweichungen von der formalen Regel des freien Mandats), ferner die Konfliktregulierung und Entscheidungsfindung in Koalitionsausschüssen nach dem Konsensprinzip (Abweichung vom Kabinettsprinzip, von der vertikalen Gewaltenteilung und vom parlamentarischen Mehrheitsprinzip), das Recht der Koalitionspartner ihre Minister selbst zu berufen (Abweichung von der Organisationsgewalt des Regierungschefs) oder - als weiteres Beispiel - die innerparteiliche Koordination ihrer Repräsentanten in den Parlamenten und Regierungen in Bund und Ländern (Abweichung von der föderalen Gewaltenteilung).

Parteien kennen Proporzregeln bei der Wahl von Vorständen oder bei der Nominierung von Kandidaten (Ergänzung der Satzung, Abweichung vom freien Delegiertenmandat), zudem die Bildung von Führungs- und Verhandlungsgremien („strategische Zentren", vgl. Raschke und Tils 2007, S. 168 ff.) zur Koordination ihrer fragmentierten Organisationsstruktur (Ergänzung der Satzung). Einen Sonderfall dieser Kategorie sind informale Gruppenstrukturen und Faktionen, wie sie z. B. die Grünen („Fundis" und „Realos") oder die Sozialdemokraten („Seeheimer Kreis", „Netzwerker" und „Parlamentarische Linke") kennen. Ihre Selbstorganisation läuft faktisch auf eine Ergänzung der jeweiligen Parteisatzungen hinaus, wenn sie Rechte auf formale Führungspositionen geltend machen und durchsetzen können bzw. ihre Repräsentanten über Mandate für innerparteiliche Verhandlungen verfügen.

Von Formalstrukturen abweichende oder diese ergänzende Rollenerwartungen und Rollenaneignungen

Die zweite Kategorie umfasst formale Positionsrollen, die um Kompetenzen erweitert werden, die nicht aus Rechtsquellen abgeleitet werden können (vgl. dazu auch Kropp 2008, S. 59 f.). Diese Kompetenzerweiterungen beruhen zum einen aus Erwartungshaltungen, die an den Inhaber einer formalen Position gerichtet werden, können zum anderen aber auch diesem okkupiert werden. Ein Beispiel für erweiterte Positionsrollen sind Führungs- und Koordinationsleistungen der Leitungsebene einer Regierungszentrale. Deren Chefs beschränken sich in der Regel nicht nur auf die exekutive Ressortkoordination, sondern nehmen auch gegenüber den Mehrheitsfraktionen eine Führungs-, Kontroll- und Koordinationsfunktion wahr (Abweichung von der Gewaltenteilung). Gleiches gilt im Übrigen auch für die Regierungssprecher und die von ihnen verantwortete Darstellungspolitik (Grunden 2011a). Erweiterte Positionsrollen können mit entsprechenden Erwartungen der betroffenen Akteure – seien es Parteien, Fraktionen oder Bürokratien – einhergehen. Wenn das nicht der Fall ist, handelt es sich um Rollenaneignungen, die eben nicht erwartet und schon gar nicht immer geschätzt werden, aber durch die Rückendeckung von Akteuren mit formalen Weisungsbefugnissen (z. B. durch den Regierungschef) durchgesetzt werden (Florack 2014; Grunden 2011a). Ein Beispiel für erweiterte Positionsrollen aufgrund von Erwartungen ist das Amt des Parteivorsitzenden. CDU, CSU, SPD und FDP erwarten von ihren jeweiligen Vorsitzenden, dass sie in Programm-, Strategie- und Personalfragen Führung in Form einer „Richtlinienkompetenz" ausüben, obwohl ihre Satzungen kaum ein Wort über ihre Kompetenzen verlieren (Ergänzung der Satzung). Anders verhält es sich z. B. bei Bündnis 90/Die Grünen. Ihren „Vorstandssprechern" wird keine „Richtlinienkompetenz" zugestanden. Insofern ist ihre Beschränkung auf die Rolle der Repräsentanten und Verkünder der parteiinternen Willensbildung auch keine informale Institution.

Informal institutionalisierte Positionsrollen sind weit weniger mit konkreten Handlungsmaximen verbunden als informale Verfahrens- und Entscheidungsregeln. Wie die Amtsinhaber die Rollenerwartungen erfüllen, unterliegt keinen zu Regeln verdichteten Verhaltensweisen, aber ob und inwieweit sie die Erwartungen erfüllen, entscheidet (auch) über ihren Verbleib im Amt. Rollenerwartungen sind zudem weniger einer direkten institutionellen Steuerung (Jann 2008) zugänglich als Rollenaneignungen und/oder konkrete Entscheidungsregeln. Unmöglich ist eine solche Steuerung aber nicht, zumal derartige Rollenerwartungen reflektiert werden und Studien zu individuellen Führungsstilen (Korte 2000; Korte et al. 2006; Murswieck 2008) zeigen, dass die Grenzen der Rollenausübung weitaus breiter und für individuelle Wert- und Kausalvorstellungen durchlässiger sind, als es z. B. das Konzept „kognitiver Institutionen" nahe legt. Ein weiterer Unterschied zwischen den oben genannten Kategorien liegt in der Richtung ihrer Abweichungen von formalen Regeln. Während informale Verfahrensregeln zumeist die Entscheidungsmodi Mehrheit und Hierarchie durch Verhandlung und Konsens ersetzen, wird über erweiterte Positionsrollen Hierarchie in Form von *Autorität* dort generiert, wo die Formalstruktur keine Weisungsbefugnisse vorsieht, z. B. in Form der Führungsrolle eines Regierungschefs gegenüber seiner Partei oder Fraktion. Für die Handlungsfähigkeit eines fragmentierten Kollektivakteurs ist das von entscheidender Bedeutung: „Keine Organisation ohne Hierarchie – wie immer ‚flach' oder polyarchisch übertormt sie auch beschaffen sein mag" (Schimank 2002, S. 35).

Die Gemeinsamkeit informal institutionalisierter Verfahrensregeln und Positionsrollen ist ihre unmittelbare Abhängigkeit von der Ausprägung der Formalstrukturen von denen sie abweichen oder die sie ergänzen. Zum einen: Informale Institutionen eliminieren nicht die Verbindlichkeit formaler Regeln, sondern entfalten ihre Wirkung im „Schatten der Formalität" (Pannes 2011, S. 53). Deren Regeln greifen wieder in dem Moment, in dem die beteiligten Akteure vereinbarte Regeln nicht mehr einhalten können oder wollen, spätestens immer dann, wenn vereinbarte Verbindlichkeit in rechtliche Verbindlichkeit überführt werden soll. Im Zweifels- und Krisenfall bilden formale, nicht informale Regeln den Referenzrahmen für politisches Handeln. Zum anderen: Informale Kompetenzen wachsen einem Akteur nicht unabhängig von dem Amt zu, das er bekleidet. Insbesondere Rollenaneignungen sind nur möglich, wenn Akteure auf formale Machtressourcen zurückgreifen können. Und informale Verfahrens- und Entscheidungsregeln müssen an die Verfahren und Regeln der Formalstruktur – bzw. ihrer fallspezifischen Ausprägung – anschlussfähig sein. Zudem könnten informale Institutionen, die schließlich auch mit dem Verzicht auf bestimmte Rechte und Ressourcen einhergehen, kaum wirksam werden, verbünde sich mit ihnen nicht auch die Erwartung auf vorteilhafte Effekte. Helmuth Schulze-Fielitz weist im Hinblick auf den konstitutionellen Regierungsprozess genau auf diese funktionale Bedeutung informaler Institutionen hin, indem er sie als Regeln definiert, „die in unmittelbarem Zusammenhang mit verfassungsrechtlichen Normen stehen, die sie stützen, ergänzen, praktikabel machen, ‚mit Leben füllen' usw. (...) Folglich werden nicht nur Regeln erfasst, die in einem Alternativverhältnis zur Verfassung stehen (und diese möglicherweise konterkarieren), sondern die sie (notwendigerweise) ergänzen" (Schulze-Fielitz 1984, S. 17 f.).

4 Zur Legitimität informaler Institutionen

Jede Analyse der funktionalen bzw. instrumentellen Aspekte informaler Institutionen berührt früher oder später auch die Frage nach ihrer normativen Bedeutung: Unter welchen Voraussetzungen erlangen oder verlieren informale Institutionen ihre Legitimität bzw. nach welchen Kriterien ließe sich ihre Legitimität begründen oder in Frage stellen? Die Legitimität von Institutionen speist sich in einer allgemeinen Definition aus der Überzeugung von der Rechtmäßigkeit der betreffenden Regelsysteme, aus dem Vertrauen in ihre Zweckdienlichkeit und schließlich aus dem Glauben an die moralische Anerkennungswürdigkeit ihrer Zwecke.[5] Ohne

---

[5] Zum Begriff der Legitimität vgl. Hellmann 2006; Beetham 1991.

diese drei Quellen ist weder eine formale noch eine informale Institutionalisierung von Entscheidungsverfahren möglich, und versiegen sie, ist eine De-Institutionalisierung sehr wahrscheinlich: „If an institution loses its legitimacy, it loses everything, for it can no longer continue to function as a constant organizer" (Boulding 1968, S. 3, zit. n. Hellmann 2006, S. 77).

Nun könnte man es sich einfach machen und angesichts der Existenz informaler Institutionen im oben dargelegten neo-traditionellen Verständnis ihre Legitimität schlichtweg als gegeben annehmen, denn andernfalls hätte es ja zu Institutionalisierung von Koalitionsausschüssen, Fraktionsdisziplin oder informalen Positionsrollen gar nicht kommen können (bzw. nach den Prämissen der Institutionentheorie gar nicht kommen dürfen). Doch zum einen darf nicht übersehen werden, dass Institutionen und ihrer Etablierung immer auch Machtasymmetrien zugrunde liegen, die – wenn vielleicht auch nicht dauerhaft, so doch zumindest temporär – defizitäre Rechtmäßigkeit oder Anerkennungswürdigkeit zu kompensieren vermögen (Knight 1992).[6] Zum anderen sind die drei genannten Legitimitätsquellen noch zu unspezifisch, um für den hier interessierenden Gegenstandsbereich – die Interaktion und Entscheidungsfindung im Regierungssystem – den Erhalt bzw. den Verlust der Legitimität informaler Institutionen erklären und bewerten zu können. Die dazu erforderliche Konkretisierung soll im Folgenden in drei Schritten erfolgen: Die drei Legitimitätsquellen werden zunächst als *Legalität*, *Funktionalität* und *Rechtfertigungsfähigkeit* genauer definiert, um sie anschließend mit Hilfe der von Gretchen Helmke und Steven Levitsky entwickelten Synopse zu den Effekten informaler Regelsysteme auf formale Institutionen gewichten zu können. Diese analytische Verbindung wird zeigen, dass sich die Legitimität informaler Institutionen nicht einfach über nominelle Kategorien erfassen lässt. Institutionen, ihre juristische Rechtmäßigkeit, ihre Funktionen und Effekte sowie ihre Anerkennungswürdigkeit und praktische Rechtfertigung sind in der Realität allzu oft unbestimmt, umstritten und mehrdeutig. Erst wenn die Wechselwirkungen zwischen den Kategorien deutlich werden, eröffnet sich im dritten Schritt ein analytischer Zugang, mit dessen Hilfe die Legitimität informaler Institutionen in Parteien und parlamentarischem Regierungssystem erklärt und bewertet werden kann.

Für eine erste Annäherung gilt es also Kategorien bzw. Voraussetzungen für die Legitimität informaler Institutionen zu benennen. Es handelt sich um drei Kategorien, die aus den oben genannten allgemeinen Quellen für Institutionenlegitimität

---

[6] z. B. über asymmetrische Definitionsmacht über Rechtmäßigkeit und moralische Anerkennungswürdigkeit oder schlichte Durchsetzungsmacht bei der Festlegung von Zwecken und ihrer Priorität.

gewonnen und für informale Institutionen in rechtsstaatlichen Demokratien zugeschnitten werden:

Legalität Insbesondere in den politischen Kulturen moderner Verfassungsstaaten westlichen Typs ist die Überzeugung von der Rechtmäßigkeit politischer Entscheidungsverfahren fest an ihre Vereinbarkeit mit formalen Rechtsordnungen gebunden (Conrad 2006). Die Legalität informaler Institutionen ist somit die erste notwendige, wenn auch noch nicht hinreichende Voraussetzung für ihre Legitimität: Informale Institutionen dürfen die Regelsysteme einer Verfassung oder eines Organisationsstatuts nicht brechen und außer Kraft setzen.

Funktionalität Demokratisches Regieren vollzieht sich stets im Spannungsverhältnis von Effektivität und demokratischer Authentizität (Scharpf 1993; vgl. auch Grunden und Korte 2013): Effektivität bezeichnet die Fähigkeit staatlicher Institutionen und Akteure, erfolgreiche Strategien zur Lösung gesellschaftlicher Probleme zu formulieren und durchzusetzen: Authentisch ist das staatliche Handeln, wenn sich in ihm der Wille des wählenden Souveräns widerspiegelt. Informale Regelsysteme können für die Effektivität und Authentizität demokratischer Institutionen einen Mehrwert bedeuten, wenn durch sie die für die Funktions- und Steuerungsfähigkeit einer Formalstruktur notwendigen Voraussetzungen geschaffen werden. Informale Institutionen sind dann die legitime Konsequenz der Funktionsdefizite der Formalstrukturen von Regierungssystemen oder politischen Organisationen, deren Regeln allein keine Handlungs- und Entscheidungsfähigkeit zu gewährleisten vermögen (Pannes 2011). Diese Defizite ergeben sich sowohl aus Regulierungslücken, die ausgestaltet werden müssen, als auch aus Inflexibilitäten, Unsicherheiten und Ambiguitäten, die kompensiert werden sollen bzw. eines „Modus Operandi" bedürfen.

Rechtfertigungsfähigkeit Parlamentarische Regierungssysteme zeichnen sich durch eine direkte und reziproke Legitimationskette aus: vom Wähler über Parteien und Parlament bis hin zur Exekutive und ihrem Chef. In der Begrifflichkeit der Institutionenökonomie sind die allermeisten politischen Akteure also sowohl „Agenten", die über an sie delegierte Entscheidungsmacht verfügen, als auch „Prinzipale", die diese Entscheidungsmacht an eine höhere Ebene weiterdelegieren (z. B. vom Parlament an die Regierung oder von Parteitagen an den Parteivorstand). Diese Delegation vollzieht sich zumeist über informale Institutionen, die mit einem Verzicht auf formal verbriefte Entscheidungsrechte einhergehen: z. B. über die Unterordnung des freien Mandats unter Mehrheitsentscheidungen der Fraktion (Fraktionsdisziplin) oder die Anerkennung von Kompromissen der Par-

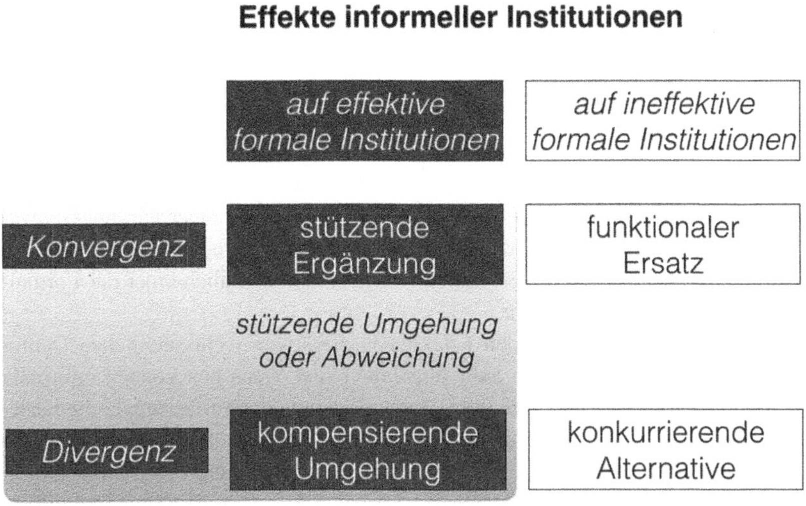

Effekte informeller Institutionen

	auf effektive formale Institutionen	auf ineffektive formale Institutionen
Konvergenz	stützende Ergänzung	funktionaler Ersatz
	stützende Umgehung oder Abweichung	
Divergenz	kompensierende Umgehung	konkurrierende Alternative

Abb. 1 Effekte informaler Institutionen. (Quelle: Eigene modifizierte Darstellung nach Helmke und Levitsky 2004, S. 728)

teiführungen in Koalitionsausschüssen. Legitimität erhält dieser Verzicht nur dann, wenn die Akteure als Agenten ihren Prinzipalen (Wähler, Parteibasis oder Parlamentarier) glaubhaft machen können, dass sie deren Interessen (Vote-, Office- oder Policy-Seeking) nicht nur wahren, sondern auch besser vertreten können als über die strikte Einhaltung der formalen Entscheidungsregeln. Diese Rechtfertigung gelingt umso leichter, je wirkungsvoller die Akteure als Prinzipale ihre Agenten zu kontrollieren vermögen, und zwar in und über informale Institutionen (Kropp 2008, S. 64). Rechtfertigungsfähigkeit ist nicht von der Unterstützungswirkung informaler Institutionen für den „Geist" oder Funktionalität der Formalstruktur abhängig, sondern von ihrem Nutzen für die beteiligten und betroffenen Akteure. Die Rechtfertigungsfähigkeit verweist somit auf die akteursspezifische und damit auch instrumentelle Dimension der Legitimität informaler Institutionen.

Die drei Kategorien lassen sich als Schablone nutzen, um die Legitimität existierender informaler Institutionen zu erfassen und zu bewerten. Dazu soll hier auf die Synopse empirischer Effekte informaler Institutionen auf formale Regelsysteme zurückgegriffen werden, die Helmke und Levitsky (2004, S. 728 ff.) entwickelt haben (Abb. 1).

Sie unterscheiden dabei erstens zwischen empirischen Effekten auf effektive, d. h. wirkungsmächtige und ineffektiven, d. h. wirkungsschwachen formalen Institutionen. Zweitens unterschieden sie die Wirkungsrichtung informaler Institutionen: Sind sie zur Formalstruktur konvergent, weil sie ihre Ziele und zugedachten Funktionen stützen? Oder sind sie divergent, weil sie Ziele und Funktionen einer Verfassung oder eines Organisationsstatuts unterlaufen und konterkarieren? Auf der rechten Seiten der Synopse finden sich die Effekte informaler Institutionen auf ineffektive formale Institutionen, wie wir sie z. B. in Autokratien, failed states oder Transformationsstaaten vorfinden. Im Falle der Konvergenz stellen informale Institutionen einen funktionalen Ersatz dar, weil sie die Ziele einer wirkungsschwachen bis wirkungslosen Formalstruktur über alternative Regeln durchsetzen. Im Fall der Divergenz wirken sie kompetitiv und sind letztendlich einer der Formalstruktur überlegene Alternative.

Unser Interesse gilt aber den Effekten in effektiven rechtsstaatlichen Demokratien, wie sie auf der linken Seite abgebildet sind. Auch hier können informale Institutionen die Ziele und Funktionen einer Satzung oder Verfassung konterkarieren (Divergenz). Dies geschieht nach Helmke und Levitsky immer dann, wenn die Einhaltung der formalen Regeln mit Nachteilen für die Akteure und ihre Partikularinteressen verbunden ist. Da aber die formalen Regeln verbindlich und durchsetzungsfähig sind, können sie nicht einfach missachtet und gebrochen werden. Aus diesem Grund nutzen die Akteure Institutionen, die nicht gegen den Wortlaut, aber gegen den „Geist" der Gesetze oder der Organisationsregeln verstoßen. Um die Nachteile der Formalstruktur zu kompensieren, werden ihre Regeln dergestalt umgangen, dass möglichen rechtlichen Sanktionen ausgewichen werden kann. Das „Accommodating" läuft nicht auf einen Bruch, wohl aber auf eine (politische) Beugung des (konstitutionellen) Rechts hinaus. Dabei räumen die Autoren ein, dass von diesen divergenten informalen Institutionen durchaus auch ein stabilisierender Effekt für die Formalstruktur ausgehen kann.[7] Derartige Regeln mögen dann vielleicht noch rechtfertigungsfähig sein, doch im Hinblick auf die Legalität und Funktionalität informaler Institutionen müsste ein Verstoß gegen „Geist" der formalen Regeln sowie die Abweichung von ihren Zielen aus instrumentellen Motiven als delegitimierend gewertet werden. Nur im Falle der Konvergenz könnten nach der bisherigen Systematik informale Institutionen als legitim gelten. In diesem Fall wird von den Regeln der Formalstruktur nicht abgewichen, sondern sie werden lediglich ergänzt und konkretisiert, um sie handhabbar zu machen: „These informal institutions often enhance efficiency" (Helmke und Levitsky 2004, S. 728).

---

[7] Als Beispiel nennen sie das niederländische Parteienkartell nach 1917, das die Konflikte zwischen den religiösen und sozio-ökonomischen Säulen der Gesellschaft zu entschärfen vermochte, aber eben auch zu Klientelismus führte und den „democratic spirit of the Dutch constitution" verletzte („by limiting the power of the vote") (Helmke und Levitsky 2004, S. 729).

Wie aber in Abschn. 2 gezeigt werden konnte, stellt nur die Minderheit der informalen Institutionen in Parteiendemokratie und Parlamentarismus allein eine Ergänzung oder Konkretisierung formaler (Verfassungs-)Regeln dar. In den meisten Fällen haben wir es gleichzeitig oder auch ausschließlich mit einer Abweichung zu tun. Sind aber die Fraktionsdisziplin (Abweichung vom freien Mandat) oder Koalitionsausschüsse (Abweichung vom freien Mandat und von der vertikalen, ggf. auch föderalen Gewaltenteilung) tatsächlich illegitime informale Institutionen? Manche Autoren behaupten genau das (Schreckenberger 1994; von Arnim 1995). Die Frage verweist auf zwei analytische Probleme: Zum einen ist *Legalität* keine konstante oder gar „naturwissenschaftliche" Größe. Zum anderen sind die Grenzen zwischen Funktionalität und rein instrumenteller Rechtfertigungsfähigkeit fließend und damit auch jene zwischen einer stützenden Ergänzung der Formalstruktur und ihrer kompensierenden Umgehung. Hier wird eine Grauzone sichtbar, in der die Mehrzahl informaler Institutionen zu verorten ist: Sie wirken stützend durch Umgehung und Abweichung (Abb. 1).

Legalität entsteht in einem Ermessensspielraum der Jurisdiktion, deren Bewertungsmaßstäbe sich im Zeitverlauf ändern können. Ob eine informale Institution gegen den „Geist" und die Ziele z. B. der Verfassung verstößt, ist im Grunde einer sich möglicherweise wandelnden „Logik der Angemessenheit" unterworfen. Dies auch deshalb, weil formale Regelsysteme in ihren Funktionen und Zielen nur sehr selten keinen Interpretationsspielraum lassen (Rüb 2014, S. 57 ff.). Sie sind in der Regel mehrdeutig und unbestimmt, noch dazu lückenhaft und im Hinblick auf ihre Funktionsfähigkeit defizitär. Legalität, Funktionalität und schließlich auch Rechtfertigungsfähigkeit sind keine voneinander unabhängigen Kategorien, sondern miteinander verwoben und Wechselwirkungen unterworfen. Dies lässt sich am Beispiel der Fraktionsdisziplin und des Koalitionsmanagements illustrieren.

4.1 Legalität und Funktionalität

Die Institutionalisierung des parlamentarischen Regierungssystems im Grundgesetz ist z. B. insofern „defizitär" und doppeldeutig als dass sie einerseits der Exekutive die Legislative samt freiem Mandat gegenüberstellt, sie aber andererseits das Schicksal der Regierung einer Parlamentsmehrheit überantwortet. Die Väter und vier Mütter des Grundgesetzes verankern eine Gewaltenteilung im Verfassungstext, rechnen aber gleichzeitig mit einer Gewaltenverschränkung in der Verfassungsrealität. Der politische Willensbildungsprozess soll nicht durch individuelle Abgeordnete, sondern „durch die Konkurrenz und das Zusammenspiel politischer Parteien bestimmt" werden (Niclauß 1998, S. 176 ff.). Mit anderen Worten: Die

Entscheidung für ein parlamentarisches Regierungssystem geht mit der Erwartung einher, Parteien und Fraktionen seien zu kollektiver Selbstorganisation fähig, die trotz der Unterstützung niederer Rechtsquellen (z. B. durch das Parteiengesetz oder durch die Geschäftsordnung des Bundestages) auch informale Ergänzungen und Abweichungen vom Verfassungstext erfordert. Informale Institutionen werden also nicht nur billigend in Kauf genommen, sondern im Hinblick auf die „Funktionstüchtigkeit des Regierungssystems" (Niclauß 1998, S. 183) stillschweigend vorausgesetzt.

Das Bundesverfassungsgericht hat in verschiedenen Urteilen genau auf diese gegenseitige Verschränkung von Legalität und Funktionalität hingewiesen, zuletzt und besonders pointiert bei der Ablehnung einer einstweiligen Verfügung gegen den Mitgliederentscheid der SPD zur Bildung einer Großen Koalition im Dezember 2013.[8] Zum einen betonen die Richter der zweiten Kammer des zweiten Senats die verfassungspolitische Bedeutung politischer Parteien, „weil ohne die Formung des politischen Prozesses durch geeignete freie Organisationen eine stabile Demokratie in großen Gemeinschaften nicht gelingen kann (…). Die von Abgeordneten – in Ausübung des freien Mandats – gebildeten Fraktionen (…) sind im Zeichen der Entwicklung zur Parteiendemokratie notwendige Einrichtungen des Verfassungslebens und maßgebliche Faktoren der politischen Willensbildung." Mit anderen Worten: Die „politische Einbindung des Abgeordneten in Partei und Fraktion" sei „verfassungsrechtlich erlaubt und gewollt." Wenn dem so ist, dann haben die Abgeordneten auch das Recht, jene freiwilligen Regeln zu akzeptieren, die ein Handeln als Organisation erst ermöglichen – sei es als Partei, Fraktion oder Koalition – und die gleichzeitig eine Abweichung oder Umgehung formaler Regelsysteme bedeuten.

Die Pointe der Verfassungsrichter besteht nun darin, dass sie diesen Organisationsprozess in den vorstaatlichen Raum verlagern: „Jedenfalls der Abschluss einer Koalitionsvereinbarung zwischen (…) politischen Parteien und die dem vorangehende oder nachfolgende parteiinterne Willensbildung wirken nicht unmittelbar und dergestalt in die staatliche Sphäre hinein, dass sie als (…) staatliches Handeln qualifiziert werden könnten. Koalitionsvereinbarungen bedürfen vielmehr weiterer und fortlaufender Umsetzung durch die regelmäßig in Fraktionen zusammengeschlossenen Abgeordneten des Deutschen Bundestages, die als Vertreter des ganzen Volkes jedoch an Aufträge und Weisungen nicht gebunden und nur ihrem Gewissen unterworfen sind. (…) Wie die politischen Parteien diesen parlamentarischen Willensbildungsprozess innerparteilich vorbereiten, obliegt unter Beach-

---

[8] Vgl. zum Folgenden BVerfG, 2 BvQ 55/13 vom 6.12.2013, online abrufbar unter: http://www.bverfg.de/entscheidungen/qk20131206_2bvq005513.html.

tung der (...) Vorgaben aus Art. 21und 38 GG [innerparteiliche Demokratie und Gewissensfreiheit/T.G.] sowie des Parteiengesetzes grundsätzlich ihrer autonomen Gestaltung."

Festzuhalten ist also, dass informale Abweichungen vom formalen Entscheidungsprozesse dann legitim sein können, wenn sie erstens die Ziele und Funktionen der Formalstruktur zu stützen vermögen (was trotz Divergenz eben auch möglich und entsprechend angemessen sein kann), und wenn sie zweitens nur vorläufig sind, d. h. zum Zeitpunkt der Überführung von politischer in rechtliche Verbindlichkeit die formalen Institutionen wieder volle Geltungskraft besitzen (siehe Abschn. 2). Illegitim wären informal institutionalisierte Abweichungen dann, wenn nach der „Vorbereitung" keine ausreichenden Möglichkeiten der parlamentarischen Willensbildung und Entscheidungsfindung mehr bestünden und/ oder Kritik bzw. das Beharren auf die Inkraftsetzung der konstitutionellen Entscheidungsregeln zu formalen Sanktionen führen würden (z. B. Ausschluss aus der Fraktion, Abwahl aus Ämtern oder Verhinderung der Re-Nominierung).

Hier wird aber auch deutlich, warum Legalität mit Legitimität nicht identisch sein kann: Die Verfassungsgerichtsbarkeit kann vielleicht noch Verfahrens- und Zeitabläufe beanstanden, wenn diese den funktionalen Anforderungen des Gesetzgebungsprozesses offenkundig nicht genügen. Was sie aber nicht vermag, ist, jene Motive auf ihrer Lauterkeit zu überprüfen, die dem Durchwinken und Abnicken von Koalitionskompromissen oder eben den Sanktionen gegen Kritiker und Abweichlern zugrunde liegen. Darauf hat das Bundesverfassungsgericht im Zusammenhang mit der als „unecht" kritisierten Vertrauensfrage Gerhard Schröders im Jahr 2005 hingewiesen: „Was im politischen Prozess in legitimer Weise nicht offen ausgetragen wird, muss unter den Bedingungen des politischen Wettbewerbs auch gegenüber anderen Verfassungsorganen nicht vollständig offenbart werden." Politische Wertungen und Motive könnten durch das Gericht „schon praktisch nicht eindeutig und nicht vollständig überprüft werden" und seien „ohne Beschädigung des politischen Handlungssystems auch nicht den üblichen prozessualen Erkenntnismitteln zugänglich."[9] Allerdings: Wenn allzu oft allzu viele politische Akteure mit informalen Entscheidungsverfahren unzufrieden sind, schwindet ihre Rechtfertigungsfähigkeit, ohne die keine Institution auf Dauer durchsetzbar ist.

---

[9] BVerfG, 2 BvE 4/05 vom 25.8.2005, online abrufbar unter: http://www.bverfg.de/entscheidungen/es20050825_2bve000405.html.

4.2 Funktionalität und Rechtfertigungsfähigkeit

Genauso wie zwischen Legalität und Funktionalität, bestehen auch zwischen Funktionalität und Rechtfertigungsfähigkeit Wechselwirkungen. Es wäre unrealistisch anzunehmen, informale Institutionen würden nur deshalb etabliert, um allein die Funktionsfähigkeit eines Regierungssystems oder einer Organisation im Sinne ihrer Ziele und Zwecke sicherzustellen. Informale Institutionen sind zunächst Ausdruck der Präferenzen intentional handelnder Akteure, die Handlungskorridore erweitern und Handlungsoptionen erschließen wollen (Farrell und Héritier 2003). Verfassungen und Organisationsstatute weisen Lücken und Defizite auf, aufgrund derer sie ihre eigene Funktionsfähigkeit nicht gewährleisten können. Vor allem aber lassen sie zu wenig Spielraum für die Berücksichtigung bzw. Durchsetzung von Akteursinteressen. Es sind vor allem die Mechanismen der Medien- und Parteiendemokratie, die den konstitutionellen Entscheidungsprozess durchdringen und die Präferenzen der Akteure maßgeblich beeinflussen. In einem über Massenmedien vermittelten Parteienwettbewerb sind Wahlerfolge umso wahrscheinlicher je besser es gelingt, Geschlossenheit zu organisieren und Unterstützung für Führungsakteure zu demonstrieren, mithin einen korporativen Akteur zu imitieren. Zudem unterscheiden und bewerten Medien und Wähler die Akteure nicht entlang von Verfassungsarenen, sondern nach Parteizugehörigkeiten: eine Komplexitätsreduktion, die Verweise auf die Checks and Balances der Verfassungssystematik als Entschuldigung für uneinheitliches Abstimmungsverhalten nicht gelten lässt. Umso wichtiger ist eine interne Koordination und Konfliktregulierung abseits formaler Regeln.

An dieser Stelle kann sich nun die Funktionalität mit der instrumentellen Rechtfertigungsfähigkeit informaler Institutionen verschränken, um sich zugleich gegenseitig zu verstärken: Wie gelingt es, die für parlamentarische Regierungssysteme so typische wie notwendige Handlungseinheit aus Kabinett und Ministerialbürokratie, aus Mehrheitsfraktionen, Parteien und ggf. Parteiflügeln zu bilden? Wie können die beteiligten Akteure fortlaufend auf ein gemeinsames Handeln verpflichtet werden? Die Rede von *der* schwarz-gelben Regierung oder *der* rot-grünen Koalition kann leicht darüber hinwegtäuschen, dass es sich bei der „Regierung" des allgemeinen Sprachgebrauchs keinesfalls um einen korporativen, gar monolithischen Akteur handelt. Vielmehr haben wir es mit einer Reihe kollektiver Akteure zu tun, die z. T. (verfassungs-)rechtliche Eigenständigkeit beanspruchen können und die trotz unterschiedlicher, z. T. sich widersprechender Ziele und Interessen zu einer *Regierungsformation* arrangiert werden müssen (Grunden 2014, S. 31 ff.).

Dass dies tatsächlich gelingt, ist keinesfalls selbstverständlich, wie zahlreiche Beispiele aus Bund und Ländern belegen.[10] Über informale Institutionen lassen sich derartige Koordinationsprobleme und Konfliktpotentiale lösen und entschärfen. Die Mechanismen, die dabei ihre Wirkung entfalten, sind in den Spielarten der Institutionentheorie bereits aufgearbeitet worden: Informale Institutionen senken z. B. die Transaktionskosten für Tauschgeschäfte, indem sie Akteure aus formal separierten Handlungsarenen zusammenführen und die Verbindung voneinander unabhängigen Sach- und Personalfragen erlauben. Dadurch können Koppelgeschäfte getätigt werden, die aus der Sicht der beteiligten Akteure eine faire Verteilung von Gewinnen und Verlusten beinhalten. Aus der Perspektive der Institutionenökonomie ermöglichen informale Institutionen die Kompensation von Informationsasymmetrien und die Einrichtung zusätzlicher Kontrollmechanismen für Prinzipale: z. B. Proporz- und Konsensregeln in eigens geschaffenen Entscheidungsgremien (Kropp 2008; Miller 2011).

Der Fluchtpunkt legitimer informaler Institutionen in Parteiendemokratie und parlamentarischem Regierungssystem ist schließlich die Herstellung kollektiver Entscheidungs- und Handlungsfähigkeit. Dies ist aber nur dann möglich, wenn das Handeln individueller Repräsentanten rechtfertigungsfähig, d. h. an die Normen und Interessen der Repräsentierten rückgekoppelt ist. Denn andernfalls werden diese über kurz oder lang mit „Exit-" oder „Voice-Optionen" reagieren (Hirschman 1970; Schimank 2007, S. 310 ff.). Die Verschränkung von Funktionalität und Rechtfertigungsfähigkeit motiviert politische Akteure dazu, formal verbriefte Rechte nicht in Anspruch zu nehmen und informale Positionsrollen anzuerkennen sowie Eigeninteressen zurückstellen, kurzfristige zugunsten langfristiger Ziele aufzugeben und Kompromisse einzugehen (Scharpf 2000, S. 108). Die Fraktionsdisziplin in Verbindung mit der arbeitsteiligen Federführung von Fachpolitikern findet z. B. nicht nur deshalb Akzeptanz unter den Abgeordneten, weil sie die Bearbeitung der Vielzahl von Sachfragen erst praktikabel macht, sondern auch weil durch sie die im medialen Parteienwettbewerb so wichtige Geschlossenheit demonstriert werden kann. Und vor allem: Die Unterordnung unter das Mehrheitsprinzip erlaubt es, die Fraktionskollegen ggf. an die eigene Position zu binden.

Das demokratietheoretisch entscheidende Kriterium für die Legitimität informaler Institutionen ist schließlich ihre Rechtfertigungsfähigkeit vor dem Souverän: Akzeptiert der Wähler die informalen Verfahren der Willensbildung und Entschei-

---

[10] Als „Testkriterium" nennt Uwe Schimank (2002, S. 36) die Wahrnehmung der Organisation durch ihre Umwelt: „Es gibt Fälle, in denen einer Organisation die Qualität des korporativen Akteurs kaum zugesprochen wird. Das ist insbesondere dann der Fall, wenn die Konstellation der Mitglieder durch große innere Konflikte oder durch ein völlig unabgestimmtes Nebeneinanderhandeln der Beteiligten gekennzeichnet ist."

dungsfähigkeit seiner Repräsentanten? Nicht zuletzt: Ist es ihm möglich, Verantwortlichkeiten für getroffene Entscheidungen korrekt zu verorten und ggf. durch sein Wahlverhalten zu sanktionieren?

5 Ausblick: Die Legitimität informeller Institutionen als Desiderat der politikwissenschaftlichen Forschung

Aus welchen Quellen speist sich die Legitimität informaler Institutionen im Regierungssystem? Im vorangegangenen Artikel wurden drei Quellen als heuristisches Erklärungsangebot entwickelt: die *Legalität* als erste notwendige, wenn auch noch nicht hinreichende Voraussetzung um als legitim gelten zu können; ferner die *Funktionalität* für die normativen Ziele und operativen Erfordernisse einer Verfassung oder Satzung; und schließlich die *Rechtfertigungsfähigkeit* im Hinblick auf die Interessen und Erwartungen politischer Akteure und den von ihnen repräsentierten Mitgliedern und Wählern. Dabei ist zu berücksichtigen, dass zwischen diesen drei Quellen Wechselwirkungen bestehen: Ob eine (vorläufige) Abweichung von formalen, d. h. rechtlich fixierten Entscheidungsverfahren als legal im Sinne von tolerabel gelten kann, ist auch davon abhängig, ob diese Abweichung eine stützende Wirkung für die Ziele einer Verfassung oder Organisation hat. Ferner wurde argumentiert dass die Legitimität informaler Institutionen wiederum mit dem Ausmaß ihrer Rechtfertigungsfähigkeit wächst. Mehr noch: Ohne Letztere kommen informale Institutionen gar nicht zur Anwendung, mögen sie auch noch so funktional für die betreffende Formalstruktur sein. Möchte man die wechselseitige Abhängigkeit von Legalität, Funktionalität und Rechtfertigungsfähigkeit durch eine Metapher verdeutlichen, so bietet sich Justus von Liebigs „Minimum-Gesetz" an, nach dem von jeder notwendigen Ressourcen ein Minimum vorhanden sein muss. Ein Mangel der einen Ressource kann durch den Überschuss der anderen nicht ausgeglichen werden.

Allerdings: Bereits ist der Einleitung wurde hervorgehoben, dass es sich bei den hier entwickelten Erklärungen für die Legitimität informaler Institutionen um eine Heuristik handelt, die sich, trotz ihrer Ableitung aus empirischen Fallstudien, vor allem auf eine theoretische Argumentation mit weitreichenden Prämissen stützt. Das ist zunächst auch deshalb unumgänglich, weil die Legitimität informaler Institutionen genauso wie die Entstehung und der Wandel informaler Institutionen in Regierungssystemen immer noch ein Forschungsdesiderat sind. Dieser Beitrag soll eine theoretische Anleitung für eine erfolgversprechende, empirische Suche nach den Quellen der Legitimität informaler Institutionen bieten. Es wären beispielsweise Fallstudien wünschenswert, die die Wahrnehmung informaler Regelsysteme durch die beteiligten Akteure erhebt und deren Begründungen für die Existenz, Notwendigkeit und Akzeptanz auswertet. Ein alternatives Forschungsdesign könnte sich auf die Wahrnehmungen und Bewertungen von Koalitionsausschüssen oder der Fraktionsdisziplin durch Bürgerinnen und Bürger konzentrieren. Darüber hinaus sind die Unterschiede von informalen Institutionen in verschiedenen Regierungssystemen sind noch immer ein unentdecktes Land. In jedem Fall gehen der klassischen Regierungssystemforschung die Fragen und Untersuchungsgegenstände noch immer nicht aus.

Literatur

Arnim HH (1995) Staat ohne Diener. Was schert die Politiker das Wohl unseres Volkes? München

Beetham D (1991) The Legitimation of Power. Issues in Political Theory. New York

Boulding K (1968) The Legitimation of the Market. Nebraska Journal of Economic and Business 7:3–14

Bröchler S, Grunden T (Hrsg) (2014) Informale Politik. Konzepte, Akteure und Prozesse. Wiesbaden

Bröchler S, Grunden T (2014) Informale Politik. Eine Herausforderung für die Regierungsforschung. In: Bröchler S, Grunden T (Hrsg) Informale Politik. Konzepte, Akteure und Prozesse. Wiesbaden, S 7–17

Conrad B (2006) Informal Politics. Hamburg Review of Social Science 1:256–272

Farrell H, Héritier A (2003) Formal and Informal Institutions under Codecision: Continious Constitution-Building in Europe. Governance 16:577–600

Florack M (2013) Transformation der Kernexekutive. Eine institutionentheoretische Analyse der nordrhein-westfälischen Regierungsorganisation nach dem Regierungswechsel 2005. Wiesbaden

Grunden T (2011) Das informale Politikmanagement der Regierungszentrale. Vom Sekretariat der Regierung zum Machtzentrum der Regierungsformation. In: Florack M, Grunden T (Hrsg) Regierungszentralen. Organisation, Steuerung und Politikformulierung zwischen Formalität und Informalität. Wiesbaden, S 249–283

Grunden T (2014) Informale Machtarchitekturen im parlamentarischen Regierungssystem – Zur Analyse der Entstehung, Funktion und Veränderung informaler Institutionen. In: Bröchler S, Grunden T (Hrsg.) Informale Politik. Konzepte, Akteure und Prozesse. Wiesbaden, S 17–50

Grunden T, Korte KR (2013) Über die Regierung. Gegenstände der Regierungsforschung und neue Konturen des Regierens. In: Korte KR, Grunden T (Hrsg) Handbuch Regierungsforschung. Wiesbaden, S 7–24

Grunow D, Pamme H, Köhling K, Lanfer J, Wißing S (2011) Vereinbarte Verbindlichkeit im administrativen Mehrebenensystem. Wiesbaden

Hall PA, Taylor RCR (1996) Political Science and the Three Institutionalisms. Discussion Paper 6, Max-Planck-Institut für Gesellschaftsforschung. Köln

Hellmann KU (2006) Organisationslegitimität im Neo-Institutionalismus. In: Senge K, Hellmann KU (Hrsg) Einführung in den Neo-Institutionalismus. Wiesbaden, S 75–88

Helmke G, Levitsky S (2004) Informal Institutions and Comparative Politics. A Research Agenda. Perspectives on Politics 2:725–740

Helms L (2004) Einleitung: Politikwissenschaftliche Institutionenforschung am Schnittpunkt von politischer Theorie und Regierungslehre. In: Helms L, Jun U (Hrsg) Politische Theorie und Regierungslehre. Eine Einführung in die politikwissenschaftliche Institutionenforschung. Frankfurt und New York, S 13–44

Hirschman AO (1970) Exit, Voice and Loyality: Responses to Decline in Firms Organizations, and States. Cambridge

Knight J (1992) Institutions and Social Conflict. Cambridge

Köllner P (2012) „Informale Politik" und „informale Institutionen": Konzeptionelle Grundlagen, analytische Zugänge und Herausforderungen für das Studium autoritärer und anderer politischer Herrschaftssysteme, GIGA Working Papers, Nr. 192, online abrufbar unter www.giga-hamburg.de/workingpapers

Korte KR (2000) Veränderte Entscheidungskultur: Politikstile der deutschen Bundeskanzler im Vergleich. In: Korte KR, Hirscher G (Hrsg) Darstellungs- oder Entscheidungspolitik? Über den Wandel von Politikstilen in westlichen Demokratien. München S 13–37

Korte KR, Florack M, Grunden T (2006) Regieren in Nordrhein-Westfalen. Strukturen, Stile und Entscheidungen 1990–2006. Wiesbaden

Kropp S (2008) Regieren in Parlamentarismus und Parteiendemokratie: Informale Institutionen als Handlungsressource für Regierung und Parlament. In: Jann W, König K (Hrsg) Regieren zu Beginn des 21. Jahrhunderts. Tübingen, S 49–86

Lauth HJ (1999) Informale Institutionen politischer Partizipation und ihre demokratietheoretische Bedeutung: Klientelismus, Korruption, Putschdrohung und ziviler Widerstand. In: Lauth HJ, Liebert U (Hrsg) Im Schatten demokratischer Legitimität: Informale Institutionen und politische Partizipation im interkulturellen Demokratienvergleich. Wiesbaden, S 61–84

MacIntyre A (2003) The Power of Institutions. Political Architecture and Governance, Ithaca und London

Mahoney J, Thelen K (2010) A Theory of Gradual Institutional Chanege. In: Mahoney J, Thelen K (Hrsg) Explaining Institutional Change. Ambiguity, Agency, and Power. Cambridge, S 1–37

Maus I (2008) Über Volkssouveränität. Elemente einer Demokratietheorie. Frankfurt am Main

Miller B (2011) Der Koalitionsausschuss. Existenz, Einsatz und Effekte einer informalen Arena des Koalitionsmanagements. Baden-Baden

Murswieck A (2008) Regierungsstile und Kanzlerdemokratie. In: Jann W, König K (Hrsg) Regieren zu Beginn des 21. Jahrhunderts. Tübingen, S 175–203

Niclauß K (1998) Der Weg zum Grundgesetz. Demokratiegründung in Westdeutschland 1945–1949. Paderborn et al.

Pannes T (2011) Dimensionen informalen Regierens. Entstehungsbedingungen, Ausprägungen und Anforderungen. In: Florack M, Grunden T (Hrsg) Regierungszentralen. Organisation, Steuerung und Politikformulierung zwischen Formalität und Informalität. Wiesbaden, S 35–92

Raschke J, Tils R (2007) Politische Strategie. Eine Grundlegung. Wiesbaden

Rüb F (2014) Informales Regieren – oder: Vergeblicher Versuch, die Farbe des Chamäleons zu bestimmen. In: Bröchler S, Grunden T (Hrsg) Informale Politik. Konzepte, Akteure und Prozesse. Wiesbaden, S 51–80
Scharpf FW (1993) Versuch über Demokratie im verhandelnden Staat. In: Czada R, Schmidt MG (Hrsg) Verhandlungsdemokratie, Interessenvermittlung, Regierbarkeit. Opladen, S 25–50
Scharpf FW (2000) Interaktionsformen. Der akteurzentrierte Institutionalismus in der Politikforschung. Wiesbaden
Schimank U (2002) Organisationen: Akteurkonstellationen, Korporative Akteure, Soziale Systeme. In: Allmendinger J, Hinz T (Hrsg) Organisationssoziologie. Kölner Zeitschrift für Soziologie und Sozialpsychologie, Sonderheft 42:29–54
Schimank U (2003) Das Wechselspiel von Intentionalität und Transintentionalität im Institutionalismus und in der Organisationsforschung. In: Greshoff R, Kneer G, Schimank U (Hrsg) Die Transintentionalität des Sozialen. Eine vergleichende Betrachtung klassischer und moderner Sozialtheorien. Wiesbaden, S 246–277
Schimank U (2007) Handeln und Strukturen. Einführung in die akteurtheoretische Soziologie. Weinheim und München
Schreckenberger W (1994) Informale Verfahren der Entscheidungsvorbereitung zwischen Bundesregierung und Mehrheitsfraktionen: Koalitionsgespräche und Koalitionsrunden. Zeitschrift für Parlamentsfragen 25:329–346
Schulze-Fielitz H (1984) Der informale Verfassungsstaat. Aktuelle Beobachtungen des Verfassungslebens der Bundesrepublik Deutschland im Lichte der Verfassungstheorie. Berlin
Scott RW (2001) Institutions and Organizations. Thousand Oaks

Dr. Timo Grunden Grundsatzreferent der SPD-Fraktion im Landtag NRW.

Parteiwechsel in den Parlamenten Afrikas: Herausforderungen für die Legitimität politischer Parteien

Martin Goeke

Zusammenfassung
Mit Einsetzen der Demokratisierungswelle Ende der 1980er Jahre in Afrika kam es zur Renaissance politischer Parteien. Von den neu entstandenen Parteien und Parteiensystemen wird erwartet, dass sie einen Beitrag für die Demokratisierung leisten. Ein Merkmal afrikanischer Parteiensysteme ist jedoch das regelmäßige Auftreten von Parteiwechseln von Abgeordneten. Stetige Parteiwechsel können zu Vertrauensverlusten gegenüber den Parteien und zur Ablehnung des Mehrparteiensystems insgesamt in der öffentlichen Wahrnehmung führen. Ziel des Beitrages ist es mittels Umfragedaten des Afrobarometers herauszuarbeiten, in wie weit sich die Zustimmungs- und Vertrauenswerte politischer Parteien innerhalb der afrikanischen Staaten auf die Häufigkeit, mit der Parteiwechsel stattfinden, zurückführen lassen.

Schlüsselwörter
Afrika · Parteien · Parteiensystem · Parteiwechsel · Legitimation · Vertrauen Demokratie

---

M. Goeke (✉)
Universität Duisburg-Essen, Essen, Deutschland
E-Mail: martin.goeke@hotmail.de

1 Einleitung

Politische Parteien sind unentbehrliche Bestandteile liberaler Demokratie (Lipset 2000). Seit Ende der 1980er Jahre ist auf dem afrikanischen Kontinent eine erneute Demokratisierungswelle zu beobachten, die nahezu alle Staaten erfasste. Obgleich die Ergebnisse der Demokratisierungsbestrebungen sehr unterschiedlich ausfallen, es neben wenigen erfolgreichen Fällen auch Rückschläge bei den Forderungen nach Liberalisierung und Demokratisierung der politischen Systeme gibt, konnte sich kaum ein Staat der (Wieder-)Einführung des Parteienpluralismus verschließen. Nachdem Mehrparteiensysteme vielfach über Jahrzehnte aufgrund von Verboten und Unterdrückung aller Art in der überwiegenden Mehrzahl an Staaten nicht existierten, ist die Renaissance politischer Parteien und das Abhalten pluralistischer Wahlen zum sichtbaren Ausdruck veränderter politischer Landschaften im Zuge der Transition geworden.

Nach dem Einsetzen der politischen Liberalisierung und der praktisch kontinentweiten Wiederzulassung des Parteienwettbewerbs dauerte es Jahre, ehe Parteien und Parteiensysteme als Forschungsgegenstand wieder neu entdeckt wurden. Auch 15 Jahre nachdem Gero Erdmann (1999) die Notwendigkeit eines Neuanfangs in der Parteienforschung zu Afrika konstatierte, ist die Forschungslage immer noch unbefriedigend, da bislang nur ein recht überschaubares Wissen über das Funktionieren politischer Parteien in Afrika herausgearbeitet wurde (Burnell 2007, S. 65 f.). Zwar hat sich innerhalb der Wissenschaft in den letzten Jahren die Erkenntnis durchgesetzt, dass theoretische Aspekte und analytische Kategorien aus der Parteienforschung in etablierten Demokratien auch auf den afrikanischen Kontinent übertragen und angewendet werden können, allerdings fehlen nach wie vor für den Großteil der Staaten empirische Daten, die für eine systematische Erforschung der Entwicklung und Organisation afrikanischer Parteien und die Dynamik der jeweiligen Parteiensysteme unabdingbar sind.

Insgesamt wird zwar weitgehend anerkannt, dass „political parties have become, in the majority of African countries, a critical linchpin for the institutionalization, nurturing, deepening and consolidation of democracy in the continent" (Hamdok 2008, S. 51), doch empirische Befunde konfrontieren die Mehrheit der afrikanischen Parteien nach wie vor mit starker Kritik an ihrer Funktionsweise. So wird angenommen, dass die neu entstandenen oder wiederbelebten Parteien in Afrika strukturell schwach sind und durch kaum unterscheidbare Programme, wenige Mitglieder, einen nur temporär vorhandenen bürokratischen Apparat, einen ausgeprägten Personalismus, mangelnde innerparteiliche Demokratie, eine ethnische und von Klientelstrukturen abhängige Wählerschaft, sowie durch geringe gesellschaftliche Verankerung gekennzeichnet seien (Erdmann 2002, S. 268, 2004;

Fomunyoh 2001; Manning 2005; Monga 1997; Mozaffar und Scarritt 2005; Ottaway 1999; Rakner und van de Walle 2009; van de Walle 2013; van de Walle und Smiddy Butler 1999).

Seit der Wiederzulassung politischer Parteien und dem regelmäßigen Abhalten mehr oder weniger kompetitiver Wahlen stellt der Parteiwechsel von Parlamentsabgeordneten ein in vielen Staaten Afrikas häufig wiederkehrendes Phänomen dar. Innerhalb der internationalen Parteienforschung ist in den letzten Jahren ein verstärktes wissenschaftliches Interesse am Phänomen des Auftretens von Parteiwechseln zu verzeichnen, so dass mittlerweile „a small but still-growing body of research" (Mershon und Shvetsova 2008, S. 99) mit unterschiedlichen theoretischen und methodischen Schwerpunkten vorliegt.[1]

Obgleich der Parteiwechsel von afrikanischen Abgeordneten in vielen öffentlichen, wie politischen Diskussionen einen prominenten Platz einnimmt und diesem inzwischen sehr kritisch gegenübergestanden wird, da die Anzahl an Parteiwechslern teilweise ein quantitatives Ausmaß annimmt, welches die politischen Parteien weiter schwächt, die Institutionalisierung des Parteiensystems erschwert und die Stabilität von Regierungen oder ganzer Regime gefährden kann, wurde dieser Diskurs noch nicht umfassend in der politikwissenschaftlichen Auseinandersetzung mit afrikanischen Staaten und Parteien thematisiert und es haben sich bislang nur wenige Wissenschaftler diesem angenommen, so dass es nach wie vor als „one oftoverlooked window on party systems" (Desposato 2006, S. 62) angesehen werden kann. So liegen für Afrika bis heute nur wenige Fallstudien zu einzelnen Ländern vor (Awoudo 2005; Lembani 2007; Matlosa und Shale 2007; Momba 2007). Einzig in Südafrika ist die Debatte zum *Floor Crossing* vergleichsweise gut dokumentiert (Booysen 2006; Hoeane 2008; Kersting 2010; McLaughlin 2012; Smiles 2007; Spieß und Pehl 2004; Steyn-Kotze und Raga 2009). Die Empirie zeigt dabei, dass in der Mehrzahl Parteiwechsler von Oppositionsparteien zur Regierung wechseln, wodurch die durch den Wählerwillen festgelegten Gewichte auf breiter Front verschoben werden, was zu erheblichem Vertrauensverlust des Parlaments, der Parteien und der Demokratie insgesamt in der öffentlichen Wahrnehmung führen kann.

Innerhalb der Transitionsforschung wird die Herausbildung funktionsfähiger Parteien und institutionalisierter Parteiensysteme als grundsätzliche Voraussetzung für die Konsolidierung junger Demokratien angesehen (Mainwaring und Scully 1995). Die Frage der Institutionalisierung von Parteiensystemen ist dabei eng mit

---

[1] So erschien 2009 ein erster Sammelband, der sich ausschließlich dem Thema Parteiwechsel widmet (Heller und Mershon 2009). Dieser bietet in seinen beiden Einführungskapiteln eine gute Rezeption der bis zum Zeitpunkt der Veröffentlichung erschienenen Forschungsbeiträge.

jener nach ihrer Anerkennung von Seiten der Bevölkerung verknüpft.[2] Im Mittelpunkt steht die Frage nach der Legitimation bzw. der Unterstützung durch die Bevölkerung auf die sich die Parteien und Parteiensysteme stützen können. So bedarf es von der Bevölkerung legitimierter Parteien, damit das Parteiensystem an Stabilität und Institutionalisierung gewinnt. Vereinfacht ausgedrückt genießen politische Parteien in institutionalisierten Parteiensystemen eine unangefochtene Legitimation durch die Bevölkerung, indem sie als notwendige und wünschenswerte demokratische Institutionen angesehen werden, die für das Funktionieren der Demokratie unabdingbar erachtet werden und mit dem nötigen Vertrauen innerhalb der Bevölkerung ausgestattet sind (Mainwaring und Torcall (2006, S. 206).

Fragen der Legitimation politischer Ordnungen und Institutionen haben eine lange Tradition innerhalb der Politikwissenschaft. Spätestens seit den Formulierungen von David Easton (1965) wird die Beständigkeit politischer Systeme von deren politischer Akzeptanz und Unterstützung durch die Bevölkerung als notwendige Grundvoraussetzung abhängig gemacht. Zuletzt wurde dieser Forschungszweig auch innerhalb der Transitionsforschung verstärkt aufgegriffen und sich der Bedeutung der Legitimität von Institutionen im Kontext von Demokratisierungsprozessen angenommen (Bratton et al. 2005; Cho 2013; Mishler und Rose 2001). Ziel des Beitrages ist es, diese Forschungsanstrengungen zu bekräftigen und mit Hilfe der Umfragedaten des Afrobarometers herauszuarbeiten, in wie weit sich die vergleichsweise geringen Zustimmungs- und Vertrauenswerte politischer Parteien innerhalb der afrikanischen Bevölkerungen auf die Häufigkeit mit der Parteiwechsel in den Parlamenten Afrikas stattfinden, zurückführen lassen, oder ob andere Faktoren einen größeren Einfluss auf die den politischen Parteien entgegengebrachte Legitimität besitzen.

2 Forschungsdesign: Daten und Methodologie

Die Grundlage der Untersuchung bilden im Wesentlichen Individualdaten, welche im Rahmen einer vierten Umfragerunde vom Afrobarometer zwischen März 2008 und Juni 2009 in 20 afrikanischen Staaten erhoben wurden. Insgesamt wurden 27.713 Personen befragt: die höchste Anzahl an Interviews stammt aus Uganda

---

[2] Die Institutionalisierung von Parteiensystemen, wie sie am prominentesten von Scott Mainwaring (1998, 1999) herausgearbeitet wurde, wird über vier Kriterien konzeptualisiert, von denen die Legitimation einen wesentlichen Baustein darstellt. Zu den drei weiteren Kriterien zur Bestimmung der Institutionalisierung zählen die Stabilität des zwischenparteilichen Wettbewerbs, die Verankerung der Parteien in der Gesellschaft und ihre Identifikation mit den Wählern, sowie der Aufbau stabiler und dauerhafter Parteiorganisationen.

(2431), während Kenia mit 1104 interviewten Personen den kleinsten Anteil an Befragten stellt. Wie Cho (2013, S. 185) bei der Anwendung von Daten des Afrobarometers richtigerweise aufzeigt, sind diese Staaten keinesfalls repräsentativ für den afrikanischen Kontinent, da sich in der Mehrheit der Staaten ein regelmäßiger und dauerhafter Parteienwettbewerb etabliert hat und sie – mit Ausnahme von Simbabwe – „epitomize the continent's most liberalized regimes".

Für die Analyse zur Bestimmung des Einflusses von Parteiwechseln auf die Legitimität sollen sowohl Variablen auf der individuellen als auch auf der kontextuellen Ebene berücksichtigt werden. Diese hierarchische Datenstruktur würde zunächst für den Einsatz einer Mehrebenenanalyse sprechen. Eine Maßzahl zur Bestimmung der Bedeutung der Kontextebene ist die Intra-Klassen-Korrelation. Je größer ihr Wert, desto heterogener sind die Länder in Bezug auf die Legitimitätswerte, bzw. desto höher ist der Anteil der erklärbaren Varianz auf der Länderebene. Für die hier vorliegende Untersuchung beträgt die Intra-Klassen-Korrelation 0,037, was bedeutet, dass durch Betrachtung von Kontextvariablen nur ein sehr geringer Teil der Varianz der Legitimität erklärt werden kann (3,7 %). 96,3 % der Varianz entfallen dagegen auf Unterschiede zwischen den befragten Personen auf der Individualebene. Auf die Durchführung einer Mehrebenenanalyse kann somit verzichtet und mit einfachen linearen Regressionsmodellen gerechnet werden.[3] Im Folgenden sollen daher in einem ersten Schritt individuelle Einstellungsmuster auf ihren Einfluss auf die entgegengebrachte Legitimität mittels linearer Regression überprüft werden, bevor anschließend mit Hilfe von Dummy-Variablen länderspezifische Unterschiede herausgearbeitet und in einem dritten Modell zusätzlich Kontextvariablen mit in die Analyse aufgenommen werden, um den Einfluss der Häufigkeit des Auftretens von Parteiwechseln auf die Legitimität der politischen Parteien inferenzstatistisch schätzen zu können.

3 Die abhängige Variable: Legitimität politischer Parteien in Afrika

Ein Symptom der angesprochenen generellen Schwäche politischer Parteien in Afrika ist die geringe Legitimation politischer Parteien in Afrika. Obwohl sich eine wachsende Anzahl an Autoren in den letzten Jahren mit afrikanischen Parteiensystemen im allgemeinen, als auch mit der Institutionalisierung im Besonderen auseinandergesetzt hat, wurde sich der Legitimation von Parteien bislang nur am Ran-

---

[3] Zur Absicherung des Vorgehens wurden auch ähnlich gelagerte Mehrebenenanalysen modelliert, diese bestätigten aber die im Folgenden herausgearbeiteten Ergebnisse.

de gewidmet. Die vorgelegten Studien versuchten in der Regel die Legitimation von Parteiensystemen über die Akzeptanz des Wahlergebnisses, dem Wahlboykott durch einzelne Parteien, sowie der Kompetitivität der Wahlen zu messen. Es ist zumindest diskussionswürdig, ob über diese Indikatoren nicht vielmehr die Polarisierung zwischen den Parteien bzw. die Legitimation des Parteienwettbewerbs durch die Parteien selbst als solcher gemessen wird, als die den Parteien von der Bevölkerung gegenüber gebrachte Legitimation (vgl. auch Basedau 2007, S. 122).

Als erster Schritt für die Überprüfung des Einflusses von Parteiwechsel auf die Einstellung der Bevölkerung hinsichtlich der politischen Parteien bedarf es daher, ein geeignetes Konzept zur Operationalisierung der Legitimität politischer Parteien zu entwickeln. Der Begriff der Legitimität politischer Parteien wird im Rahmen dieser Studie als Unterstützung und Akzeptanz durch die Bevölkerung verstanden. Easton (1965) unterscheidet in seinen vielzitierten Überlegungen zur Legitimation und politischer Unterstützung zwischen einer „diffusen Legitimität" und einer „spezifischen Legitimität". Während zweitgenannte auf die Leistung politischer Einheiten abzielt und eher kurzfristige Bewertungen des Outputs misst, zielt die „diffuse Legitimität" auf Gründe und Motive dauerhafter Anerkennung der Existenzberechtigung politischer Institutionen ab (Westle 1989). Zur Operationalisierung diffuser Legitimität kann auf den Ansatz von Jones (2007) zurückgegriffen werden, der für die Bestimmung der Institutionalisierung lateinamerikanischer Parteiensysteme die Legitimation politischer Parteien nach dem hier zu Grunde liegenden Verständnis zu messen versucht. Hierzu betrachtet er zwei Indikatoren: Zum einen die normative Wertschätzung und Anerkennung des Mehrparteienwettbewerbs als unerlässlichen Bestandteil für die demokratische Ordnung und zum anderen das Vertrauen, welches den Parteien durch die Bevölkerung entgegengebracht wird. Beide Indikatoren finden sich in ähnlicher Fragestellung auch in den Umfragen des Afrobarometers wieder und können entsprechend für die Untersuchung übertragen werden.[4]

Wie der Abb. 1 zu entnehmen ist, gibt es zunächst keine starken Schwankungen zwischen den Staaten, was die Akzeptanz des Mehrparteienwettbewerbs anbelangt. Auf der fünfstufigen Skala ergeben sich länderweite Durchschnittswerte

---

[4] Zuspruch zum Mehrparteiensystem (Q32): Which of the following statements is closest to your view? Choose Statement 1 or Statement 2. Statement 1: Political parties create division and confusion; it is therefore unnecessary to have many political parties in [Ghana/Kenya/etc.]. Nach Umkodierung entsprechen die Antworten 0=Agree very strongly with Statement 1, 1=Agree with Statement 1, 2=Agree with neither, 3=Agree with Statement 2, 4=Agree very strongly with Statement 2. Vertrauen in die Regierungs- bzw. Oppositionsparteien (Q49E bzw. Q49F): How much do you trust each of the following, or haven't you heard enough about them to say: The Ruling Party?/Opposition Political Parties?: 0=Not at all, 1=Just a little, 2=Somewhat, 3=A lot.

Parteiwechsel in den Parlamenten Afrikas

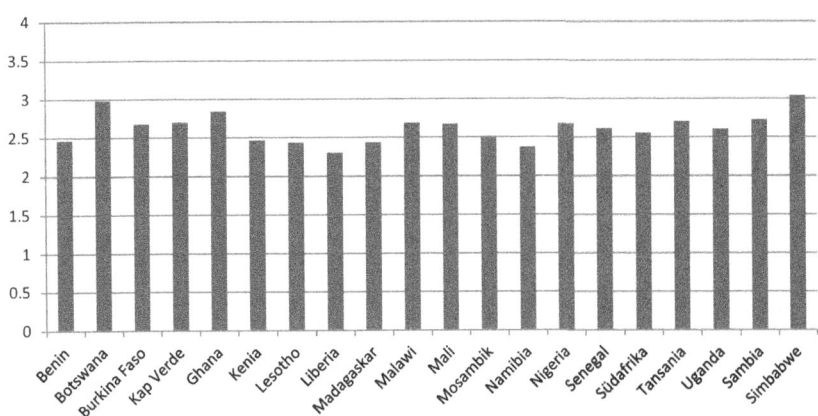

Abb. 1 Zuspruch zum Mehrparteienwettbewerb in Afrika. (Quelle: Eigene Darstellung nach Daten (Q32) des Afrobarometers, 2008–2009)

zwischen 2,30 und 3,04. Ein hoher Wert verdeutlicht die Aussage der Befragten, dass sie einen Mehrparteienwettbewerb zur Bestimmung der Regierung grundsätzlich befürworten. Bei niedrigeren Werten haben die Befragten stärker der Aussage zugestimmt, dass politische Parteien für die Spaltung der Gesellschaft und Chaos verantwortlich seien. Der niedrigste Wert konnte in Liberia gemessen werden, während hingegen der höchste Wert in Simbabwe zu Stande kam. Für Simbabwe dürfte sich der hohe Wert im Jahr 2009 vor allem vor dem Hintergrund der Wahlen in diesem Jahr und der starken Polarisierung zwischen regierender ZANU-PF und der oppositionellen MDC ergeben. Ein Großteil der Bevölkerung dürfte den Umfragewerten nach eine Dominanz der ZANU-PF mit einer Zweidrittelmehrheit, die sie bis zu diesen Wahlen innehatte, ablehnen, was sich an Wahlergebnissen und der Mehrheit der Parlamentssitze für die MDC wiederspiegelt. In Liberia dürfte der vergleichsweise niedrige Wert das Ergebnis des langen Bürgerkrieges zwischen den Jahren 1989 und 1996, sowie zwischen 1999 und 2003 sein. Auch die 1997 abgehaltenen Wahlen konnten keinen Frieden bringen, da die unterlegenen Parteien den Wahlsieg Charles Taylors nicht akzeptierten und erneut zu den Waffen griffen. Von daher mag eine stärkere Zustimmung zur Aussage, dass Parteien für Chaos verantwortlich sind, durchaus verständlich sein.

Ebenfalls eher niedrige Werte besitzen Namibia (2,37) und Kenia (2,46). Für Kenia erstaunt dieser Wert nicht, da es auch hier nach Bekanntgabe der Ergebnisse der Wahlen 2007 zu gewaltsamen Ausschreitungen zwischen Anhängern der Parteien kam. Hingegen erstaunt der niedrige Wert für Namibia schon, da es seit seiner Unabhängigkeit 1989 eine funktionierende Mehrparteiendemokratie besitzt.

Möglicherweise ist der nach wie vor hohe Zuspruch für die regierende SWAPO der Grund für die Ablehnung mehrerer Parteien für die Bestimmung der Regierung und der Zurückweisung oppositioneller Parteien, wie der DTA, die eher weiße Wählerschichten ansprechen und in der Vergangenheit einen gemäßigten Kurs gegen das koloniale Apartheidsregime in Südafrika vertraten. Auf der anderen Seite des Spektrums besitzen Afrikas erfolgreiche Demokratien Botswana (2,98) und Ghana (2,84) überdurchschnittlich hohe Werte.

In Bezug auf das in die politischen Parteien gesetzte Vertrauen ist von einer Reihe von Autoren in den letzten Jahren ein deutlich rückläufiges Vertrauen in die politischen Parteien durch die Bevölkerung erkannt worden, während hingegen die Unterstützung der Demokratie als solches auf einem relativ stabilen und hohen Level stagniert (Salih und Nordlund 2007, S. 102). Dieser Befund ist letztlich kein spezifisch afrikanisches Phänomen, sondern lässt sich auch in anderen Entwicklungsregionen und selbst im europäischen Parteienkontext erkennen, allerdings tritt bei der Mehrzahl afrikanischer Staaten deutlich zu Tage, dass politische Parteien und insbesondere die Oppositionsparteien zu den Institutionen zählen, denen das geringste Vertrauen entgegengebracht wird. Dabei ergeben sich erhebliche Unterschiede innerhalb der Staaten in der Bewertung der Regierungs- und Oppositionsparteien als auch zwischen den Staaten. Es zeigt sich dabei, dass den Regierungsparteien ein größeres Vertrauen gegenüber gebracht wird als den Parteien in der Opposition (Tab. 2). Matlosa (2007, S. 23) nennt als möglichen Grund hierfür bestehende Patronagenetzwerke, die weitaus effektiver von Regierungsparteien bedient werden können und sich ihre Zustimmung innerhalb der Bevölkerung „erkaufen" können. Die Oppositionsparteien sind in der Regel zu schwach und fragmentiert und es mangelt ihnen an den nötigen finanziellen Ressourcen, um ähnlich strukturierte Netzwerke aufbauen zu können. Am deutlichsten kommen diese Unterschiede in Botswana, Mosambik und Tansania zu tragen, deren Parteiensysteme jeweils von einer Partei dominiert werden. In Simbabwe hingegen scheint die ZANU-PF einen Großteil ihres Vertrauens innerhalb der Bevölkerung verloren zu haben. Auch in Kenia genießen die Oppositionsparteien ein stärkeres Vertrauen als die Regierung (Abb. 2).

Der Gesamtindex ergibt sich schließlich aus der Addition beider Indikatoren, wobei zunächst ein Mittelwert für das Vertrauen in die Parteien, bestehend sowohl aus dem Zuspruch für die Regierungs- als auch für die Oppositionsparteien, gebildet wurde. Der Gesamtindex kann entsprechend Werte zwischen 0 und 7 annehmen. Tabelle 1 präsentiert diesen Wert für die untersuchten Staaten. Am stärksten sind demnach Parteien in Ghana, Botswana und Simbabwe legitimiert, während sie in Madagaskar, Liberia und Lesotho deutlich weniger Vertrauen und Zuspruch innerhalb der Bevölkerung genießen.

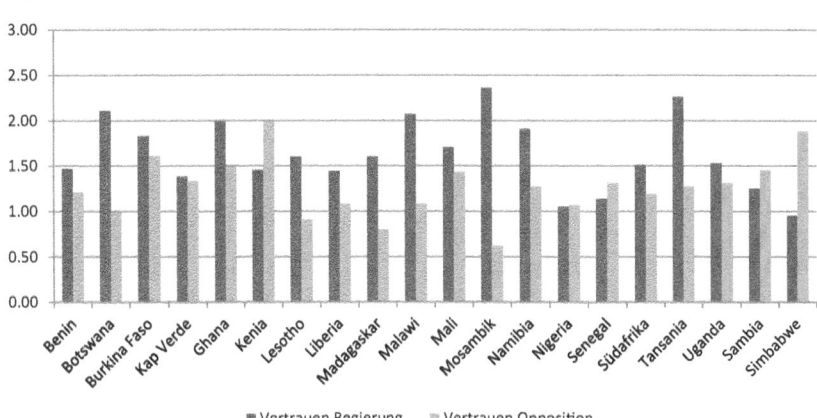

Abb. 2 Vertrauen in politische Parteien in Afrika. (Quelle: Eigene Darstellung nach Daten (Q49E und Q49F) des Afrobarometers, 2008–2009)

Tab. 1 Durchschnittliche Legitimationswerte für 20 afrikanische Länder

Staat	Legitimationswert	Staat	Legitimationswert
Benin	3,80	Mali	4,24
Botswana	4,53	Mosambik	3,98
Burkina Faso	4,40	Namibia	3,96
Kap Verde	4,06	Nigeria	3,73
Ghana	4,58	Senegal	3,84
Kenia	4,18	Südafrika	3,90
Lesotho	3,69	Tansania	4,47
Liberia	3,56	Uganda	4,02
Madagaskar	3,63	Sambia	4,07
Malawi	4,27	Simbabwe	4,46

4 Die zentrale unabhängige Variable: Parteiwechsel in den Parlamenten Afrikas

Parteiwechsel treten in den 20 untersuchten afrikanischen Staaten in unterschiedlicher Frequenz auf. So lassen sich neben Staaten, in denen der Parteiwechsel ein häufig wiederkehrendes Ereignis darstellt (z. B. Benin, Mali, Sambia, Lesotho), auch Staaten finden, in denen Parteiwechsel bislang nur temporär auftraten, weil sie wohlmöglich eine einmalige Erscheinung in Folge eines Richtungsstreites innerhalb einer Partei darstellten (z. B. Botswana, Kap Verde) oder frühzeitig ein

Tab. 2 *Parteiwechsel in den 20 untersuchten Staaten Subsahara Afrikas.* (Quelle: Aufgrund unterschiedlicher Zeithorizonte und berücksichtigter Staaten leicht geänderte Einteilung auf Grundlage von Goeke (2013, S. 209))

Bislang keine Parteiwechsel bzw. sehr rares Ereignis	Mehrere Parteiwechsel als temporäres Ereignis	Häufige Parteiwechsel
Ghana	Botswana	Benin
Liberia	Kap Verde	Burkina Faso
Namibia	Mosambik	Kenia
Tansania	Senegal	Lesotho
Uganda	Simbabwe	Madagaskar
		Mali
		Malawi
		Nigeria
		Sambia
		Südafrika

entsprechendes Gesetz zum Mandatsverlust bei Parteiwechsel eingeführt wurde, wie in Mosambik und dem Senegal (1995 bzw. 2001). Eine dritte Gruppe wird von jenen Staaten gebildet, in denen der Parteiwechsel bislang äußert selten vorkam, also nur einzelne, isolierte Parteiübertritte zu verzeichnen waren, oder überhaupt noch gar nicht in Erscheinung traten (z. B. Ghana, Tansania).[5] Tabelle 2 fasst die 20 Staaten Afrikas entsprechend ihren Ausprägungen in Bezug auf die Häufigkeit der Parteiwechsel zusammen.[6]

Auch innerhalb der Gruppen unterscheiden sich die Staaten zum Teil deutlich. Die höchste Anzahl an Parteiwechsel lassen sich für Lesotho und Kenia festhalten. In Lesotho wechselten während der ersten Legislaturperiode nach dem Beginn der Transition 40 von insgesamt 65 Abgeordneten die Partei, was auch einen Regierungswechsel zur Folge hatte. In Kenia ist die genaue Anzahl an Parteiwechseln zwischen den Wahlen 2002 und 2007 nicht feststellbar, aber Beobachter schätzen,

---

[5] In der Mehrheit der Staaten Afrikas bestehen verfassungsrechtliche Regulierungen des Parteiwechsels, wonach ein Abgeordneter, der seine Partei wechselt mit dem Mandatsentzug rechnen muss. Dieser Sanktionsmechanismus kann mithelfen, das geringe Auftreten von Parteiwechseln z. B. in Ghana oder Tansania zu erklären, deterministisch wirken diese Regulierungen allerdings nicht, da in anderen Staaten durchaus ein massenhafter Wechsel der Parteizugehörigkeit trotz bestehender Regulierung zu vernehmen ist. Zur Description der Parteiwechselverbote siehe Goeke und Hartmann (2011).

[6] In Uganda konnte die Bevölkerung erstmalig 2006 in den Wahlen zwischen mehreren Parteien wählen. In der kurzen Spanne bis zur Erhebung der Daten des Afrobarometers 2008/2009 fanden noch keine Parteiwechsel statt. In allen anderen Staaten fanden bis zum Erhebungszeitpunkt mindestens drei Mehrparteienwahlen statt.

dass um die 75% der 222 Abgeordneten zum Ende der Legislaturperiode mindestens einmal die Partei gewechselt hatte (Cussac 2008, S. 37).

Was die Richtung der Parteiwechsel anbelangt, sind es weit häufiger oppositionelle Abgeordnete, die ihre Parteizugehörigkeit aufgeben und zur regierenden Partei übertreten, als es umgekehrt der Fall ist, dass Abgeordnete der Regierung auf die Oppositionsbank wechseln. Entsprechend schreibt Ndegwa (2001, S. 9), dass „the tendency of oppositionists [...] to defect to the dominant party has been more than an occasional occurrence, underscoring the opportunistic nature of opposition politics. This is particularly tragic when oppositionists make claims to furthering democratic governance and institution building, while acting in the contrary." Den Regierungsparteien gelingt es immer wieder durch Aufnahme weiterer Abgeordneter aus der Opposition ihre eigenen Mehrheiten auszubauen. So übersprang der *African National Congress* (ANC) in Südafrika nach zahlreichen Parteiwechseln aus der Opposition die für die Änderung der Verfassung nötige Zweidrittelmehrheit. In Malawi oder Sambia führten Parteiübertritte nach den Wahlen überhaupt erst dazu, dass die Partei des amtierenden Präsidenten eine eigene Mehrheit im Parlament zustande bringen konnte.

Damit tragen Parteiwechsel mit dazu bei, die ohnehin schwachen Oppositionsparteien in Afrika nachhaltig weiter zu beeinträchtigen. Denn für die Opposition bedeuten diese Fälle zunächst allgemein die Reduzierung ihrer numerischen Stärke innerhalb des Parlamentes. Dies ist nicht nur mit weiteren Finanzeinbußen für den Aufbau eines funktionierenden Parteiapparates verknüpft, sondern auch die interne Stabilität der Partei wird vor eine Belastungsprobe gestellt, da es in der Regel die Führungspersönlichkeiten einer Partei sind, die mit gut dotierten Posten in die Regierungspartei gelockt werden. Dies kann letztlich eine Spirale an weiteren Parteiwechseln in Gang setzen, die im dramatischsten Fall zum Verlust der parlamentarischen Repräsentation einer Partei führt, was dem Auflösen einer Partei gleichkommt.

Zum Parteiwechsel von der Regierungspartei hin zur Opposition kam es in der Vergangenheit nur dann, wenn sich eine Wahlniederlage der Mehrheitspartei in den nächsten Wahlen abzeichnete. Anzeichen hierfür sind Präsidentschaftswahlen, wo oppositionelle Kandidaten erfolgreich aus den Wahlen hervorgehen und ihrerseits für die nächsten Parlamentswahlen eigene Parteien oder Bündnisse schmieden, denen sich zahlreiche Abgeordnete aus der vermeintlich zukünftig unterlegenen Partei anschließen. Parteineugründungen führen zwangsläufig darüber hinaus zu einer verstärkten Fragmentierung des Parteiensystems.

Über diese zunächst objektiv wahrnehmbaren Verschiebungen der Sitzverteilung im Parlament können Parteiwechsel das Vertrauen und damit die Legitimation von Parlamenten, Parteien und der Demokratie erschüttern. Nach wie vor zählen Parteien, und insbesondere jene in der Opposition, zu den am wenigsten vertrauenswürdigen Institutionen im subsaharischen Afrika (Logan 2008). Durch vornehmlich als opportunistisch eingeschätzte Wechsel der Parteien wird sich das Bild verantwortungsvoller Parteien und Abgeordneter in der Wahrnehmung der Wählerschaft nicht ändern, sondern wird der Wählerapathie Vorzug leisten. In Südafrika war im Jahr 2004 die Wahlbeteiligung in den Provinzen, die am stärksten von Parteiwechseln betroffen waren, landesweit am geringsten. Eine sinkende Wahlbeteiligung resultiert aus der Enttäuschung der Wähler, dass ihr gewählter Abgeordneter nach den Wahlen zu einer Partei wechselt, die andere politische Standpunkte vertritt, als die, für die der Abgeordnete sich noch im Wahlkampf aussprach. Der Parteiübertritt ist daher mit der Vorstellung repräsentativer Demokratie nicht nur für viele Afrikaner schwer verständlich. In diesem Sinne schreibt auch Denis Kadima (2006, S. 227) allgemein, dass „floor crossing has undermined the meaning of representative democracy as elected leaders have joined parties that stand for views other than those for which their parties were elected".

Die sinkende Akzeptanz des Parteienwettbewerbs und mögliche Vertrauenseinbußen der Parteien innerhalb der Bevölkerung berühren das Konzept der Institutionalisierung des Parteiensystems und es lässt sich ohne weiteres festhalten, dass die zahlreichen Parteiwechsel sich negativ auf die Institutionalisierung der Parteien, als auch auf das Parteiensystem auswirken können. Andersherum – und darauf haben zahlreiche Autoren ebenfalls hingewiesen – sind schwach institutionalisierte Parteiensysteme in denen Parteien lediglich über einen schwachen Organisationsgrad verfügen, nur gering innerhalb der Gesellschaft verwurzelt sind, und häufige Parteispaltungen, -fusionen und -auflösungen an der Tagesordnung sind, maßgeblich für eine höhere Anzahl an Politikern verantwortlich, die ihre Partei wechseln. „Die Häufigkeit von Partei- und Fraktionswechseln hängt davon ab, wie stabil das Parteiensystem ist: Je instabiler es ist, desto häufiger kommen Wechsel vor" (Hölscheidt 1994, S. 354).

Aufbauend auf Tab. 1 wird die Häufigkeit der stattgefundenen Parteiwechsel über eine trichonome Variable gemessen, die angibt, ob Parteiwechsel im jeweiligen Land bislang äußerst rar waren oder noch gar nicht auftraten, ein temporäres Phänomen blieben, oder aber Parteiwechsel seit Beginn der Transition ein immer wiederkehrendes Ereignis darstellen. Von den 20 in die Analyse einbezogenen Staaten können jeweils fünf Staaten den ersten beiden Gruppen zugeordnet werden, während sich die Hälfte der Staaten in der Gruppe wiederfindet, in der Parteiwechsel seit Beginn der Demokratisierung stetig stattfanden.

5 Kontrollvariablen

Das zu rechnende Modell wird durch eine Reihe von Kontrollvariablen weiter spezifiziert, von denen angenommen werden kann, dass sie einen Einfluss auf die Legitimität politischer Parteien ausüben können. Auf der Länderebene werden sowohl der Einfluss des Demokratiegrades, die Fragmentierung des Parteiensystems und das Wahlsystem mit in die Analyse einbezogen (Tab. 3).

Die demokratische Entwicklung wird über die Messung des *Freedom House Index* für das Jahr 2008 operationalisiert, während die Fragmentierung über den von Laakso und Taagepera (1979) entwickelten Indikator der „effektiven Anzahl an politischen Parteien" ermittelt wird. Wie aus zahlreichen Arbeiten hervorgeht ist die Entwicklung funktionsfähiger Parteien auch von der Einhaltung demokratischer Standards abhängig. Wenn Meinungsfreiheits- und Partizipationsrechte in einem Land beschnitten werden, können sich Parteien nicht voll entfalten und werden entsprechend auch von der Bevölkerung als weniger bedeutsam für das politische System eingeschätzt. Zum anderen wird in weniger demokratischen Staaten Afrikas der Wahlprozess weitaus häufiger von der Regierungspartei manipuliert, um den eigenen Machtanspruch nicht zu gefährden, was auf ihre Vertrauenswerte einen negativen Einfluss haben könnte. Was die Fragmentierung des Parteiensystems anbelangt wird erwartet, dass sich bei einer steigenden Anzahl an Parteien auch jene Parteien im Parlament wiederfinden, die sich programmatisch auf einzelne ethnische Gruppen oder Regionen beziehen, welche wiederum in eben jene solche Parteien ein stärkeres Vertrauen setzen, da sie zur eigenen Bezugsgruppe gehören.

Vom Wahlsystem wird ebenfalls ein Effekt auf die Legitimität der Parteien erwartet. Während in Mehrheitswahlsystemen, wie zahlreiche Studien zu Afrika belegen konnten, die Individualität des Kandidaten für die Wahlentscheidung ein stärkeres Gewicht einnimmt als dessen Zugehörigkeit zu einer Partei, wählt die Bevölkerung in jenen Staaten mit einem Verhältniswahlsystem eine Liste der Partei und der Abgeordnete rückt gegenüber der Partei in den Hintergrund. Es wird daher erwartet, dass die befragten Personen in Staaten mit Verhältniswahlsystemen eine größere Legitimität den Parteien gegenüber aufbringen als in Mehrheitswahlsystemen.[7]

---

[7] Für die Analyse wird hierzu eine Dummy-Variable konstruiert, die den Wert „1" zugesprochen bekommt, wenn ein Verhältniswahlsystem vorliegt. Andernfalls wird eine „0" vergeben. Die beiden gemischten Wahlsysteme in Lesotho und Senegal werden ebenfalls mit „0" kodiert, da in beiden Systemen die Mehrheitswahlkomponente überwiegt.

Tab. 3 Variablen auf Länderebene für das Jahr 2008/2009. (Quelle: www.freedomhouse.org, sowie eigene Berechnung)

Staat	Frequenz von Parteiwechsel	Freedom House Index (2008)	Fragmentierung des Parteiensystems (ENPP)	Wahlsystem
Benin	2	2,0	3,9	Verhältniswahl
Botswana	1	2,0	1,6	Mehrheitswahl
Burkina Faso	2	4,0	1,8	Verhältniswahl
Ghana	0	1,5	2,1	Mehrheitswahl
Kap Verde	1	1,0	2,1	Verhältniswahl
Kenia	2	3,5	2,9	Mehrheitswahl
Lesotho	2	2,5	3,1	Gemischtes Wahlsystem
Liberia	0	3,5	8,3	Mehrheitswahl
Madagaskar	2	3,5	1,5	Mehrheitswahl
Malawi	2	4,0	4,3	Mehrheitswahl
Mali	2	2,5	5,3	Mehrheitswahl
Mosambik	1	3,0	1,8	Verhältniswahl
Namibia	0	2,0	2,0	Verhältniswahl
Nigeria	2	4,5	1,7	Mehrheitswahl
Sambia	2	3,0	2,9	Mehrheitswahl
Senegal	1	3,0	1,3	Gemischtes Wahlsystem
Simbabwe	1	6,5	1,9	Mehrheitswahl
Südafrika	2	2,0	2,0	Verhältniswahl
Tansania	0	3,5	1,4	Mehrheitswahl
Uganda	0	4,5	2,1	Mehrheitswahl

Anmerkung: Der Wert beim Freedom House Index ergibt sich aus dem Mittelwert zwischen politischen und bürgerlichen Rechten. Kodierung beim Parteiwechsel: 0=keine oder äußert seltene Parteiwechsel; 1=mehrere Parteiwechsel als temporäres Ereignis; 2=stetige Parteiwechsel seit Beginn der Transition

Tab. 4 Variablen auf Individualebene für das Jahr 2008/2009. (Quelle: Afrobarometer, 2008–2009)

	Anzahl an Antworten	Durchschnitt	Standardabweichung	Minimum	Maximum
Legitimität politischer Parteien	24.701	4,04	1,70	0	7
Ablehnung starker Präsident	26.341	2,43	1,54	0	4
Zustimmung Demokratie	25.555	0,75	0,43	0	1
Ablehnung Einparteiensystem	26.691	2,91	1,31	0	4
Qualität der Wahlen	25.377	2,97	1,12	1	4
Parteienidentifikation	25.983	0,63	0,48	0	1
Politisches Interesse	27.446	1,78	1,10	0	3
Nationale wirtschaftliche Lage	27.161	2,53	1,24	1	5
Alter	27.280	36,33	14,50	18	110
Geschlecht (0=männlich; 1=weiblich)	27.713	0,50	0,50	0	1
Bildung	27.669	3,15	2,02	0	9
Wohnlage (0=Stadt; 1=Land)	27.713	0,62	0,49	0	1

Anmerkung: Fragestellungen im Afrobarometer: Ablehnung starker Präsident (Q33), Zustimmung zur Demokratie (Q30), Ablehnung Einparteiensystem (Q29A), Qualität der Wahlen (Q71), Parteienidentifikation Q85), Politisches Interesse (Q13), Ökonomische Lage (Q4A), Alter (Q1), Geschlecht (Q101), Bildung (Q89), Wohnlage (URBRUR). Bei einigen Variablen mussten leichte Umkodierungen vorgenommen werden

Auf individueller Ebene werden sowohl demographische als auch weitere Einstellungsvariablen mitberücksichtigt (Tab. 4). Von einer Reihe an Autoren, die sich mit der Schwäche politischer Parteien in Afrika beschäftigen, wird an vorderster Stelle die starke Machtkonzentration beim Präsidenten und der ausgeprägte Neopatrimonialismus als Ursache hierfür genannt (Rakner und van de Walle 2009). Es wird daher erwartet, dass Personen, die eine starke Position des Präsidenten im politischen System ihres Landes befürworten, die Rolle politischer Parteien eher nachrangig bewerten und diesen entsprechend eine geringere Legitimität entgegen bringen.[8] Da Parteien eine wesentliche Funktion innerhalb demokratisch verfasster Systeme zukommt, wird zudem erwartet, dass die Personen, welche die Demokratie einer anderen Staatsform vorziehen auch den Parteienwettbewerb als solchen stärker legitimieren. Gleiches wird für Personen angenommen, die sich mit einer Partei identifizieren können.

Die Qualität der Wahlen ist eine weitere Kontrollvariable. Diese hätte zwar auch auf Länderebene über Berichte von Wahlbeobachtern gemessen werden können, aber in diesem Fall interessiert, wie die persönliche Einschätzung der Befragten zur Qualität der Wahlen in Bezug auf die Fairness und Kompetitivität ist. Vergleichende Studien konnten herausarbeiten, dass die Einschätzung des Wahlprozesses als frei und fair mit der positiveren Bewertung des politischen Systems einhergeht (Weatherford 1992). Bei einer positiven Einschätzung des Wahlprozesses dürften auch den Parteien höhere Zuspruchswerte entgegengebracht werden.

In zahlreichen Studien zur Legitimation von Institutionen und Zufriedenheit mit dem politischen System wurde immer wieder die Bedeutung von ökonomischen Variablen – hier gemessen durch die Bewertung der nationalen wirtschaftlichen Lage – und dem generellen politischen Interesse hervorgehoben (Anderson und Guillory 1997). Letztlich werden als soziodemographische Variablen das Alter, Geschlecht, Bildung und Wohnort (Stadt oder Land) berücksichtigt, wie in Tab. 3 dargestellt.

6 Ergebnisse der Linearen Regressionen mit Individual- und Kontextvariablen

Das erste Modell, welches in Tab. 5 dargestellt wird, berücksichtigt bei der Überprüfung der Legitimität politischer Parteien zunächst nur Variablen auf der Individualebene. Die Ergebnisse der Regressionsanalyse belegen, dass alle Variablen signifikant sind, allerdings ist ihr Einfluss auf die Legitimität der politischen Parteien nur äußerst begrenzt, was dadurch zum Ausdruck kommt, dass mit einer Varianzerklärung von sechs Prozent das Modell über eine schlechte Anpassung

---

[8] Von den untersuchten Ländern verfügen nur Botswana und Lesotho über ein parlamentarisches Regierungssystem. Südafrika wird in der Regel auch den parlamentarischen Regierungssystemen zugeschrieben, stellt aber vielmehr einen Hybridtypus dar, da es zwar im Kern parlamentarisch organisiert ist, aber auch über einen Exekutivpräsidenten verfügt, der anders als in präsidentiellen Systemen nicht in allgemeinen Wahlen von der Wählerschaft bestimmt wird, sondern aus den Reihen des Parlaments hervorgeht. Auch Botswana ist kein reines parlamentarisches System, sondern ein Mix aus parlamentarischen und präsidentiellen Elementen, „in which the president occupies the dominant power position" (Holm 1996, S. 101).

Tab. 5 Regressionsmodelle zur Erklärung der Legitimität politischer Parteien in Afrika

	Modell 1: Individualvariablen	Modell 2: Individualvariablen mit Länderdummies	Modell 3: Individual- und Kontextvariablen
Ablehnung starker Präsident	−0,023*** (0,008)	−0,027*** (0,008)	−0,019** (0,008)
Zustimmung Demokratie	0,278*** (0,028)	0,254*** (0,029)	0,276*** (0,028)
Ablehnung Einparteiensystem	0,220*** (0,009)	0,226*** (0,009)	0,223*** (0,009)
Qualität der Wahlen	0,125*** (0,011)	0,107*** (0,012)	0,127*** (0,012)
Parteienidentifikation	0,237*** (0,025)	0,183*** (0,025)	0,219*** (0,025)
Politisches Interesse	0,080*** (0,011)	0,066*** (0,011)	0,078*** (0,011)
Nationale wirtschaftliche Lage	0,094*** (0,010)	0,075*** (0,010)	0,089*** (0,010)
Alter	−0,002** (0,001)	−0,002** (0,001)	−0,002** (0,001)
Geschlecht	−0,115*** (0,024)	−0,120*** (0,024)	−0,121*** (0,024)
Bildung	−0,020*** (0,007)	−0,011 (0,007)	−0,035*** (0,007)
Wohnlage	0,048* (0,025)	0,033 (0,026)	0,038 (0,025)
Häufigkeit Parteiwechsel			−0,082*** (0,016)
Freedom House Index			0,036*** (0,011)
Fragmentierung Parteiensystem			−0,063*** (0,007)
Wahlsystem			−0,048 (0,031)
Benin		−0,219*** (0,066)	
Botswana		0,275*** (0,066)	
Burkina Faso		0,402*** (0,074)	
Ghana		0,405*** (0,067)	
Kap Verde		0,089 (0,071)	
Kenia		−0,171** (0,071)	
Lesotho		−0,173** (0,068)	
Liberia		−0,488*** (0,064)	
Madagaskar		−0,594*** (0,086)	

Tab. 5 (Fortsetzung)

	Modell 1: Individualvariablen	Modell 2: Individualvariablen mit Länderdummies	Modell 3: Individual- und Kontextvariablen
Malawi		0,238*** (0,066)	
Mali		0,167** (0,066)	
Mosambik		0,044 (0,075)	
Namibia		−0,137** (0,065)	
Nigeria		−0,231** (0,054)	
Sambia		0,088 (0,065)	
Senegal		−0,253*** (0,073)	
Simbabwe		0,551*** (0,065)	
Südafrika		−0,023 (0,058)	
Tansania		0,417*** (0,066)	
Konstante	2,518*** (0,074)	2,655*** (0,084)	2,775*** (0,97)
N	20043	20043	20043
R^2	0,061	0,087	0,066
Korrigiertes R^2	0,060	0,085	0,065
F-Statistik	118,308***	63,320***	94,286***

Anmerkung: Standardfehler in Klammern; *** = $p<0{,}01$, ** = $p<0{,}05$, * = $p<0{,}10$

verfügt. Ein schwacher Einfluss auf die Legitimität kann zumindest von der generellen Zustimmung zur Demokratie als Herrschaftsform, der Ablehnung eines Einparteiensystems, der Bewertung der Wahlen als frei und fair, sowie der Identifikation mit einer bestimmten Partei nachgewiesen werden. Dabei decken sich die Richtungen des Zusammenhangs mit den theoretischen Erwartungen. Auf der anderen Seite besitzt die Position zu einer starken präsidentiellen Exekutive keinen Einfluss darauf, wie die Befragten die Bedeutung politischer Parteien im politischen System bewerten. Auch die Bewertung der wirtschaftlichen Lage, was dem Konzept der Output-Legitimation nahe kommt, besitzt für die generelle Parteienlegitimität keine Bedeutung. Das Interesse einer Person am politischen Geschehen ist ebenso zu vernachlässigen wie das Alter, der Bildungsstand oder die Wohnlage. Letztlich zeigt sich aber, dass eher Männer als Frauen den politischen Parteien eine höhere Legitimität entgegenbringen.

In Modell 2 wird die Regression über die Einbeziehung von Länderdummies erweitert, ein signifikanter Unterschied in der Modellanpassung lässt sich daraus aber nicht erzielen, was noch einmal verdeutlicht, dass sich die Unterschiede zwischen den Befragten in ihrer den Parteien entgegengebrachten Legitimität nicht aus Unterschieden auf der Länderebene ergeben. Die Basiskategorie stellt die Bevölkerung Ugandas dar, so dass die Regressionskoeffizienten der Länderdummies immer in Bezug zu Uganda interpretiert werden müssen. In Ghana, Botswana, Burkina Faso, Simbabwe und Tansania legitimieren die befragten Personen stärker die Parteien als in Uganda, besonders in Liberia und Madagaskar vertrauen die Befragten den politischen Parteien deutlich weniger. Mögliche Gründe für Liberia wurden bereits andiskutiert, für Madagaskar mögen diese darin zu sehen sein, dass sich bislang kein stabiles Parteiensystem herausbilden konnte, sondern stattdessen Parteien sich zumeist im Umfeld von Wahlen neu um Einzelpersonen und Präsidentschaftskandidaten herum konstituieren (Marcus und Ratsimbaharison 2005).

Im Vergleich zur vorherigen Regression verändern sich die Koeffizienten nur geringfügig, die Wohnlage als auch der Bildungsstand verlieren ihre Signifikanz. Es ist demnach für die Unterstützung politischer Parteien unerheblich, welchen Bildungsstand die befragten Personen genießen als auch, ob sie in städtischen oder ländlichen Gebieten leben.

In Modell 3 werden neben den Merkmalen auf der Individualebene zusätzlich Kontextvariablen zur Erklärung der Parteienlegitimität hinzugezogen. Damit erhält auch die Häufigkeit der stattgefundenen Parteiwechsel Einzug in die Analyse, ein grundsätzlich anderes Bild zeigt sich dadurch jedoch nicht. Die Kontextvariablen sind mit Ausnahme des Wahlsystems zwar signifikant, ein großer Einfluss kommt ihnen zur Erklärung der Legitimität nicht zu. Ihre Vorzeichen deuten zumindest auf den vermuteten Zusammenhang hin, dass eine geringere Anzahl an Parteiwechseln und ein höheres Maß an demokratischer Rechtsstaatlichkeit die Legitimität der Parteien befördern könne.[9] Dieser Befund steht im Einklang mit den Ergebnissen bei Cho (2013), der bei der Überprüfung des Einflusses von kontextuellen Variablen auf das Vertrauen des Parlaments keine Signifikanz dieser feststellen konnte. Somit bleiben vorwiegend die individuellen Einstellungen der Befragten für das Zustandekommen ihrer Parteienlegitimität ausschlaggebend. Personen, welche sich mit einer Partei verbunden fühlen oder Mitglied einer Partei sind, ein Einparteienparlament ablehnen, den Wahlprozess als frei und fair bewerten und der Demokratie grundsätzlich positiv gegenüber eingestellt sind, sprechen den Parteien eher ein höheres Vertrauen aus und erkennen die Unverzichtbarkeit dieser im politischen System an.

7 Fazit

Die Akzeptanz und politische Unterstützung politischer Parteien durch die Bevölkerung ist unerlässlich für die Ausformung eines stabilen und institutionalisierten Parteiensystems. Zahlreiche Autoren haben in der Vergangenheit immer wieder darauf hingewiesen, dass politische Parteien in Afrika jedoch zu den Institutionen zählen, denen das geringste Vertrauen entgegengebracht wird. Auch die Daten der vierten Umfragerunde des Afrobarometers bestätigen dies für eine Reihe von Ländern. Ausgehend empirischer Daten und theoretischer Erwartungen wurde die Hypothese aufgestellt, dass diese niedrigen Legitimitätswerte aus der Häufigkeit an beobachtbaren Parteiwechseln von Abgeordneten in Afrika resultieren könnten, da stetige Parteiwechsel von Abgeordneten häufig als einzig opportunistisches Verhalten des Abgeordneten in der Öffentlichkeit wahrgenommen werden und zudem die Ausformung stabiler politischer Parteien unterlaufen. Die Ergebnisse konnten diese Vermutung allerdings nicht stützen. Die Häufigkeit mit der Parteiwechsel in den Staaten Afrikas auftreten besitzt keinen sichtbaren Effekt auf die gemessenen Legitimitätswerte. Von den übrigen getesteten möglichen Einflussfaktoren konnten die auf der Individualebene gemessenen Variablen den vermuteten theoretischen Zusammenhang hingegen bestätigen. So konnte ein Zusammengehen zwischen der Einschätzung der Fairness und Kompetitivität des Wahlprozesses, der Unterstützung für die Demokratie als solche und die Zurückweisung eines Einparteienstaates und der den Parteien entgegengebrachten Legitimation

---

[9] Der Einfluss der Parteiwechsel auf die Legitimationswerte lässt sich dadurch erhöhen, dass eine zusätzliche Zeitkomponente mit in die Analyse aufgenommen wird und nur danach differenziert wird, ob Parteiwechsel in der letzten Legislaturperiode stattgefunden haben, eine signifikant größere Bedeutung kommt ihnen aber auch dann nicht zu.

herausgearbeitet werden. Eingeschränkt werden müssen die Befunde an dieser Stelle aber dadurch, dass die gerechneten Regressionsmodelle jeweils nur einen sehr geringen Anteil der Gesamtvarianz an der Legitimität erklären konnten, so dass weitere Forschungsanstrengungen auf dem Gebiet der Einstellungsforschung und zu Fragen der Legitimität politischer Institutionen in Afrika notwendig sind, um stärker gewichtete Faktoren ausfindig zu machen. Insbesondere Einzelfallstudien und „most different systems design" können hierfür fruchtbare Erkenntnisse liefern. So mag es länderspezifische Gründe und historische Begebenheiten geben, die für die Einstellung politischen Parteien gegenüber und einer tieferliegenden Grundlegitimation verantwortlich gemacht werden können, aber letztlich nicht durch die Fragestellungen im Rahmen des Afrobarometers erhoben werden. Dabei muss auch berücksichtigt werden, dass Umfragedaten subjektive Wahrnehmungsdaten darstellen, die nicht zwingend die in den Ländern vorfindbaren objektiven Verhältnisse wiederspiegeln. Der Mehrwert dieser Regionalstudie im Rahmen des Sammelbandes liegt somit zum einen darin, abseits der auf westliche Demokratien fokussierten Politikwissenschaft, neue Perspektiven aufzuzeigen und kritisch mit den entwickelten Konzepten zur Legitimationsmessung und theoretischen Annahmen zur Erklärung dieser in anderen Weltregionen umzugehen, zum anderen verdeutlicht sie aber auch noch einmal den eingangs geäußerten Befund, dass die Forschung zu Parteien in Afrika noch eine Vielzahl „blinder Flecken" aufweist.

Literatur

Anderson CJ, Guillory CA (1997) Political Institutions and Satisfaction with Democracy: A Cross-National Analysis of Consensus and Majoritarian Systems. American Political Science Review 91:66–91
Awoudo FK (2005) Le Mal Transhumant. Les Infidélités Politique Dans Le Bénin Démocratique. Cotonou
Basedau M (2007) Do Party Systems Matter for Democracy? A Comparative Study of 28 Sub-Saharan Countries. In: Basedau M, Erdmann G, Mehler A (Hrsg) Votes, Money and Violence. Political Parties and Elections in Sub-Saharan Africa. Uppsala, S. 105–144
Booysen S (2006) The Will of the Parties Versus the Will of the People? Defections, Elections and Alliances in South Africa. Party Politics 12:727–746
Bratton M, Mattes RB, Gyimah-Boadi E (2005) Public Opinion, Democracy, and Market Reform in Africa, Cambridge
Burnell PJ (2007) Political Parties in Africa: Different, Functional and Dynamic? Reflections on Gero Erdmann's ‚Party Research: The West European Bias and the „African Labyrinth'". In: Basedau M, Erdmann G, Mehler A (Hrsg) Votes, Money and Violence. Political Parties and Elections in Sub-Saharan Africa. Uppsala, S. 65–81
Cho W (2013) Accountability or Representation? How Electoral Systems Promote Public Trust. In: Bratton M (Hrsg) Voting and Democratic Citizenship in Africa. Boulder, S. 179–195

Cussac A (2008) "Kibaki Tena?" The Challenges of a Campaign. In: Lafargue J (Hrsg) The General Elections in Kenya, 2007, Les Cashiers d'Afrique de l'Est. Nairobi, S. 35–55

Desposato S (2006) Parties for Rent? Ambition, Ideology, and Party Switching in Brazil's Chamber of Deputies. American Journal of Political Science 50:62–80

Easton D (1965) A Systems Analysis of Political Life. New York

Erdmann G (1999) Parteien in Afrika. Versuch eines Neuanfangs in der Parteienforschung. afrika spectrum 34:375–393

Erdmann G (2002) Zur Typologie politischer Parteien in Afrika. afrika spectrum 37:259–285

Erdmann G (2004) Party Research: Western Bias and the 'African Labyrinth'. Democratization 11:63–87

Fomunyoh C (2001) Democratization in Fits and Starts. Journal of Democracy 12:37–50

Goeke M (2013) Regulierungen des Parteiwechsels in Afrika. Eine empirische Untersuchung zum Potenzial des Institutional Engineering für die Konsolidierung junger Demokratien, Dissertation. Universität Duisburg-Essen

Goeke M, Hartmann C (2011) The Regulation of Party Switching in Africa. Journal of Contemporary African Studies 29:263–280

Hamdok A (2008) Political Parties in Africa: Challenges for Democratic Governance. In: National Intelligence Council (Hrsg) Democratization in Africa: What Progress Toward Institutionalization? Washington D.C, S. 51–59

Heller WB, Mershon C (Hrsg) (2009) Political Parties and Legislative Party Switching. New York

Hoeane T (2008) Floor-Crossing in South Africa: Entrenching or Undermining Democracy? Politeia 27:70–88

Hölscheidt S (1994) Die Trennung des Abgeordneten von Partei und Fraktion. Zeitschrift für Parlamentsfragen 25:353–369

Holm JD (1996) Development, Democracy and Civil Society in Botswana. In: Leftwich A (Hrsg) Democracy and Development. Theory and Practice. Cambridge, S. 97–113

Jones MP (2007) Political Parties and Party Systems in Latin America. Paper prepared for the symposium „Prospects for Democracy in Latin America", April 5–6, 2007, Denton

Kadima DK (2006) African Party Alliances: Comparisons, Conclusions and Lessons. In: Kadima DK (Hrsg) The Politics of Party Coalitions in Africa. Johannesburg, S. 223–239

Kersting N (2010) Spannendes zum Fraktionswechsel. Erneutes Verbot des Floor Crossing in Südafrika. Zeitschrift für Parlamentsfragen 41:453–465

Laakso M, Taagepera R (1979) 'Effective' Number of Parties. A Measure with Application to West Europe. Comparative Political Studies 12:3–27

Lembani S (2007) The Case of Malawi. In: Matlosa K (Hrsg) The Impact of Floor Crossing on Party Systems and Representative Democracy. Johannesburg, S. 47–59

Lipset SM (2000) The Indispensability of Political Parties. Journal of Democracy 11:48–55

Logan C (2008) Rejecting the Disloyal Opposition? The Trust Gap in Mass Attitudes Toward Ruling and Opposition Parties in Africa. Afrobaromter Working Paper Nr. 94

Mainwaring S (1998) Party Systems in the Third World. Journal of Democracy 9: 67–81

Mainwaring S (1999) Rethinking Party Systems in the Third Wave of Democratization. The Case of Brazil. Stanford

Mainwaring S, Scully T (1995) Introduction. In: Mainwaring S, Scully T (Hrsg) Building Democratic Institutions. Party Systems in Latin America. Stanford, S. 1–33

Mainwaring S, Torcal M (2006) Party System Institutionalization and Party System Theory After the Third Wave of Democratization. In: Katz RS, Crotty W (Hrsg) Handbook of Party Politics. London, S. 204–227

Manning C (2005) Assessing African Party Systems after the Third Wave. Party Politics 11:707–727

Marcus RR, Ratsimbaharison AM (2005) Political Parties in Madagascar. Neo-patrimonial Tools or Democratic Instruments? Party Politics 11:495–512
Matlosa K (2007) Political Parties in Southern Africa. The State of Parties and their Role in Democratization. Johannesburg
Matlosa K, Shale V (2007): The Case of Lesotho. In: Matlosa K (Hrsg) The Impact of Floor Crossing on Party Systems and Representative Democracy. Johannesburg, S. 31–46
McLaughlin E (2012) Electoral Regimes and Party-Switching: Floor-Crossing in South Africa's Local Legislatures. Party Politics 18:563–579
Mershon C, Shvetsova O (2008) Parliamentary Cycles and Party Switching in Legislatures. Comparative Political Studies 41:99–127
Mishler W, Rose R (2001) What are the Origins of Political Trust? Testing Institutional and Cultural Theories in Post-Communist Societies. Comparative Political Studies 34:30–62
Momba JC (2007) The Case of Zambia. In: Matlosa K (Hrsg) The Impact of Floor Crossing on Party Systems and Representative Democracy. Johannesburg, S. 61–70
Monga C (1997) Eight Problems with African Politics. Journal of Democracy 8:156–170
Mozaffar S, Scarritt JR (2005) The Puzzle of African Party Systems. Party Politics 11:399–421
Ndegwa SN (2001) A Decade of Democracy in Africa. In: Ndegwa SN (Hrsg) A Decade of Democracy in Africa. Leiden, S. 1–16
Ottaway M (1999) Ethnic Politics in Africa: Change and Continuity. In: Joseph R (Hrsg) State, Conflict, and Democracy in Africa. Boulder, S. 299–317
Rakner L, van de Walle N (2009) Opposition Parties and Incumbent Presidents. The New Dynamics of Electoral Competition in Africa. In: Lindberg SI (Hrsg) Democratization by Elections. A New Mode of Transition. Baltimore, S. 202–225
Salih MAM, Nordlund P (2007) Political Parties in Africa. Challenges for Sustained Multiparty Democracy. Stockholm
Smiles J (2007) Floor Crossing: A Controversial Democratic Process. Journal of Contemporary History 32:130–148
Spieß C, Pehl M (2004) Floor Crossing and Nascent Democracies – a Neglected Aspect of Electoral Systems? The Current South African Debate in the Light of the Indian Experience. Verfassung und Recht in Übersee 37:195–224
Steyn-Kotze J, Raga K (2009) Floor Crossing and Representative Democracy: An Assessment of a Procedural Democratic Dilemma of South Africa's Electoral Past. Politeia 28:59–79
van de Walle N (2013) Electoral Authoritarianism and Multi-Party Politics. In: Cheeseman N, Anderson DM, Scheibler A (Hrsg) Routledge Handbook of African Politics. London, S. 227–237
van de Walle N, Smiddy-Butler K (1999) Political Parties and Party Systems in Africa's Illiberal Democracies. Cambridge Review of International Affairs 13:14–28
Weatherford SM (1992) Measuring Political Legitimacy. American Political Science Review 86:149–166
Westle B (1989) Politische Legitimität. Theorien, Konzepte, empirische Befunde. Baden-Baden

Martin Goeke Dipl.-Soz.-Wiss. Lehrbeauftragter am Institut für Politikwissenschaft der Universität Duisburg-Essen.

Teil V
Akteure und Politikfeld

Arbeitsmarktpolitik für Ältere: Die Aktivierung Älterer auf dem Prüfstand

Sarah Mümken

Zusammenfassung
Der Beitrag befasst sich mit den arbeitsmarktpolitischen Folgen, die mit der weitgehenden Abschaffung von Frühverrentungsmöglichkeiten einhergehen. Durch eine gestiegene Alterserwerbsbeteiligung und verlängerte Erwerbsphasen wird der Kreis der Älteren, die auf arbeitsmarktpolitische Unterstützung angewiesen sind, zunehmend größer. Auf Basis von Daten der Bundesagentur für Arbeit wird gezeigt, dass die Förderung Älterer durch arbeitsmarktpolitische Instrumente tatsächlich ausgebaut wurde.

Schlüsselwörter
Arbeitsmarktpolitik · Rentenpolitik · Ältere · Aktivierung · Altersübergang · Alterserwerbstätigkeit

1 Einleitung

Die Alterserwerbstätigkeit ist in den vergangenen zwei Jahrzehnten beständig angestiegen (siehe Abb. 1). Waren 1993 nur fast die Hälfte der 55- bis 59-Jährigen und nicht einmal ein Fünftel aller 60- bis 64-Jährigen erwerbstätig, hat sich dieser Anteil bis 2012 bei den Älteren unter 60 Jahren auf 80 % und bei denjenigen ab

---

S. Mümken (✉)
Technik und Gesundheit für Menschen, Jade-Hochschule, Oldenburg, Deutschland
E-Mail: sarah.muemken@jade-hs.de

© Springer Fachmedien Wiesbaden 2016
M. Lemke et al. (Hrsg.), *Legitimitätspraxis*, DOI 10.1007/978-3-658-05742-8_9

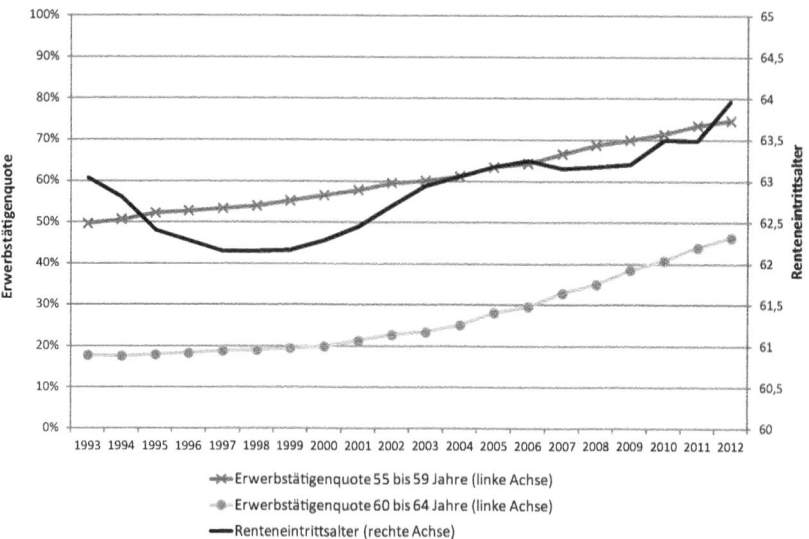

Abb. 1 Erwerbstätigenquoten (Die Erwerbstätigenquoten beziehen sich bis zum Jahr 2004 auf Angaben aus einer festen Berichtswoche. Nach der Umstellung der Erhebungspraxis liefert der Mikrozensus dann Jahresdurchschnittswerte) der Älteren und das durchschnittliche Renteneintrittsalter, 1993 bis 2012. (Quelle: Statistisches Bundesamt, Mikrozensus; Statistik der Deutschen Rentenversicherung – Rentenzugang, verschiedene Jahrgänge)

60 Jahren auf 46 % erhöht.[1] Dieser Anstieg kann sich auf eine zunehmende Erwerbsbeteiligung auch älterer Frauen und eine günstige demographische Situation stützen, resultiert vor allem aber aus verlängerten Erwerbsphasen bzw. aus aufgeschobenen Erwerbsaustritten in den nachwachsenden rentennahen Kohorten. Jede rentennahe Kohorte scheidet etwas später aus dem Erwerbsleben aus als die vorhergehende Kohorte. Angetrieben wird die Zunahme der Alterserwerbsbeteiligung durch rentenpolitische Reformen seit den 1990er Jahren, die zuvor großzügig gestaltete Möglichkeiten zur Frühverrentung zurückdrängen. Diese Entwicklung zeigt sich auch im durchschnittlichen Renteneintrittsalter, das insbesondere in den vergangenen Jahren deutliche Zuwächse verzeichnete und zuletzt bereits bei 64 Jahren lag (siehe Abb. 1).

Die 2012 begonnene Heraufsetzung der Regelaltersgrenze von 65 auf 67 Jahre ist zumindest in der öffentlichen Wahrnehmung der deutlichste Ausdruck dieser

---

[1] Dieser Aufsatz fasst hauptsächlich die Ergebnisse der im Jahr 2013 erschienen Altersübergangs-Reporte zusammen. Diese sind im Rahmen des Altersübergangs-Monitors entstanden, welcher von der Hans-Böckler-Stiftung und dem Forschungsnetzwerk Alterssicherung der Rentenversicherung gefördert wurde.

Strategie, wobei die Altersanhebung bislang noch kaum wirken konnte. Aber bereits in der Vergangenheit führten die Einführung von Abschlagsregelungen bei einer vorzeitigen Inanspruchnahme von Altersrenten und die Abschaffung ausgewählter Altersrenten mit Frühverrentungsmöglichkeit zu einschneidenden Umgestaltungen im Rentenzugang und Erwerbsverhalten (Brussig 2010; Mümken et al. 2011).

Die Legitimität dieser Reformen ist allerdings umstritten. Von den Befürwortern wird hervorgehoben, dass angesichts demographischer Entwicklungen sowie einer gestiegenen Lebenserwartung ein Rentensystem mit großzügig gestalteten Optionen zum vorzeitigen Erwerbsaustritt, nicht zu finanzieren sei. Außerdem wird die Verlängerung der Lebensarbeitszeit als ein Mittel gegen einen drohenden Fachkräftemangel angeführt. Von Gegnern wird indessen kritisiert, dass viele Beschäftigte aufgrund der Belastungen, denen sie im Berufsleben ausgesetzt sind, bereits in der Vergangenheit gesundheitlich gar nicht in der Lage waren, bis zur Regelaltersgrenze zu arbeiten. Eine Anhebung der Altersgrenze würde demnach in dieser Gruppe, die zumeist eher geringe Einkommen bezieht, aufgrund der Abschlagsregelungen gleichbedeutend mit einer Rentenkürzung sein (vgl. Bäcker et al. 2009, S. 70 ff.) beziehungsweise zu einer Ausweitung von Arbeitslosigkeitsphasen im Alter führen. Außerdem nehmen die Beschäftigungschancen im Alter nachweislich ab. Im Jahr 2011 war die Wahrscheinlichkeit, die Arbeitslosigkeit durch die Aufnahme einer sozialversicherungspflichtigen Beschäftigung zu beenden, unter den 55- bis 59-Jährigen nur halb so hoch wie im Gesamtdurchschnitt. Bei den 60- bis 64-jährigen Arbeitslosen lag die relative Chance mit unter einem Drittel sogar noch niedriger (Bundesagentur für Arbeit 2012, S. 20). Die Akzeptanz – und damit letztlich auch die Legitimation – für einen späteren Renteneintritt könnte erhöht werden, wenn parallel zur Anhebung des Renteneintrittsalters und Einschränkung der Frühverrentungsmöglichkeiten auch die Chancen der Älteren verbessert würden, in Beschäftigung zu verbleiben. Der Erhalt der Beschäftigungsfähigkeit („employability") bis ins Alter ist eine Grundvoraussetzung für die Verlängerung des Erwerbslebens. Neben individuellen Einflussmöglichkeiten sind vor allem auf betrieblicher Ebene Fördermöglichkeiten zu nennen, die es auszubauen gilt. Wichtig ist eine alterns- und altersgerechte Personalpolitik, die auf eine altersspezifische Optimierung der Arbeitsbedingungen und Reduktion der Arbeitsbelastungen abzielt sowie ebenso eine Förderung der Gesundheit und Qualifikationen auch im Alter gewährleistet (vgl. Naegele 2010; Naegele und Sporket 2010). Doch die Arbeitgeber müssen nicht nur ihre Personalpolitik darauf ausrichten, Beschäftigte länger in dem Betrieb zu halten, sie müssen darüber hinaus auch bereit sein, älteren Arbeitsuchenden Beschäftigungsmöglichkeiten zu bieten (Brussig 2011). An dieser Stelle setzt die aktivierende Arbeitsmarktpolitik ein, deren Beitrag zu einer höheren und längeren Alterserwerbsbeteiligung und damit letztlich auch zu einer höheren Akzeptanz von späteren Renteneintrittsmöglichkeiten im Folgenden fokussiert werden soll. Hierzu soll zunächst analysiert werden, wie sich die Arbeitslosigkeit der Älteren in den vergangen Jahren entwickelt hat. Anschließend wird basierend auf Daten der Bundesagentur für Arbeit überprüft, inwiefern der Vorwurf, dass Ältere häufig von den Vermittlungs- und Qualifizierungsbemühungen der Arbeitsvermittlung ausgeschlossen wurden (Frerichs 2007; Wübbeke 2013), auch nach der weitgehenden Abschaffung vorzeitiger Ausstiegsoptionen aus dem aktiven Erwerbsleben immer noch aufrechterhalten werden kann. Es steht also die Frage im Vordergrund, ob die aktivierende Arbeitsmarktpolitik durch eine verstärkte Förderung der Älteren zur Legitimation eines späteren Renteneintrittsalters und der Reduktion von Frühverrentungsmöglichkeiten beiträgt.

2 Arbeitslosigkeit statt Vorruhestand?

2.1 Entwicklung der Arbeitslosigkeit von Älteren: Das Durchschnittsalter der älteren Arbeitslosen steigt

Die Zahl der Arbeitslosen im Alter von 55 bis 59 Jahre hat zwischen 2006 und 2011 stark abgenommen (siehe Abb. 2). Waren 2006 noch über eine halbe Millionen Personen dieses Alters arbeitslos gemeldet, reduzierte sich ihre Zahl bis 2008 stark und lag im Jahr 2011 nach einer erneuten leichten Abnahme bei nur noch etwa 340.000. Die zeitgleiche Zunahme der Erwerbspersonen, die alle Erwerbstätigen und Erwerbslosen einschließt, begünstigte außerdem ein deutliches Absinken der Arbeitslosenquote[2] dieser Altersgruppe: Von 13,3 % im Jahr 2006 ging der Anteil der Arbeitslosen auf 8,6 % im Jahr 2011 zurück.

Die Entwicklung bei den über 60-Jährigen verlief dagegen nicht in vergleichbarer Weise. Nachdem sich die Zahl der Arbeitslosen zwischen 60 und 64 Jahren bis 2008 zunächst ebenfalls gesenkt hatte, hat sie sich anschließend bis 2011 mehr als verdreifacht. Auch wenn im gleichen Zeitraum nicht nur die Zahl der Arbeitslosen, sondern auch Erwerbspersonen insgesamt angestiegen ist, konnte die Zunahme Letzterer bei weitem nicht den Anstieg der Arbeitslosen kompensieren. Während sich die über 60-Jährigen in der Vergangenheit durch im Vergleich zu anderen Altersgruppen äußerst geringe Arbeitslosenquoten auszeichnete, stieg die

---

[2] Die Arbeitslosenquote spiegelt den Anteil aller Arbeitslosen an den Erwerbspersonen einer Altersgruppe wieder.

Arbeitsmarktpolitik für Ältere: Die Aktivierung Älterer auf dem Prüfstand 165

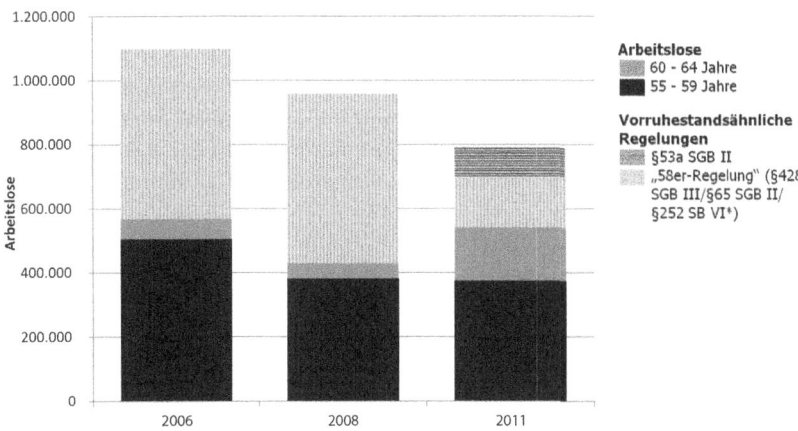

* Vorruhestandsähnliche Regelungen enthalten keine Datender zugelassenen kommunalen Träger

Abb. 2 Zahl der älteren Arbeitslosen und Personen in vorruhestandähnlichen Regelungen 2006, 2008 und 2011. (Quelle: Bundesagentur für Arbeit; Statistisches Bundesamt)

Quote zwischen 2008 (2,9 %) und 2011 (7,3 %) rasant an und erreichte letztlich ein mit den anderen Altersgruppen vergleichbares Niveau.

2.2 Beschäftigungslos, aber nicht arbeitslos: Vorruhestandsähnliche Regelungen und ihre Auswirkungen auf die sichtbare Arbeitslosigkeit

Eine Erklärung für die Zunahme der älteren Arbeitslosen nach dem Jahr 2008 findet sich, wenn auch Personen in vorruhestandsähnlichen Regelungen in die Betrachtung mit einbezogen werden. Bis einschließlich 2007 konnten Arbeitslose nach Vollendung des 58. Lebensjahres einen Antrag auf „Leistungsbezug unter erleichterten Voraussetzungen" stellen, d. h. Unterstützungsleistungen beziehen, ohne der Arbeitsvermittlung zur Verfügung stehen zu müssen (§ 428 SGB III bzw. § 65 SGB II). Sie wurden dann auch nicht als „arbeitslos" geführt, wodurch ein bis 2007 stetig wachsender Teil der Arbeitslosen ab 58 Jahren aus der Statistik verschwand (Mümken et al. 2011, S. 9). Die Inanspruchnahme dieser Regelung bewahrte die Personen zudem vor einer „Zwangsverrentung", da sie erst in Rente wechseln mussten, wenn der Bezug abschlagsfrei möglich war. Analoge Regelungen galten im Übrigen auch für Arbeitslose ohne Leistungsbezug, die sich ausschließlich bei der Bundesagentur für Arbeit gemeldet haben, um Anrechnungszeiten für die Rentenversicherung zu erwerben (§ 252 Abs. 8 SGB VI). Die Zahl der Personen, die vorruhestandsähnliche Regelungen in Anspruch genommen haben lag mit etwa 530.000 im Jahr 2006 knapp unter und im Jahr 2008 deutlich über der Summe aller Arbeitslosen ab 55 Jahren. Dadurch dass diese Option nach 2007 für Neuzugänge geschlossen wurde, reduzierte sich deren Zahl bis zum Jahr 2011 auf 152.000 Bestandfälle.

Für den Bereich des SGB II („Hartz IV")[3] wurde allerdings eine Nachfolgeregelung geschaffen, die es weiterhin erlaubt, ältere Arbeitslosengeld II-Beziehende noch vor Rentenbeginn aus der Arbeitslosenstatistik herauszunehmen. Aufgrund von § 53a SGB II werden Personen, denen nach Vollendung des 58. Lebensjahres mindestens ein Jahr lang kein Vermittlungsvorschlag für eine sozialversicherungspflichtige Beschäftigung unterbreitet wurde, nicht länger als arbeitslos registriert. Dadurch werden gerade ältere Arbeitslose aus dem SGB II nicht mehr ausgewiesen, auch wenn sie weiterhin der Vermittlung zur Verfügung stehen müssen. Seit 2009 baut sich die Zahl der Personen, die unter diese Regelung fallen zügig auf und belief sich bereits 2011 auf 96.000 Personen.

Werden zu den älteren Arbeitslosen auch die nicht in der offiziellen Arbeitslosenstatistik geführten Personen, auf die eine vorruhestandsähnliche Regelung zutrifft, hinzugezählt, zeigt sich ein über den betrachteten Zeitraum abnehmendes Maß an Unterbeschäftigung von Älteren (siehe Abb. 2).

2.3 Herausforderungen für die Arbeitsmarktpolitik für Ältere

Das Bestreben der Politik, den Vorruhestand und die Frühverrentung einzuschränken, um die Älteren länger am Erwerbsleben zu beteiligen, kommt ebenfalls in weiteren gesetzlichen Änderungen zum Ausdruck.

So wurden in der Altersrente wegen Arbeitslosigkeit oder nach Altersteilzeitarbeit die abschlagsfreien Altersgrenzen zwischen 1997 bis 2006 von 60 auf 65 Jahre angehoben. Ein frühzeitiger Rentenbeginn war seitdem nur mit stetig steigenden Abschlägen möglich. Zudem wurde der frühestmögliche Eintritt in diese Rentenart, die ohnehin nur noch für vor 1952 Geborenen offen steht, zwischen 2006 bis 2011 von 60 auf 63 Jahre angehoben. In der Folge ist es älteren Arbeitslosen erst zu

---

[3] Nicht bedürftige Beschäftigungslose, die entweder Arbeitslosengeld oder keine Leistungen beziehen werden dem SGB III zugeordnet. Bedürftige Arbeitslosengeld II-Beziehende („Hartz IV") fallen dagegen in den Zuständigkeitsbereich des SGB II.

einem späteren Zeitpunkt möglich, eine Arbeitslosigkeitsphase mit einem vorgezogenen Renteneintritt zu beenden. Durch die Abschlagsregelung wurden überdies die finanziellen Anreize begrenzt, am Ende des Erwerbslebens einen Übergang in Arbeitslosigkeit als Einstieg in eine vorzeitige Rente zu akzeptieren oder gar zu wünschen.

Außerdem wurde ab 2006 die maximale Bezugsdauer des Arbeitslosengelds für Ältere von 32 auf 18 Monate deutlich verkürzt, auch wenn sie seit 2008 wieder auf 24 Monate verlängert wurde. Es lässt sich zeigen, dass die Anspruchsdauer auf Arbeitslosengeld den Zeitpunkt des Eintritts in Arbeitslosigkeit beeinflusst, der in vielen Fällen auf den Rentenbeginn abgestimmt wurde (siehe Dlugosz et al. 2009). Alles in allem führen späterer Rentenbeginn und kürzere Bezugszeit von Arbeitslosengeld dazu, dass sich Übergangsarbeitslosigkeit in Rente auf ein höheres Alter verlagert.

Die beschriebenen Änderungen stellen die Arbeitsmarktpolitik vor neue Herausforderungen: Ein potentiell größerer Kreis älterer Beschäftigungsloserer muss nicht nur der Vermittlung zur Verfügung stehen, sondern er sollte auch eine Vermittlung erwarten dürfen. Inwiefern diese in der Praxis tatsächlich umgesetzt wurde, ist Gegenstand der folgenden Analysen.

3 Arbeitsmarktpolitik für Ältere

3.1 Altersspezifischer Einsatz arbeitsmarktpolitischer Instrumente

Um zu verstehen, was sich inhaltlich hinter der arbeitsmarktpolitischen Förderung von Älterer verbirgt und ob sich die Unterstützung Älterer gegebenenfalls strukturell vom Gesamtdurchschnitt unterscheidet, haben wir basierend auf den Daten der Förderstatistik der Bundesagentur für Arbeit den Instrumentenmix der Jahre 2006 und 2011 von Älteren und allen Altersklassen verglichen. Es kann festgestellt werden, dass Ältere schwerpunktmäßig mit anderen Instrumenten gefördert werden als Jüngere. Die Förderung von Personen ab 55 Jahre konzentrierte sich insbesondere im SGB III, dem Zuständigkeitsbereich der Arbeitslosenversicherung, mit steigender Tendenz auf die Unterstützung bei Aufnahme einer Erwerbstätigkeit, wie sie beispielsweise durch die Zahlung von Eingliederungszuschüsse geleistet wird. Im SGB II dominieren Beschäftigung schaffende Maßnahmen wie Arbeitsgelegenheiten. Dagegen wurde beispielsweise berufliche Weiterbildung mit zunehmendem Alter prozentual deutlich weniger eingesetzt.

3.2 Gestiegene Arbeitslosigkeit im Alter geht mit einer verstärkten Förderung einher

Die Auswertungen haben gezeigt, dass sich die Altersstruktur unter den Arbeitslosen in den vergangen Jahren verändert hat: Ein größer werdender Anteil der Bevölkerung ab 60 Jahre ist arbeitslos. Die Frage ist nun, ob sich diese Entwicklung auch bei der Förderung Älterer niederschlägt.

Tatsächlich nahm im SGB III der Anteil älterer Teilnehmender an arbeitsmarktpolitischen Instrumenten im Vergleich der beiden Jahre 2006 und 2011 bei beiden Geschlechtern zu. Bei den Männern lag im Jahr 2006 der Anteil der über 59-Jährigen an den 55- bis 64-jährigen Teilnehmenden bei 9 %, bei den Frauen sogar bei lediglich 4 %. Bis 2011 ist dieser Anteil bei den Männern auf knapp ein Viertel gestiegen und bei den Frauen hat sich dieser auf 16 % vervierfacht.

Der hohe Anteil der jüngeren Jahrgänge und die diesbezüglichen Geschlechterunterschiede fallen im SGB II nicht gleichermaßen deutlich wie im SGB III-Rechtskreis aus. 2006 lag im Rechtskreis des SGB II der Anteil derjenigen, die 60 Jahre oder älter waren, bei den Männern bei 11 % und bei den Frauen bei 8 %. Bis 2011 hat sich dieser bei den Männern auf 18 % und bei den Frauen auf 14 % erhöht. Zwar rücken also auch bei den Arbeitslosengeld II-Beziehenden die älteren Arbeitslosen im Zeitverlauf verstärkt in den Fokus, allerdings sind hier die Effekte nicht so auffällig wie im SGB III. Es spiegelt jedoch auch wider, dass im SGB II der Altersdurchschnitt weniger stark angestiegen ist, als im SGB III (Mümken und Brussig 2013b). Für weitere Vergleiche werden daher die Förderzahlen in Relation zur Anzahl derer gesetzt, die prinzipiell für eine Förderung in Frage kommen.

3.3 Teilnahmen Älterer an arbeitsmarktpolitischen Instrumenten nehmen in Relation zur Arbeitslosenzahl zu, allerdings nicht bei den über 60-Jährigen

Im Folgenden wird die prozentuale Veränderung der jahresdurchschnittlichen Bestände an Arbeitslosen und Teilnehmenden an arbeitsmarktpolitischen Instrumenten zwischen 2006 und 2011 betrachtet. Die Arbeitslosen werden als Grundgesamtheit gewählt, um den Umfang an Personen mit Aktivierungs- beziehungsweise Unterstützungsbedarf abzuschätzen. Mit dem Konzept der Bundesagentur für Arbeit wird jedoch die Unterbeschäftigung nicht vollständig erfasst, da beispielsweise Personen in vorruhestandsähnlichen Regelungen nicht in der Arbeitslosenstatistik auftauchen. Da auch Teilnehmende an arbeitsmarktpolitischen Maßnahmen nicht als arbeitslos gezählt werden (§ 16 SGB III), muss bei der Gegenüberstellung beachtet werden, dass ein ausgedehnterer Einsatz arbeitsmarktpolitischer Maßnahmen zugleich die Arbeitslosenzahl reduziert.

Arbeitsmarktpolitik für Ältere: Die Aktivierung Älterer auf dem Prüfstand

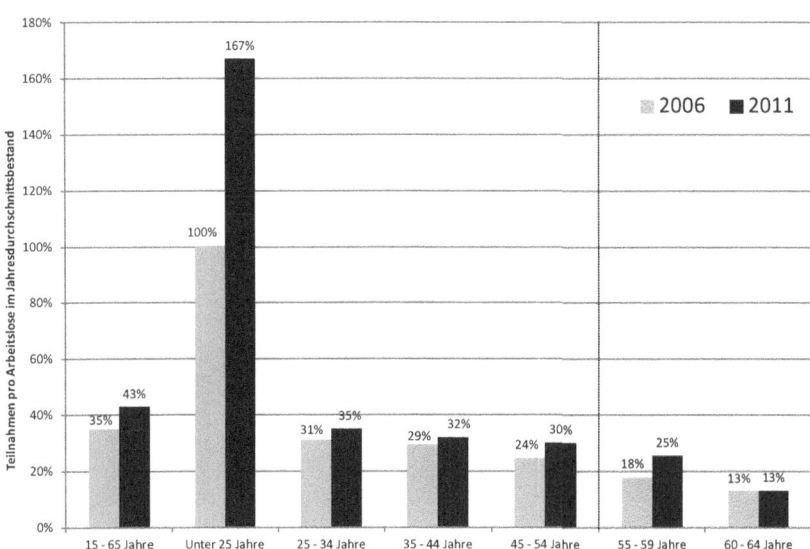

Abb. 3 Verteilung und Entwicklung der Teilnahmen an arbeitsmarktpolitischen Instrumenten (Jahresdurchschnittsbestand) nach Eintrittsalter in Relation zur Arbeitslosenzahl, 2006 und 2011. (Quelle: Bundesagentur für Arbeit)

Werden die Teilnahmen an arbeitsmarktpolitischen Instrumenten in Relation zur Zahl der Arbeitslosen gesetzt (siehe Abb. 3), zeigt sich mit ansteigendem Alter ein zunehmend schlechteres Verhältnis (siehe Abb. 4). Insbesondere die Jungen unter 25 Jahre werden intensiv gefördert. Im Jahr 2006 kam auf jeden jugendlichen Arbeitslosen im Durchschnitt eine Teilnahme an arbeitsmarktpolitischen Instrumenten. Fünf Jahre später lag der Anteil der Aktivierungen pro Arbeitslose sogar bei 167 %. Da nicht die Teilnehmer, sondern die Teilnahmen gezählt werden, ist es möglich, dass eine Person, die mehrmals aktiviert wurde, auch mehrfach gezählt wird, was einen Wert größer als 100 % erklärt. Bei den Älteren ab 55 Jahre kamen dagegen auf eine Teilnahme im Jahr 2006 etwa sechs Arbeitslose und fünf im Jahr 2011. Im zeitlichen Verlauf haben die Teilnahmen pro Arbeitslose in allen Altersgruppen zugenommen. Allerdings bestätigt sich dieser Trend nur bei den 55- bis 60-Jährigen, bei Personen ab 60 Jahre ist das Verhältnis von Aktivierungen zu Arbeitslosen dagegen nicht gestiegen. Obwohl wie oben gezeigt die Älteren auch jenseits von 60 Jahren verstärkt aktiviert werden, steht dem gleichzeitig ein hoher Anstieg der Zahl der älteren Arbeitslosen entgegen.

Unter Frauen ist in allen Altersgruppen das Verhältnis von durchschnittlichen Teilnahme- und Arbeitslosenbestand niedriger als bei den Männern. Bei Letzteren standen bei den 55- bis 64-Jährigen einer Teilnahme fünf (2006) beziehungsweise

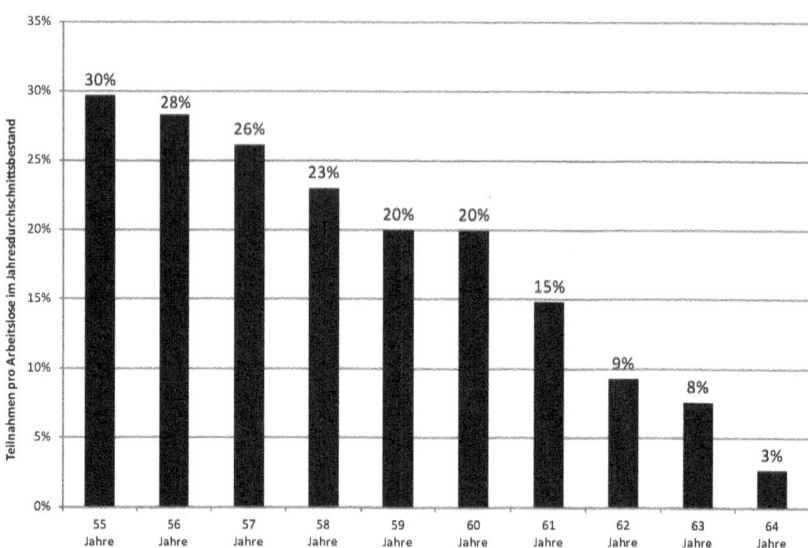

Abb. 4 Verteilung der Teilnahmen Älterer an arbeitsmarktpolitischen Instrumenten (Jahresdurchschnittsbestand) nach Eintrittsalter in Relation zur Arbeitslosenzahl, 2011. (Quelle: Bundesagentur für Arbeit)

vier (2011) Arbeitslose entgegen. Dagegen lag das Verhältnis unter den Frauen bei eins zu acht (2006) beziehungsweise bei eins zu sechs (2011). Frauen werden demnach prozentual weniger gefördert, wobei diese Unterschiede innerhalb der betrachteten fünf Jahre etwas geringer geworden sind.

3.4 Teilnahmevolumen: Deutliche Zunahmen bei den Älteren unter 60 Jahre

Für einen Vergleich von Jung und Alt ist neben der Zahl der Förderungen ebenfalls die Länge der Förderungen interessant. Ältere werden zwar prozentual zur Arbeitslosenzahl weniger häufig gefördert (siehe Abb. 3 und 4), aber möglicherweise werden sie dafür länger gefördert. Aus diesem Grund, haben wir auch das Teilnahmevolumen analysiert, das aus der Multiplikation von der Summe der Abgänge eines Jahres mit der durchschnittlichen abgeschlossenen Teilnahmedauer gebildet wurde. In Abb. 5 wurde der Umfang der Förderung in Relation zum jeweiligen jahresdurchschnittlichen Arbeitslosenbestand gesetzt. Auf diese Weise

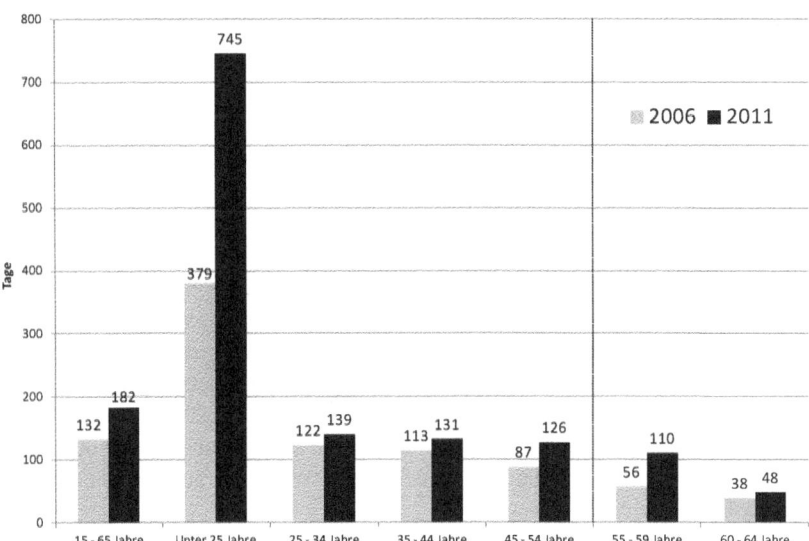

Abb. 5 Durchschnittliches Teilnahmevolumen in Tagen nach Eintrittsalter in Relation zur Arbeitslosenzahl, 2006 und 2011. (Quelle: Bundesagentur für Arbeit)

wird ein Vergleich der Jahre 2006 und 2011 möglich, der nicht durch die ungleiche Verteilung der Arbeitslosenzahlen verzerrt ist.

Ebenso wie bei den Teilnahmebeständen arbeitsmarktpolitischer Förderungen (siehe Abb. 3) reduziert sich mit steigendem Alter auch die durchschnittliche Anzahl von Tagen, die pro Arbeitslosen für die Förderung aufgewendet werden. Allerdings war 2011 das durchschnittliche Teilnahmevolumen in Relation zum Arbeitslosenumfang speziell unter den Älteren deutlich höher als noch fünf Jahre zuvor. Die anteiligen Fördertage sind vor allem unter den 55- bis 59-Jährigen gestiegen. Während sich in dieser Altersgruppe das Volumen fast verdoppelt hat, ist es dagegen bei den über 60-Jährigen nur um ein Viertel gestiegen.

4 Fazit: Arbeitsmarktpolitische Förderung der Älteren wurde ausgebaut – aber weitere Anstrengungen sind erforderlich

Mit der Verlängerung der Erwerbsphasen kommt der Arbeitsmarktpolitik eine größere Bedeutung zu, um Ältere in Beschäftigung zu halten oder, wenn sie arbeitslos geworden sind, wieder in Beschäftigung zu bringen. Wird über die Legitimität der

Anhebung des gesetzlichen Renteneintrittsalters diskutiert, muss demnach nicht nur die Rentenpolitik, sondern auch die Arbeitsmarktpolitik betrachtet werden, denn beide beeinflussen maßgeblich den Altersübergang.

Auch wenn die weniger positive Entwicklung der Arbeitslosenzahlen von Älteren über 60 Jahren angesichts der gesetzlichen Änderungen und des demographischen Strukturwandels nicht als Ausdruck schlechterer Arbeitsmarktbedingungen gedeutet werden kann (Bundesagentur für Arbeit 2012: 17), stellen die Neuerungen die Arbeitsvermittlung in der Praxis doch vor große Herausforderungen: Der Kreis derer, die potenziell auf eine Förderung angewiesen sind, ist größer geworden.

Tatsächlich scheint die Arbeitsmarktpolitik ihre Forderung nach einer höheren Alterserwerbsbeteiligung durch eine umfangreiche Förderung der Älteren bei Teilnahmen an arbeitsmarktpolitischen Instrumenten zu begleiten. Besondere Zuwächse bei der Unterstützung können in Relation zur Arbeitslosenzahl insbesondere bei den unter 60-Jährigen beobachtet werden. Bei den Älteren jenseits von 60 Jahren wurde die Förderung allerdings nicht in gleicher Weise der gestiegenen Arbeitslosigkeit unter den Älteren angepasst.

Allerdings erlauben die Analysen lediglich Aussagen über den quantitativen Einsatz von arbeitsmarktpolitischen Instrumenten. Inwieweit eine Förderung auch effektiv ist und ob ein Mehr an Förderung tatsächlich mit einem größeren Nutzen verbunden ist, lässt sich aufgrund dieser Auswertungen nicht bestimmen. Studien, welche die Effizienz und Effektivität des arbeitsmarktpolitischen Instrumenteneinsatz altersspezifisch und insbesondere auch für höherer Altersklassen beleuchten, sind selten (Romeu Gordo und Wolff 2011), aber notwendig, um die Beschäftigungssituation von Älteren zukünftig zu verbessern. Soll die Akzeptanz für einen späteren Renteneintritt erhöht werden, muss neben einem quantitativen Ausbau der arbeitsmarktpolitischen Förderung ebenso eine effektive und qualitativ angemessene Unterstützung gewährleistet werden.

Literatur

Bäcker G, Brussig M, Jansen A, Knuth M, Nordhause-Janz J (2009) Ältere Arbeitnehmer. Erwerbstätigkeit und soziale Sicherheit im Alter. Wiesbaden

Brussig M (2010) Künftig mehr Zugänge in Altersrenten absehbar: Gegenwärtig kein Ausweichen in die Erwerbsminderungsrente zu beobachten. Universität Duisburg-Essen (Altersübergangs-Report Nr. 2010-02)

Brussig M (2011) Neueinstellungen im Alter: Tragen sie zu verlängerten Erwerbsbiografien bei? Universität Duisburg-Essen (Altersübergangs-Report 2011-03)

Bundesagentur für Arbeit (2012) Ältere am Arbeitsmarkt (Der Arbeitsmarkt in Deutschland – Arbeitsmarktberichterstattung März 2012). Nürnberg

Dlugosz S, Stephan G, Wilke RA (2009) Verkürzte Bezugsdauern für Arbeitslosengeld: Deutliche Effekte auf die Eintritte in Arbeitslosigkeit (IAB-Kurzbericht 30)

Frerichs F (2007) Arbeitsmarktpolitik für ältere ArbeitnehmerInnen im Wohlfahrtsstaatenvergleich. WSI Mitteilungen 60:78–85

Mümken S, Brussig M (2013a) Die Arbeitsmarktpolitik wendet sich Älteren zu: Während Wege in die Frühverrentung versperrt wurden, ist die Förderung der Älteren ausgebaut worden. Universität Duisburg-Essen (Altersübergangs-Report 2013-02)

Mümken S, Brussig M (2013b) Sichtbare Arbeitslosigkeit: Unter den 60- bis 64-Jährigen deutlich gestiegen: Reformen zielen auf eine Verlängerung der Erwerbsphasen ab, doch auch die Altersarbeitslosigkeit steigt. Universität Duisburg-Essen (Altersübergangs-Report 2013-01)

Mümken S, Brussig M, Knuth M (2011) Beschäftigungslosigkeit im Alter. Die Älteren ab 60 Jahren sind besonders betroffen (Altersübergangs-Report 2011-01)

Naegele G (2010) Soziale Lebenslaufpolitik – Grundlagen, Analysen und Konzepte. In: Gerhard N, Bertermann B (Hrsg) Soziale Lebenslaufpolitik. Wiesbaden, S. 27–85

Naegele G, Sporket M (2010) Perspektiven einer lebenslauforientierten Ältere-Arbeitnehmer-politik. In: Gerhard N, Bertermann B (Hrsg) Soziale Lebenslaufpolitik. Wiesbaden, S. 449–473

Romeu Gordo L, Wolff J (2011) Creating Employment or Keeping Them Busy? An Evaluation of Training Programs for Older Workers in Germany. Journal of Aging & Social Policy 23:198–218

Wübbeke C (2013) Ältere Arbeitslose am Scheideweg zwischen Erwerbsleben und Ruhestand: Gründe für ihren Rückzug vom Arbeitsmarkt. Journal for Labour Market Research 46:61–82

Dr. Sarah Mümken wissenschaftliche Mitarbeiterin an der Jade-Hochschule, Abteilung Technik und Gesundheit für den Menschen.

Legitimationsfragen der gesetzlichen Rentenversicherung

Jutta Schmitz und Jonas Friedrich

Zusammenfassung

Der Beitrag gliedert sich in die Debatte um die Zukunftsfähigkeit des gesetzlichen Rentenversicherungssystems in Deutschland ein. Nach den leistungsbegrenzenden Reformen der 2000er Jahre wird die Legitimität des Systems zunehmend kritischer beurteilt. Zur Bewertung dieser Frage wird im Beitrag ein vierdimensionales Legitimationskonzept entwickelt und gezeigt, dass es vor allem Akzeptanz- und Effektivitätsprobleme sind, die die Legitimität des Systems bedrohen. Das System der gesetzlichen Rentenversicherung steht damit mindestens vor einem doppelten Legitimationsproblem, das sich in Zukunft noch verschärfen wird.

Schlüsselwörter

Gesetzliche Rentenversicherung · Legitimität · Legitimationsdimensionen Altersarmut · Akzeptanz · Problemlösungsfähigkeit · Sozialhilfe-Break-Even Abstandsgebot · Wertgrundlagen

---

J. Schmitz (✉)
Universität Duisburg-Essen, Essen, Deutschland
E-Mail: jutta.schmitz@uni-due.de

J. Friedrich
Universität Bremen, Bremen, Deutschland
E-Mail: jonas.friedrich@uni-bremen.de

1 Einleitung

Im September 2012 sorgte die damalige Bundesarbeitsministerin Ursula von der Leyen mit einem Brandbrief an eine Gruppe jüngerer Unionsabgeordneter für Aufsehen, in dem sie vor einem drohenden Legitimationsverlust der gesetzlichen Rentenversicherung warnt, wenn in Zukunft zu viele Renten unterhalb des Grundsicherungsniveaus liegen würden. Kurze Zeit später veröffentlichte die Bild-Zeitung auf Grundlage von Daten aus dem BMAS eine sogenannte „Renten-Schock-Tabelle" (Hellemann 2012), aus der hervor geht, dass nach aktueller Gesetzeslage große Teile der Versicherten damit rechnen können, auch nach einem kompletten Erwerbsleben lediglich Rentenansprüche auf dem Niveau der Grundsicherung erworben zu haben. Spätestens seit dieser Zeit ist die Legitimationsfrage der Alterssicherung auch wieder auf der politischen Agenda angekommen. Fast alle politischen Akteure meldeten sich zu Wort und präsentierten Reformvorschläge, auch im Bundestagswahlkampf 2013 war das Thema Alterssicherung allgegenwärtig.

Gleichwohl bleibt das Problem der gesetzlichen Rentenversicherung (zumindest vorerst) bestehen, denn wenn für einen immer größer werdenden Teil der Versicherten nach langjähriger Beitragszahlung tatsächlich nur ein Rentenanspruch entsteht, der auf dem Niveau der für alle Bedürftigen zugänglichen Grundsicherung liegt, nimmt der Nutzen der Pflichtversicherung für die Bürger stetig ab. Im Rahmen des vorliegenden Beitrags soll daher die Frage beantwortet werden, ob und inwiefern die Reformen des Alterssicherungssystems bereits zu einem Legitimationsproblem der gesetzlichen Rentenversicherung geführt haben. Hierzu wird zunächst ein theoretisches Verständnis von Legitimation entwickelt, und der Begriff in Anlehnung an Beetham (1991) und Scharpf (1999) multiperspektivisch konzeptualisiert. Dabei wird ein Raster entwickelt, in dessen Rahmen die vier Legitimationsdimensionen Legalität, normativer Konsens, Akzeptanz und Effektivität unterschieden werden. Nach einer kurzen Skizze der zentralen Veränderungen des deutschen Alterssicherungssystems werden die theoretisch hergeleiteten Dimensionen empirisch geprüft[1] (siehe auch Nüchter et al. 2008, 2010). Auch wenn die Alterssicherungsdebatte vornehmlich outputorientiert geführt wird und durch Effizienzfragen geprägt ist, soll durch die Anwendung des hier verwendeten vielschichten Legitimationsbegriffs gezeigt werden, dass Legitimationsfragen zuver-

---

[1] Als Datengrundlage dient der im Auftrag des Bundesministeriums für Arbeit und Soziales an der Universität Frankfurt erhobene Datensatz „Einstellungen zum Sozialstaat 2008". Die repräsentative Befragung wurde in der Zeit von 2005 bis 2009 jährlich durchgeführt und befasst sich mit der allgemeinen Akzeptanz des Sozialstaates sowie der Legitimität sozialstaatlicher Anpassungsprozesse. Im Jahr 2008 lag ein Schwerpunkt auf Fragen zum Rentenversicherungssystem (Glatzer et al. 2010).

lässig erst durch ein ganzheitliches Verständnis des Begriffs beantwortet werden können. Die Befunde der einzelnen Untersuchungsschritte werden in einem abschließenden Fazit zusammengetragen und zu einer Gesamtbetrachtung verdichtet. Dabei wird deutlich, dass insbesondere auf der Akzeptanz- und Effizienzebene erhebliche Legitimationsdefizite festzustellen sind, während die Dimensionen der Legalität und des normativen Konsens unproblematisch erscheinen. Das Vertrauen der Bevölkerung in die Funktionsweise der gesetzlichen Rentenversicherung scheint nachweislich erschüttert, hinzu kommt die festzustellende Rentenabstandsproblematik.

2 Legitimität als theoretischer Begriff

Die Frage nach der Legitimität von gesellschaftlichen Ordnungen ist seit jeher eine der Kernfragen der Sozialwissenschaften und der Sozialphilosophie. In den Legitimationsdebatten seit der Gründung der Bundesrepublik ist die Rechtfertigung demokratischer Herrschaft zu einer der zentralen Diskussionspunkte gesellschaftlicher Koordinationsbemühungen geworden. Das philosophische Ideal der Herrschaftslosigkeit erfährt dabei im Modell der Volkssouveränität, der Herrschaft des Staatsvolks über sich selbst, eine praktische Annäherung (Glaser 2013, S. 15). Dieser abstrakten Vorstellung demokratischer Legitimität müssen zur empirischen Überprüfbarkeit Kriterien an die Seite gestellt werden, anhand derer sich der Legitimitätsgehalt von gesellschaftlichen Koordinationsmodellen bestimmen lässt. Der Legitimitätsbegriff ist dabei jedoch keineswegs eindeutig. Je nach wissenschaftlicher Tradition kursieren verschiedene Interpretationen davon, was den Kern von Legitimität ausmacht, das heißt auf welcher Grundlage Legitimität bewertet werden sollte. In einem interdisziplinären Verständnis muss Legitimität daher ein multidimensionales Konzept sein, das sich aus verschiedenen, qualitativ unterscheidbaren Kriterien zusammen setzt (Beetham 1991, S. 20).

Den Ausgangspunkt der hier vorliegenden Analyse stellen Beethams Überlegungen zur *Legitimacy of Power* dar, in deren Rahmen er drei grundlegende Elemente identifiziert, die den verschiedenen Legitimationsdefinitionen gemeinsam sind. Demnach ist Herrschaft gerechtfertigt, wenn:

i. *„it conforms to established rules*
ii. *the rules can be justified by reference to beliefs shared by both dominant and subordinate, and*
iii. *there is evidence of consent by the subordinate to the particular power relation"*
(Beetham 1991, S. 16).

Durch die Kombination der verschiedenen, im Legitimationsdiskurs immer wieder für sich genannten, Elemente gelingt es Beetham in seiner Theorie sowohl Bestandteile der normativ-theoretischen als auch der empirisch-analytischen Legitimationsforschung zu vereinen (Braun und Schmitt 2009, S. 56). Glaser bezeichnet dieses Vorgehen in ihrer Adaption des Konzeptes als „Drei-Kriterien-Theorie" und übersetzt die drei Dimensionen mit den Begriffen Legalität, normativer Konsens und Akzeptanz (Glaser 2013, S. 15 ff.).

In der wissenschaftlichen Auseinandersetzung über die Legitimität politischer Organisationsmodelle ist jedoch noch eine weitere Legitimationsdimension von elementarer Bedeutung. Die Frage nach der Effizienz, also der Wirksamkeit von Institutionen oder Systemen steht in vielen Fällen im Zentrum des Erkenntnisinteresses. Dieses vierte Legitimitätskriterium wurde vor allem von Fritz W. Scharpf (1970, 1999, 2007) prominent in seinen Analysen des Demokratiedefizits der Europäischen Union ausformuliert. Scharpf erweitert dabei das normative Legitimitätskonzept um eine weitere deskriptive Ebene, nach der die Ergebnisse von Politik mit über deren Begründbarkeit entscheiden. Diese output-orientierte Legitimationsdimension rückt den Aspekt der „Herrschaft für das Volk" im Gegensatz zur „Herrschaft durch das Volk" in den Vordergrund. *„Politische Entscheidungen [sind demnach dann] legitim, wenn und weil sie auf wirksame Weise das allgemeine Wohl im jeweiligen Gemeinwesen fördern"* (Scharpf 1999, S. 16).

Um die vier Legitimationskriterien für den Bereich der Policy-Analyse nutzbar zu machen, muss an dieser Stelle noch ein theoretischer Zwischenschritt erfolgen, in dem der Legitimitätsbegriff in seine Grundbestandteile zerlegt wird. Auf seine simpelste Form reduziert, lässt sich der Legitimitätsbegriff als Dreisatz aus Legitimationsobjekt, Legitimationsvorgang und Legitimationsgrundlage beschreiben. Das Legitimationsobjekt, in diesem Fall das System der Alterssicherung, wird auf Grundlage bestimmter Legitimationskriterien in einem Legitimationsvorgang gerechtfertigt. Die Erfüllung der Legitimationskriterien ist also der Maßstab, mit dem sich die Legitimation eines Systems oder einer Institution beurteilen lässt.

Das vierte Element des Legitimitätsbegriffs stellen die Legitimationssubjekte dar. Damit ist die Gruppe an Menschen gemeint, die vom Legitimationsobjekt betroffen ist und deren Zustimmung für dessen Legitimität erforderlich ist. Wen diese Gruppe genau umfasst, ist in vielen Fällen nicht ganz einfach zu bestimmen und unterliegt historischen Schwankungen. Für den Fall der gesetzlichen Rentenversicherung besteht die Gruppe der Betroffenen zum einen aus den Versicherten, zum anderen aber auch aus allen anderen in Deutschland lebenden Menschen, da das System der Alterssicherung aufgrund seiner enormen Ausmaße in starker Wechselbeziehung mit der gesamten Volkswirtschaft steht.

Tab. 1 Legitimitätsdimensionen

Kriterium	Forschungstradition	Legitimationsgrundlage	Legitimationsvorgang
1. Legalität	Rechtswissenschaft	Regelkonformität	Legitimation durch Verfahren
2. Normativer Konsens	Philosophie	Werte	Legitimation durch Überzeugung
3. Akzeptanz	Soziologie/ Politikwissenschaft	Vertrauen	Legitimation durch Partizipation
4. Effizienz	Wirtschaftswissenschaft	Problemlösungsfähigkeit	Legitimation durch Ergebnisse

Die Grundbestandteile einer jeden Legitimationsfrage werden in Tab. 1 mit den vier Legitimationskriterien in Beziehung gesetzt und um die Forschungstraditionen ergänzt, die Beetham seinen Dimensionen jeweils zuordnet: Legalität ist vor allem ein Thema der Rechtswissenschaften, die Fragen der normativen Übereinkunft werden traditionell in der politischen Theorie verhandelt und die Akzeptanzfragen fallen in den Bereich der Gesellschaftswissenschaften (Beetham 1991, S. 4 f.). Die vierte Dimension, die Effizienz von Systemen, wird vor allem in den Wirtschaftswissenschaften erforscht. Die Methoden der einzelnen Forschungstraditionen stellen dabei das wichtigste Unterscheidungskriterium der Dimensionen dar. Auf welcher Ebene sich einzelne Legitimationsfragen einordnen lassen, entscheidet sich neben dem Erkenntnisinteresse also auch durch das forschungspraktische Vorgehen.

Auch wenn Beetham ausdrücklich davor warnt, seine drei Kriterien mit dem Effizienzkriterium zu verwechseln, so scheint eine Kombination der vier Ebenen für die praktische Forschung gewinnbringend. Beetham weist zwar darauf hin, dass die Effekte legitimer Ordnungen nicht mit der Begründung dieser Ordnungen gleichzusetzen sind, da sie sich logisch voneinander unterscheiden (Beetham 1991, S. 33). Nichtsdestotrotz wird diese theoretisch begründbare Unterscheidung in der Praxis durchgängig übergangen, so dass eine umfassende Darstellung des Legitimitätsbegriffs das Kriterium der Effizienz umfassen sollte.

Neben der Forschungstradition sind jedem Kriterium die jeweilige Legitimationsgrundlage und ein dazugehöriger Legitimationsvorgang zugeordnet. Die Legitimationsgrundlagen stellen im Folgenden den Maßstab dar, nach dem die Legitimität der jeweiligen Dimension zu bewerten ist. Dabei können die einzelnen Zeilen der Tabelle auch als Hierarchie verstanden werden, die mit zunehmender Ziffer anspruchsvoller in der Umsetzung werden. Während die Legalität von politischen Objekten in den meisten Fällen relativ zuverlässig erreicht werden kann, ist es schwieriger, einen allgemeinen Konsens über die normativen Grundlagen der Objekte zu finden. Dass neben der Übereinstimmung über die Grundwerte eines Systems auch noch ein verbreitetes Vertrauen in die Legitimationsobjekte herrscht, diese also in ihrer Ausgestaltung akzeptiert werden, ist wiederum noch voraussetzungsvoller. Schlussendlich muss eine Institution aber nicht nur legal, in ihren Grundlagen normativ unumstritten und mehrheitlich akzeptiert, sondern auch noch effizient sein, d. h. mit möglichst wenig Mitteln ihre gesetzten Zwecke erreichen.

3 Das deutsche Alterssicherungssystem im Wandel

In Bezug auf das Alterssicherungssystem wird die Diskussion der legitimen Herrschaft unter besonderen Vorbedingungen geführt. Da die erste Säule des deutschen Alterssicherungssystems als Sozialversicherung organisiert ist und alle abhängig Beschäftigten obligatorisch mit einbezogen sind, hat sie traditionell eine herausragende Stellung im deutschen Alterssicherungssystem inne. Im Jahr 2008 machten die Bezüge aus der gesetzlichen Rentenversicherung mit einem Volumen von 77 % an allen Alterssicherungsleistungen nach wie vor den größten Anteil der Renteneinkünfte aus. Werden auch weitere Einkünfte (beispielsweise aus Vermietung und Verpachtung) mit einbezogen und die Einkommen der Rentner somit insgesamt betrachtet, sinkt der Anteil der GRV auf 65 %, während andere Alterssicherungsleistungen 19 % ausmachen und die private Vorsorge mit 10 % zu Buche schlägt (vgl. Frommert und Thiede 2011).

Die Höhe der individuellen Rentenzahlungen berechnet sich dabei nach der Höhe und Dauer der während des Erwerbslebens entrichteten Beitragszahlungen. Grundsätzlich folgt die gesetzliche Rentenversicherung damit dem Äquivalenzprinzip, setzt das Entsprechungsverhältnis zwischen Beiträgen und Renten jedoch durch die Art der Rentenberechnung nur anteilig um. Ziel der so genannten Teilhabe-Äquivalenz ist es, die sozio-ökonomische Position, die ein Arbeitnehmer während seines Erwerbslebens inne hatte, auch in der Phase des Ruhestandes sicher zu stellen und die Stratifikation einer Jahrgangskohorte beim Übergang vom Erwerbsleben in den Ruhestand insgesamt aufrecht zu erhalten (Ruland 2012). Die individuelle Rentenhöhe ist also gewissermaßen ein Spiegelbild der individuellen Erwerbsbiografie: Wer im Arbeitsleben unter- oder überdurchschnittliche Rentenbeiträge entrichtet hat, wird auch immer eine Rentenleistung erhalten, die unter- bzw. über dem Durchschnitt liegt.

Ein Blick auf die zentralen Entwicklungen der letzten Dekade zeigt jedoch, dass sich das deutsche Alterssicherungssystem spätestens seit den frühen 2000er Jahren in einem kontinuierlichen Umbauprozess befindet. Der größte Wandel bezieht sich auf das reformierte Leistungsrecht der gesetzlichen Rentenversicherung, das in den vergangenen Jahren durch mehrfache Einschnitte verschlechtert worden ist. Im Mittelpunkt stehen dabei die Folgewirkungen der neu gefassten Rentenberechnungs- bzw. Rentenanpassungsformel: Um den zu erwartenden Beitragssatzanstieg zu begrenzen[2] werden die Bestands- wie Zugangsrenten in ihrem Niveau der allgemeinen Entwicklung der Arbeitnehmereinkommen nur noch teilweise folgen. Ohne an dieser Stelle in die komplizierten Details gehen, lässt sich festhalten, dass der in die Rentenformel eingebaute Riester- und mehr noch der Nachhaltigkeitsfaktor zu einem kontinuierlichen Absinken des Rentenniveaus[3] führen werden (siehe Abb. 1). Dahinter steht ein grundsätzlicher, paradigmatischer Wechsel: Während bislang die Rentenversicherung durch ein Leistungsziel charakterisiert war, dominiert jetzt das Beitragsziel; die Ausgaben sollen den Einnahmen folgen – um den Preis eines sinkenden Leistungsfähigkeit der Rentenversicherung (Bäcker und Schmitz 2013, S. 39).

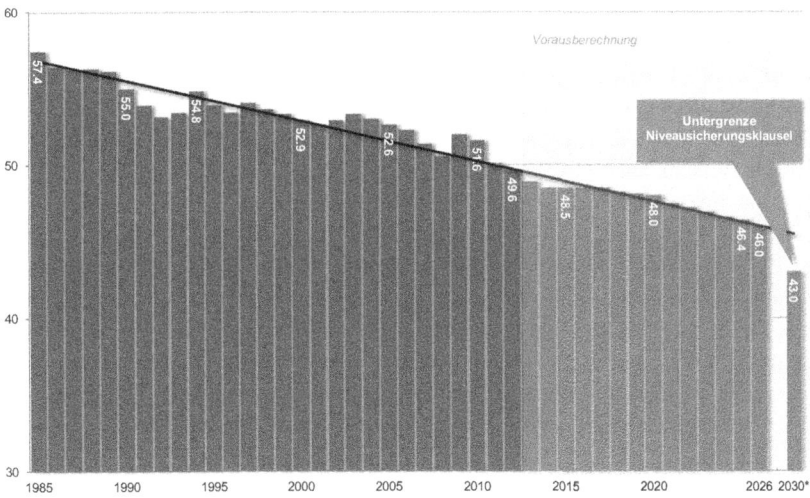

Abb. 1 Entwicklung des Netto-Rentenniveaus vor Steuern

---

[2] Der Beitragssatz soll – trotz der demografischen Belastungen – bis 2020 den Wert von 20 % und bis 2030 den Wert von 22 % nicht überschreiten.

[3] Die Netto-Standardrente vor Steuern (eine aus 45 Entgeltpunkten berechnete Rente nach Abzug der Beiträge zur Kranken- und Pflegeversicherung) wird ins Verhältnis gesetzt zum durchschnittlichen Nettoentgelt der Arbeitnehmer vor Steuern.

Im Ergebnis ist das Rentenniveau in den vergangenen Jahren bereits abgesunken und wird sich zukünftig weiter reduzieren. Im Jahr 2030 wird das durchschnittliche Netto-Rentenniveau bei lediglich 43 % liegen, und zur Sicherung des Lebensstandards allein folglich nicht mehr ausreichen. Hierzu sind zwingend Einkünfte aus der zweiten und dritten Säule notwendig. Dadurch verschiebt sich die individuelle „Zahllast" (Schmähl 2012c, S. 397) der Alterssicherung zunehmend zu Ungunsten der Versicherten, denn von der Beitragssatzstabilität profitieren lediglich die Arbeitgeber, die nur noch in begrenztem Umfang Alterssicherungsbeiträge für ihre Angestellten entrichten müssen. Die Arbeitnehmer hingegen werden nicht entlastet: Von den Versicherten wird erwartet, dass sie bis zu 4 % ihres Einkommens – ohne Arbeitgeberbeteiligung – für die private Vorsorge einsetzen. Da sie dazu auf die Angebote der Versicherungsindustrie angewiesen sind, die im Gegensatz zur gesetzlichen Rentenversicherung gewinnorientiert arbeitet und auch keinen sozialen Ausgleich kennt, ergibt sich dabei eine weitere Teuerung. Die steuerliche Förderung der privaten Vorsorge kann diesen Effekt nur unzureichend abfangen (vgl. Schmähl und Oehlschläger 2007).

Allerdings ist die Wirkung der Alterssicherungsreformen, die bereits unter der Regierung Kohl vorbereitet und von der Nachfolgeregierung Schröder umgesetzt wurden (vgl. Oehlschläger 2009), keineswegs zufällig. Denn bereits im Vorfeld der großen Rentenreformen sind die Mehrkosten für die Versicherten durch wiederholte Stellungnahmen[4] Sachverständiger dargestellt worden (vgl. Bäcker: 18, Hickel:19, Schmähl:19 in Deutscher Bundestag 2001). Gleichzeitig waren die Finanzmarktakteure von Beginn an in den ministeriellen Reformprozess eingebunden und haben ihre Interessen wirksam artikulieren können (vgl. Wehlau 2009, S. 217 ff.). Mit der „neuen deutschen Alterssicherungspolitik" ist die Finanzdienstleistungsbranche in Deutschland dementsprechend zielgerichtet gestärkt und eine neuer Wohlfahrtsmarkt – der Altersvorsorgemarkt – geschaffen worden (vgl. Schmähl 2012; Berner et al. 2009). Auch auf die Legitimationsprobleme der gesetzlichen Rentenversicherung, die sich aus dieser Entwicklung ergeben, wurde von Beginn an hingewiesen (vgl. Schmähl 2002, 2010; Bäcker 2008).

Allerdings ist die Erwartung, dass die durch die Niveausenkung der gesetzlichen Rentenversicherung entstandene Rentenlücke durch den Aufbau einer ergänzenden privaten und/oder betrieblichen Altersvorsorge geschlossen wird, bislang unerfüllt geblieben. Gerade die Beschäftigten im unteren Einkommenssegment und in atypischen Arbeitsverhältnissen, die im besonderen Maße Gefahr laufen,

---

[4] Die öffentlichen Anhörungen zum Entwurf eines Gesetzes für die Reform der gesetzlichen Rentenversicherung und zur Förderung eines kapitalgedeckten Altersvorsorgevermögens (Altervermögensgesetz – AvmG) fanden am 11.–13.12.2000 und 19.01.2001 statt.

eine nur niedrige, womöglich unterhalb des Grundsicherungsstandards liegende Altersrente zu erhalten, haben nur selten Ansprüche auf Leistungen der privaten oder betrieblichen Altersvorsorge[5] (vgl. Bäcker 2011; Bundesministerium für Arbeit und Soziales 2012; Schröder 2011). Zwar gab es im Jahr 2011 laut Berichtserstattung des Bundesministeriums für Arbeit und Soziales bereits 14,8 Mio. Riester-Verträge, im Verhältnis zur gesamten Zielgruppe „riestern" damit jedoch immer noch weniger als die Hälfte der förderberechtigten Personen. Denn bezieht man die Zahl der abgeschlossenen Verträge auf die aktuell geschätzten 37 bis 42 Mio. Personen, die die staatliche Förderung der privaten Altersvorsorge in Anspruch nehmen könnten, lag die Verbreitungsquote der Riester-Rente im Frühjahr 2011 zwischen 35 und 40% (vgl. Geyer und Steiner 2010, S. 16). Insofern wirkt die ergänzende Altersvorsorge in einem hohen Maße sozial selektiv (vgl. Blank 2011b) und wird entscheidend durch die Sparbereitschaft und Sparfähigkeit des Einzelnen eingeschränkt (vgl. Schmähl 2010). Ein Absinken des gesetzlichen Rentenniveaus wirkt sich damit nach wie vor massiv auf die Einkommenssituation im Alter aus und führt in der wissenschaftlichen Diskussion zu einer Revitalisierung des Altersarmutsdiskurses (vgl. Vogel und Motel-Klingebiel 2013; Hinrichs 2012; Leisering 2011). Gleichzeitig rückt die Legitimation der gesetzlichen Rentenversicherung erneut ins Blickfeld. Der Verweis auf die zukünftig mangelhafte Wirkung des Pflichtversicherungssystems ist jedoch nur ein Teil der Legitimationsproblematik. Daher werden die oben bereits skizzierten Legitimationskriterien im Folgenden näher beschreiben und auf den Bereich der Alterssicherungspolitik bezogen.

4 Die Legitimation der gesetzlichen Rentenversicherung auf dem Prüfstand

Die neueren Entwicklungen in der Rentenpolitik zeigen, dass das System der gesetzlichen Rentenversicherung in vielfacher Form heraus gefordert wird. In diesem Kapitel soll die derzeitige Ausgestaltung des Rentensystems auf seinen Legitimationszustand hin überprüft werden. Dazu werden die Legitimationsebenen aus Tab. 1 mit den Entwicklungen des Rentensystems in Beziehung gesetzt und schrittweise auf die legitimatorischen Wirkungen des Systemdesigns hin untersucht.

---

[5] Im Jahr 2011 zahlte etwa jeder Dritte oder 8,8 Mio. der insgesamt 25,1 Mio. sozialversicherungspflichtig Beschäftigten zwischen 25 und 65 Jahren aktuell Beiträge zu einer riestergeförderten Altersvorsorge.

4.1 Legalität

Die erste Dimension der Legalität bezieht sich auf den Prozesscharakter von Legitimation, wobei die Bewertungsgrundlage die Regelkonformität von Handlungen oder Entscheidungen ist. Welcher Art die zu befolgenden Regeln sind, ist dabei unerheblich. Entscheidend ist die Frage, ob das Legitimationsobjekt durch einen regelkonformen Prozess in seinen aktuellen Zustand versetzt wurde. Für den Bereich der Rentenversicherung bezieht sich diese Frage auf das korrekte Zustandekommen von Reformgesetzgebungen, aber auch auf die kontinuierlichen Prozesse des Beitragseinzugs, der Leistungsberechnung und der Gewährung der sogenannten versicherungsfremden Leistungen durch die Deutschen Rentenversicherung.

Bei der Legalitätsdimension handelt es sich um die anspruchsloseste der Legitimationsdimensionen, da sie ein rein formelles Kriterium darstellt. Die Regelkonformität ist notwendig, wenn auch nicht hinreichend um einem Objekt Legitimität zu zugestehen. Die Grenzen dieser Dimension werden am Beispiel des rechtspositivistischen Fehlschluss deutlich. Wird lediglich die Frage nach dem korrekten Zustandekommen von Gesetzen gestellt, ohne die Inhalte von Politik zu berücksichtigen, so können dadurch auch menschenrechtswidrige Gesetze legitimiert werden. Es ist daher unverzichtbar das formelle Legalitätskonzept mit präziseren inhaltlichen Konzepten zu verknüpfen. Letztere legen fest, wie ein anerkennungswürdiger Prozess gestaltet sein muss, welche Akteure einbezogen werden müssen und wie die Einflussmöglichkeiten unter den Beteiligten verteilt sind.

Für die Bestimmung der formellen Legitimität des Rentenversicherungssystems bietet es sich an zu untersuchen, inwieweit das System juristisch hinterfragt wird. Als Untersuchungsgegenstände dienen dementsprechend die Entscheidungen der höchsten zuständigen Gerichtsinstanzen, also des Bundesverfassungsgerichts und des Bundessozialgerichts, zum Themenkomplex der Rentenversicherung. Ergänzend lassen sich auch die Häufigkeit und Qualität von Widerspruchsverfahren gegen die Entscheidungen der Deutschen Rentenversicherung untersuchen. Jährlich werden bundesweit mehr als 200.000 mal die Widerspruchsausschüsse der Deutschen Rentenversicherung angerufen[6], um die Beschwerden von Arbeitgebern und Arbeitnehmern außergerichtlich zu überprüfen (Deutscher Bundestag 2007).

Der Frage nach der Legalitätsdimension lässt sich an dieser Stelle überblicksartig skizzieren und lässt darauf schließen, dass die Legalität der gesetzlichen Rentenversicherung relativ unumstritten ist. Die Widerspruchsverfahren werden zu einem großen Teil zu Gunsten der Verwaltung entschieden (über ¾ der Fälle) und auch das höchste deutsche Gericht hat in den letzten 20 Jahren nur relativ sel-

---

[6] In den Jahren 2003–2006.

ten die Rentengesetzgebung in Frage gestellt. Lediglich zur Übertragbarkeit von Ansprüchen aus dem ehemaligen DDR-Rentensystem in das System der bundesrepublikanischen Rentenversicherung (1 BvL 3/98, 1 BvL 9/02, 1 BvL 2/03; sowie 1 BvL 9/06, 1 BvL 2/08), zur Stellung von Spätaussiedlern nach dem Fremdrentengesetz (1 BvL 9/00, 1 BvL 11/00, 1 BvL 12/00, 1 BvL 5/01, 1 BvL 10/04), zur Minderung der rentenrechtlichen Bewertung der ersten Berufsjahre durch das Wachstums- und Beschäftigungsförderungsgesetz von 1996 (1 BvL 10/00), zum vorzeitigen Bezug von Altersrenten wegen Arbeitslosigkeit oder nach Altersteilzeitarbeit (1 BvL 3/05, 1 BvL 4/05, 1 BvL 5/05, 1 BvL 6/05, 1 BvL 7/05), zur Vereinbarkeit des Fremdrentengesetzes mit dem RV-Nachhaltigkeitsgesetz (1 BvR 2530/05, 1 BvL 11/06, 1 BvL 12/06, 1 BvL 13/06) und zum verlängerten schuldrechtlichen Versorgungsausgleich (1 BvR 2490/10) wurden Beschlüsse gefällt. Der Fall des Bundessozialgerichts stellt sich etwas anders dar. Naturgemäß ist es dort zu einer wesentlich häufigeren Entscheidungsfindung gekommen, die an dieser Stelle allerdings nicht genau nachgezeichnet werden kann und andernorts weiter ausgeführt werden sollte[7].

Zusammengefasst lässt sich die Legalitätsdimension als relativ unumstritten bewerten, die Legitimität der gesetzlichen Rentenversicherung scheint auf dieser Dimension nicht ernsthaft gefährdet. Anders sieht es hingegen aus, wenn von der rein formalen auf die inhaltliche Ebene von Legitimation gewechselt wird.

4.2 Normativer Konsens

Normativer Konsens besteht, wenn die gesellschaftlich geteilten Wertvorstellungen mit den normativen Grundlagen des verhandelten Legitimationsobjekts übereinstimmen. Im Idealfall lassen sich die betroffenen Legitimationssubjekte von den Werten und Zielen, die eine gesellschaftliche Institution erreichen will, überzeugen. Der Konsens über die grundlegenden Werte der Institution führt dann dazu, dass die Legitimationssubjekte motiviert sind den Zielen der Institution auch dann zu dienen, wenn diese den unmittelbaren individuellen Ziele entgegen laufen (Beetham 1991, S. 38).

Für den Fall der Rentenversicherung muss also geprüft werden, ob die grundlegenden Werte und Ziele, die durch das Sozialversicherungsmodell erreicht werden sollen, auch mit den Wertvorstellungen der Bevölkerung übereinstimmen. Dabei

---

[7] Für eine detaillierte Übersicht der Entscheidungen des Bundessozialgerichts mit Beteiligung der Deutschen Rentenversicherung Bund im Jahr 2013 siehe Eisenbart 2013. Für eine Übersicht der Bundesverfassungsgerichtsurteile zum Thema Rentensystem 2013 siehe Dünn/Stoßberg 2013 und Kumpfert 2013.

wird angenommen, dass die Akzeptanz und auch die Effizienz des Systems durch übereinstimmende Wert- und Zielvorstellungen positiv beeinflusst werden.

Zur Untersuchung der Ebene des normativen Konsenses ist es zunächst notwendig zu beschreiben, wie die normativen Grundlagen der gesetzlichen Rentenversicherung beschaffen sind. Der naheliegendste Ansatz die Grundwerte zu bestimmen ist, diese aus der Systemlogik der Rentenversicherung abzuleiten. Die Systemlogik folgt dabei dem Versicherungsprinzip, nach dem die Versicherten sich durch Beitragsleistungen gegen das Risiko absichern, bei Erwerbsunfähigkeit oder im Alter ihr Einkommen zu verlieren. Durch die Beitragsleistung werden von den Versicherten Ansprüche mit Eigentumscharakter erworben, die in einem Äquivalenzverhältnis zu Höhe und Dauer der individuellen Beiträge stehen. Neben den äquivalenzorientierten Leistungen verfügt die gesetzliche Rentenversicherung außerdem über Elemente des sozialen Ausgleichs, die eine umverteilende Wirkung erzielen. Als systemische Grundwerte der Rentenversicherung können also das Äquivalenzprinzip und das Solidarprinzip gelten (Bäcker et al. 2010, S. 404 ff.).

Nachdem die normativen Grundlagen bestimmt sind, muss überprüft werden, wie groß das Potenzial dieser Wertideen ist, die Versichertengemeinde zu affirmativem Verhalten anzuregen. Die Untersuchung des normativen Legitimationspotenzials kann dabei auf zwei Wegen erfolgen, einem theoretisch-abstrakten Weg und einem empirisch-diskursanalytischen Weg. Die theoretisch-abstrakte Herangehensweise überprüft, ob sich das normative Fundament des Rentenversicherungssystems mit Hilfe philosophischer Gerechtigkeitstheorien erklären lässt. Exemplarisch für den Bereich der Alterssicherung steht die Analyse von Nullmeier (2007), die unter anderem diskutiert, in wie weit sich die Elemente des reformierten Alterssicherungssystem in Deutschland mit der gerechtigkeitstheoretischen Argumentation von Hayek und Rawls vereinen lassen. In der empirisch-diskursanalytischen Herangehensweise wiederum wird versucht, den Grad an normativer Übereinstimmung zwischen Systemwerten und gesellschaftlichen Wertvorstellungen durch die Untersuchung von rentenpolitischen Diskursen zu bestimmen. Die Idee dieses Forschungsansatzes besteht darin, dass sich gesellschaftliche Wertvorstellungen zu einem Legitimationsobjekt aus der Analyse der Kommunikation über das Legitimationsobjekt ermitteln lassen. Das Zusammenspiel der täglichen Objektbeschreibungen konstituiert den gesellschaftlichen Wissensvorrat über das Legitimationsobjekt. Aus der Analyse rentenpolitischer Diskurse kann somit auf die vorherrschenden gesellschaftlichen Wertvorstellungen bezüglich des Rentenversicherungssystems geschlossen werden. Beide Herangehensweisen haben ihre jeweils eigenen Erkenntnisinteressen. Während es der theoretisch-abstrakten Perspektive darauf ankommt, ob sich die normativen Grundlagen durch eine logisch stringente Argumentationskette begründen lassen, kommt es der empirisch-diskursanalytischen Perspektive auf die Wirkung diskursiv erzeugter Legitimationsaussagen an.

Nullmeier (2007) weist in seiner Analyse zur „*Legitimation der Alterssicherung als staatliche Aufgabe*" nach, dass sich die Transformation des deutschen Alterssicherungssystems auf der theoretisch-abstrakten Ebene kaum rechtfertigen lässt. Alle drei von ihm untersuchten Begründungsstrategien – die ökonomisch-effizienztheoretische, die gerechtigkeitstheoretische und die demokratietheoretische – schaffen es nicht, den teilweisen Rückzug des Staates aus der Altersvorsorge und die Stärkung kapitalgedeckter Vorsorgeverfahren überzeugend zu legitimieren. Gerade aus demokratietheoretischen Überlegungen heraus, ist die Bildung großer privater Kapitalen zur Alterssicherung problematisch, da dadurch immer auch „*private Verfügungsmacht geschaffen [wird], die neben der Sicherung hoher Renditen für den Kunden auch noch zu ökonomisch und politisch steuernden Zwecken eingesetzt und in politische Macht umgesetzt werden kann*" (Nullmeier 2007, S. 75). Dass diese Sorge vor der politischen Macht großer Kapitalgesellschaften gerade im Bereich der Rentenpolitik nicht unbegründet ist, zeigt beispielsweise die einflussreiche Rolle die die Versicherungs- und Bankenwirtschaft bei der Gesetzgebung zur Förderung der privaten Altersvorsorge Anfang der 2000er Jahre gespielt hat (Wehlau 2009). Die Stärke der theoretisch-abstrakten Herangehensweise ist zugleich auch ihre Schwäche. Durch den Abstraktionsgrad können die einzelnen Argumentationsbausteine auf ihre logische Stringenz geprüft werden, gleichzeitig bleibt die lebensweltliche Reichweite dieser Perspektive allerdings begrenzt. Selbst wenn detailliert nachgewiesen werden kann, dass beispielsweise die Leistungsorientierung des Äquivalenzprinzips theoretisch nur dann zu rechtfertigen ist, wenn die Lohnstruktur der Versichertengemeinschaft sich tatsächlich aus meritokratischen Prinzipien und nicht aus dem Zusammenspiel von natürlichen Begabungen und sozialisatorischen Vorteilen ergibt (Nullmeier 2007, S. 66), ändert das nichts an der realweltlichen Gültigkeit des Äquivalenzprinzips und schmälert ebenso wenig dessen Popularität bei der Bevölkerung.

In der empirisch-diskursanalytischen Herangehensweise sollen die Grenzen der theoretisch-abstrakten Perspektive überwunden werden, indem sie die strategischen Legitimationsaussagen politischer Akteure mit in die Analyse einbezieht. Es wird davon ausgegangen, dass die normativen Grundlagen von Institutionen in stetiger Bewegung sind und in Legitimationsdiskursen fortwährend neu verhandelt werden. Aus der Untersuchung der Legitimationsaussagen von Akteuren kann daher auf das normative Fundament der Institution Rentenversicherung geschlossen werden. Für den Bereich der Rentenpolitik lassen sich die wissenspolitologischen Arbeiten von Nullmeier und Rüb (1993), sowie von Brettschneider (2012a, 2009) dieser Forschungsperspektive zurechnen. Die Arbeiten rücken „*die Konstruktion der Wirklichkeit durch die politischen Akteure als Erklärungsfaktor für institutionellen Wandel"* (Brettschneider 2009, S. 189) in den Mittelpunkt der Analyse. Der wissenspolitologische Ansatz geht dabei davon aus, dass *„politische Institutionen [...] ihre Wirksamkeit nur durch die Interpretationsleistungen politischer Akteure hindurch entfalten können"* (Nullmeier und Rüb 1993, S. 19) und untersucht daher das strategische Kommunikationsverhalten rentenpolitischer Akteure. Rentenpolitische Akteure versuchen, je nach Interessenlage, die Ausgestaltung oder sogar die Existenz des staatlichen Rentensystems zu (de)legitimieren und ihre jeweiligen Interpretationsschemata im politischen Diskurs durchzusetzen. Brettschneider (2009) weist in seiner Analyse rentenpolitischer Argumentationsstrategien nach, dass die Kombination aus kognitiven Notwendigkeitsargumenten und einer Neuformulierung der gerechtigkeitstheoretischen Grundlagen des Systems eine besonders erfolgreiche Diskursstrategie darstellt. Den Befürwortern einer Systemtransformation ist es während der Reformdiskurse in den 2000er Jahren gelungen, das bestehende System durch eine komplexe Verkettung von Notwendigkeitsargumenten zu delegitimieren. Gleichzeitig konnten sie die gerechtigkeitstheoretische Basis der Rentenversicherung durch gezielte Umdeutungsstrategien in Richtung einer stärkeren Nachhaltigkeits- und Chancenorientierung verändern. Die Verteidiger einer solidarischen, lebensstandardsichernden öffentlichen Alterssicherung haben es auf der anderen Seite nicht geschafft, neue, überzeugende kognitive oder normative Argumente in den Diskurs einzubringen und sind daher in die Defensive geraten (Brettschneider 2009, S. 197). Die normative Basis der Rentenversicherung hat sich also mit den paradigmatischen Reformen der 2000er Jahre grundlegend verändert, so dass die traditionellen Werte der Alterssicherung durch neue Wertbegriffe heraus gefordert werden.

An dieser Stelle stellt sich nun die Frage, ob die Etablierung des neuen Wertegerüsts aus finanzieller Nachhaltigkeit und Eigenverantwortung auch dauerhaft in der Lage ist, die Bevölkerung zu überzeugen und Systemakzeptanz herzustellen. Da zum aktuellen Zeitpunkt aber noch keine wissenschaftliche Arbeit vorliegt, die neben den Aussagen politischer Akteure auch die Legitimationsaussagen von nicht-organisierten Bürgern mit in die Analyse einbezieht[8], muss zur Beantwortung dieser Frage eine Anleihe bei der Methodik der Akzeptanzdimension genommen werden und auf soziologische Umfragedaten zurück gegriffen werden. Um zu überprüfen ob die dem System zugrunde liegenden Werte auch mit den Wertvorstellungen der Bevölkerung zur Alterssicherung überein stimmen, werden

---

[8] Eine Ausnahme bildet die Arbeit von Goerres und Prinzen (2014), die auf Grundlage qualitativ ausgewerteter Gruppeninterviews zeigt, dass zwar die Fähigkeit des Staates Generationengerechtigkeit herzustellen von den Bürgerinnen und Bürgern bezweifelt wird, aber keinesfalls ein Verteilungskonflikt zwischen den Generationen konstatiert werden kann.

Umfragedaten aus der Studie „Einstellung zum Sozialstaat 2008"[9] ausgewertet[10]. Der normative Konsens zum Rentenversicherungssystem kann in diesem Datensatz über drei Themengebiete abgebildet werden: Die Zustimmung zu drei verschiedenen Rentenidealtypen, die Bewertung von Eigenverantwortlichkeit bei der Alterssicherung und die Zustimmung zu den Finanzierungsverfahren der Alterssicherung.

Die Analyse der Zustimmungswerte zu den drei verschiedenen Rentenidealen zeigt, dass sowohl die Ideale der Äquivalenzrente als auch der Mindestrente von einem Großteil der Befragten auf hohe Zustimmung stoßen (siehe Abb. 2). Fast 90 % aller Befragten stimmen dem Ideal der Äquivalenzrente[11] zu. Das Ideal der

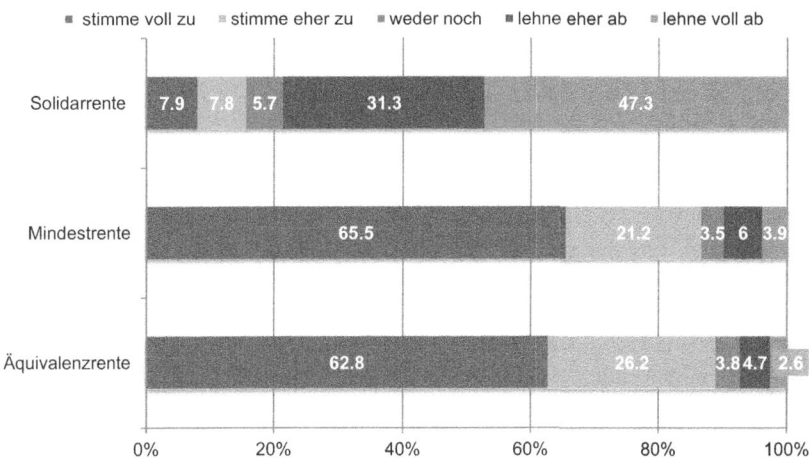

Abb. 2 Zustimmung zu Rentenidealen Solidarrente: „Jeder sollte die gleiche gesetzliche Rente erhalten, unabhängig davon, was er eingezahlt hat"; Mindestrente: „Eine garantierte Mindestrente sollte ein grundlegendes soziales Recht eines jeden Bürgers sein"; Äquivalenzrente: „Wer höhere Beiträge zahlt, sollte in jedem Fall auch eine höhere Rente erhalten". (Quelle: Einstellung zum Sozialstaat 2008, eigene Berechnung)

---

[9] Datensatz: Glatzer, Wolfgang; Bieräugel, Roland; Nüchter, Oliver; Schmid, Alfons; Bundesministerium für Arbeit und Soziales, Berlin, 2010: Einstellungen zum Sozialstaat 2008. GESIS Datenarchiv, Köln. ZA5193 Datenfile Version 1.0.0, doi:10.4232/1.5193

[10] Für die Unterstützung bei der Erstellung der Abbildungen/Tabellen danken wir Nathalie Hiester.

[11] Die Formulierung auf dem Fragebogen lautet: „Wer höhere Beiträge zahlt, sollte in jedem Fall auch eine höhere Rente erhalten".

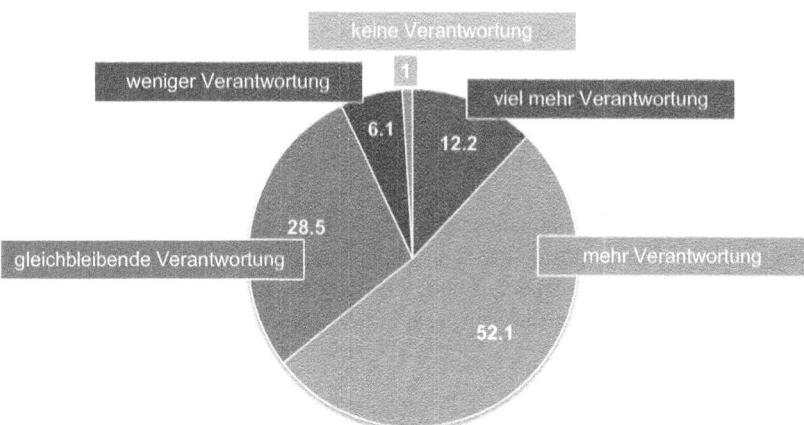

Abb. 3 Eigenverantwortung bei Sicherung des Lebensstandards im Alter „Inwieweit sollte jeder einzelne mehr Verantwortung übernehmen?". (Quelle: Einstellung zum Sozialstaat 2008, eigene Berechnung)

Mindestrente[12] konnte nur geringfügig niedrigere Zustimmungswerte erlangen. Nur 2,6 bzw. 3,9 % aller Befragten lehnten diese Rentenideale voll ab. Das Ideal der radikalen Umverteilung, der Solidarrente[13], erhielt sehr viel weniger Zustimmung: über drei Viertel aller Befragten lehnen dieses Ideal voll oder eher ab.

Auch bei der Frage nach der individuellen Vorsorgeverantwortung zeigt sich eine breite Zustimmung. Immerhin 2/3 der Befragten akzeptieren eine hohe Eigenverantwortung der Alterssicherung oder sind der Meinung, dass sich diese in Zukunft noch erhöhen sollte (siehe Abb. 3).

Auf welchen Überzeugungen die hohe Zustimmung zur Eigenverantwortung fußt, ist allerdings ungewiss. Hierhinter könnte sich die Einsicht verbergen, dass die eigenverantwortliche Vorsorge seit der Umstellung der gesetzlichen Rentenversicherung auf eine reine Basisversorgung (vgl. Brettschneider 2012b; Schmähl 2012a) für all jene eine zwingende Voraussetzung ist, die ihren Lebensstandard im Alter halten wollen. Die Forderung nach mehr Eigenverantwortung zeugt daher nicht zwangsweise von einer individuellen Überzeugung, sondern ist auch auf

---

[12] Die Formulierung auf dem Fragebogen lautet: „Eine garantierte Mindestrente sollte ein grundlegendes soziales Recht eines jeden Bürgers sein".

[13] Die Formulierung auf dem Fragebogen lautet: „Jeder sollte die gleiche gesetzliche Rente erhalten, unabhängig davon, was er eingezahlt hat".

einen immer schwächer werdenden Effizienzglauben zurückführen. Denn eine intensivere Betrachtung der vorliegenden Daten lässt es fraglich erscheinen, ob die Betroffenen das Ausmaß der individuellen Vorsorgeverpflichtungen wirklich abschätzen können. So gaben beispielsweise fast 50 % aller Befragten an, den aktuellen Arbeitnehmerbeitrag zur gesetzlichen Rentenversicherung nicht zu kennen, von den übrigen konnte ihn nur ein marginaler Teil korrekt beziffern[14]. Damit bestätigen die vorliegenden Befunde bisherige Forschungsergebnisse, die wiederholt belegt haben, wie voraussetzungsvoll die eigenverantwortliche Altersvorsorge ist (vgl. Bode und Wilke 2013). Sie zeigen, dass große Teile der Bevölkerung weder die Funktionsweise der gesetzlichen Rentenversicherung noch die der privaten Vorsorge verstehen. Dabei werden die begrenzten finanzmathematischen Fähigkeiten, Sparprozesse nachzuvollziehen, nur unzureichend von zielgerichteten Beratungsangeboten abgefangen (vgl. Blank 2011a; Bode und Wilke 2011; Leinert und Wagner 2004). Insofern scheitert die Umsetzung der durch die Alterssicherungsreformen quasi staatlich erzwungenen privaten Vorsorge nicht nur an der oben bereits skizzierten Sparfähigkeit und Sparbereitschaft, sondern auch an fehlenden Informationen und der nach wie vor mangelhaften Transparenz auf dem privaten Vorsorgemarkt (vgl. Hahn und Neumann 2011). Die hohe Zustimmung zur Eigenverantwortung wiederum könnte sich also auch lediglich aus einem diffusen, schwachen Vertrauen in die gesetzliche Alterssicherung speisen, und in einer grundsätzlichen Zustimmung zu der im Zeitgeist aktueller Reformen liegenden, hohen Bewertung von neoliberalen Werten (wie Individualisierung) begründet sein (Abb. 4).

Es kann daher nicht überraschen, dass sich auch bei der Frage nach der Zustimmung zum Finanzierungsverfahren eine gewisse Unentschlossenheit abzeichnet. Die Umlagefinanzierung wird von den Befragten zwar im Mittel knapp favorisiert (Mittelwert 1,87 zu 2,04), aber kapitalgedeckte Vorsorgeformen scheinen für einen Großteil der Befragten ebenfalls sehr attraktiv zu sein. Fast 50 % aller Befragten stimmen der Aussage „Jeder sollte durch seine eigenen Beiträge seine eigene zukünftige Rente sichern" voll und ganz zu. Diese starke Zustimmung kann die Umlagefinanzierung nicht erreichen: nur 40 % der Befragten stimmen der Aussage „Diejenigen die derzeit arbeiten, haben eine Pflicht, durch Ihre Steuern und Beiträge für den Lebensstandard der Älteren zu sorgen" voll und ganz zu.

Da sich die untersuchten Personen in der Befragung für keines der beiden Systeme entscheiden mussten, sondern lediglich ihre Zustimmung zu beiden Fi-

---

[14] Von insgesamt 5118 Befragten konnten 7 den Arbeitnehmerbeitrag genau mit 9,95 % des Bruttolohnes beziffern und immerhin 332 einen gerundeten Wert von 10 % angeben. Im Mittel schätzen die Befragten den Arbeitnehmerbetrag zur Rentenversicherung auf 16,3 %, die Angaben reichten dabei von 0,6 bis 89 % des Bruttolohnes.

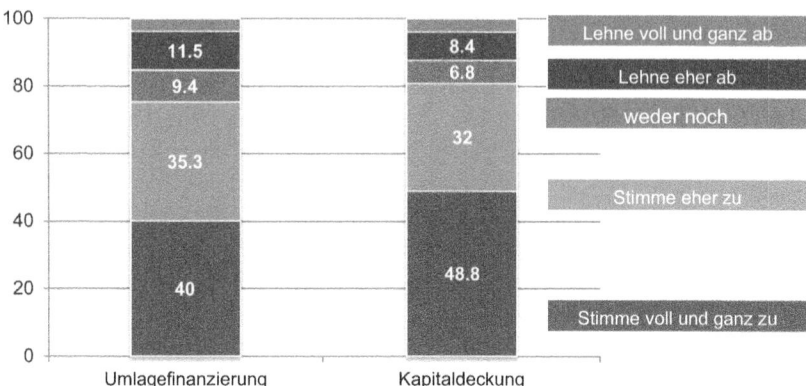

Abb. 4 Zustimmung zu Kapitaldeckung und Umlagefinanzierung. Kapitaldeckung: „Jeder sollte durch seine eigenen Beiträge seine eigene zukünftige Rente sichern"; Umlagefinanzierung: „Diejenigen die derzeit arbeiten, haben eine Pflicht, durch Ihre Steuern und Beiträge für den Lebensstandard der Älteren zu sorgen." Zustimmung auf einer Skala 1-5, 1=stimme voll und ganz zu, 5=lehne völlig ab. (Quelle: Einstellung zum Sozialstaat 2008, eigene Berechnung)

nanzierungsarten äußerten, ist eine eindeutige Aussage darüber, ob die aktuelle Finanzierung des Rentensystems dem allgemeinen Konsens entspricht, allerdings kaum möglich. Denn es zeigt sich auch, dass beide Finanzierungsarten zum Teil von denselben Personen stark befürwortet wurden. So waren 50% aller Personen, die der Kapitaldeckung voll und ganz zustimmten auch der Meinung dass die Umlagefinanzierung voll und ganz zu befürworten sei (Tab. 2).

Die Ergebnisse der Einstellungsbefragung zeigen insgesamt kein einheitliches Bild. Obwohl die hohen Zustimmungsraten zum Äquivalenzprinzip auf eine hohe Konsensfähigkeit des obersten Systemwertes schließen lassen, finden auch die systemfremden Ideale durchaus Anerkennung. Die starke Befürwortung einer Mindestsicherung im Alter kann sowohl als Argumentationsgrundlage für eine weitere Umgestaltung des Systems in Richtung Mindestrentensystem dienen, als auch zur Begründung für ein Grundsicherungssystem außerhalb der gesetzlichen Rentenversicherung heran gezogen werden. Durch die relativ unpräzise konstruierten Idealtypen in der Befragung ist die Aussagekraft der Daten an dieser Stelle zu relativieren. Eine konkrete Bewertung des Grades an normativem Konsens kann daher noch nicht erfolgen.

Zusammenfassend bleibt jedoch festzustellen, dass die traditionellen Grundwerte der Rentenversicherung durch die Reformentwicklungen seit Anfang der

Tab. 2 Bivariate Zustimmung zu Umlagefinanzierung und Kapitaldeckung. (Quelle: Einstellung zum Sozialstaat 2008, eigene Berechnung)

		Kapitaldeckungsverfahren					
		Stimme voll und ganz zu (%)	Stimme eher zu (%)	Weder noch (%)	Lehne eher ab (%)	Lehne voll und ganz ab (%)	Gesamt (%)
Umlageverfahren	Stimme voll und ganz zu	53,8	20,7	33,7	31,4	56,3	40,1
	Stimme eher zu	21,7	54,3	38,4	48,9	13,6	35,2
	Weder noch	7,5	10,7	19,5	5,7	12,6	9,4
	Lehne eher ab	12,3	11,9	4,4	11,3	10,6	11,5
	Lehne voll und ganz ab	4,7	2,3	4,1	2,6	7,0	3,8
	Gesamt	100,0	100,0	100,0	100,0	100,0	100,0

2000er Jahre heraus gefordert werden. Neben dem Streben nach Leistungsäquivalenz und Solidarität findet vor allem der Wert der Eigenverantwortung einen gewissen Rückhalt in der Bevölkerung. Wie dieser Rückhalt jedoch zu interpretieren ist und ob er über die Zeit konstant bleibt, muss durch eine genauere Analyse an anderer Stelle beantwortet werden.

4.3 Akzeptanz

Die Akzeptanzdimension bezieht sich auf die Einstellung der Bevölkerung gegenüber den untersuchten Legitimationsobjekten. Zum einen umfasst diese Dimension den Bereich der Demoskopie, der versucht mit den Methoden der Umfrageforschung zu ermitteln, wie die Menschen den Institutionen, dem Gesamtsystem oder einzelnen Akteuren gegenüber eingestellt sind. Diese Herangehensweise beruht auf dem Legitimitätskonzept von Max Weber, der davon ausgeht, dass ein System dann als legitim bezeichnet werden kann, wenn die Betroffenen den Zustand als legitim betrachten. Gemessen wird der Legitimitätsglaube der einer Institution gegenüber aufgebracht wird. Wird diese Dimension allein betrachtet, kommt es wiederum zu analytischen Fehlschlüssen, da das Abfragen von Einstellungen nicht ermitteln kann, wie diese Einstellungen zu Stande kommen.

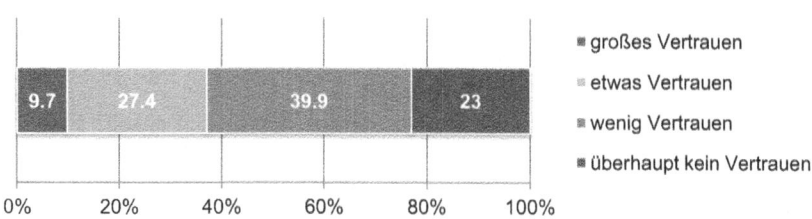

Abb. 5 Vertrauen in Rentenversicherung: „Rentenversicherung - Haben Sie hier großes Vertrauen, etwas Vertrauen, wenig Vertrauen, überhaupt kein Vertrauen?" (Quelle: Einstellung zum Sozialstaat 2008, eigene Berechnung)

Als Ergänzung zu der soziologischen Herangehensweise kann die politikwissenschaftliche Betrachtung gesehen werden. In diesem Fall ist die Wahl der Legitimationsvorgang, der zur Rechtfertigung eines Systems dienen kann. Der Wahl kommt demokratisch gesehen stärkere Bedeutung zu als der Befragung. Für den Bereich der Rentenversicherung ist jedoch das soziologische Verständnis von Akzeptanz das interessantere, da beispielsweise die Wahlen der Selbstverwaltung im System der gesetzlichen Rentenversicherung kaum Einfluss auf das Systemvertrauen der Bevölkerung haben dürften.

Die Einstellungswerte der Bevölkerung zum Vertrauen in die Rentenversicherung sind wiederum dem Datensatz „Einstellung zum Sozialstaat 2008" entnommen und basieren auf einer viergliedrigen Fragestellung, die keine Indifferenz der Befragten zulässt. In Abb. 5 wird das allgemeine Vertrauen in die gesetzliche Rentenversicherung dargestellt (siehe auch Nüchter et al. 2010, S. 72). Dabei zeigt sich ein schwerwiegendes Akzeptanzproblem der gesetzlichen Rentenversicherung, dem über 60 % der Befragten wenig oder überhaupt kein Vertrauen schenken. Lediglich 9,7 % aller Befragten haben großes Vertrauen in die gesetzliche Rentenversicherung, weitere 27,4 % zeigen „etwas Vertrauen". Die Ergebnisse bestätigen die bisher aus der Umfrageforschung vorliegenden Befunde, die einen stetigen Vertrauensverlust im Verlaufe der letzten Dekade belegen und der gesetzlichen Rentenversicherung mittlerweile eine massiven Akzeptanzkrise attestieren (vgl. DGB-Index gute Arbeit 2013, 2012; Institut für Demoskopie Allensbach 2013; Europäische Kommission 2004). Allerdings sind auch die Erwartungen an Sozialstaaten im Allgemeinen und den deutschen Sozialstaat im Besonderen sehr hoch. Besonders populär sind die Systeme der Alterssicherung und Gesundheit (vgl. Kohl 2013, 2007). Insofern können auch die anspruchsvollen Einstellungen gegenüber der Sozialpolitik zu einer schlechten Beurteilung der Leistungsbilanz führen[15].

---

[15] Wir danken dem Gutachter dieses Artikels, Prof. Dr. Christoph Strünck, für die Literaturempfehlungen und die hilfreichen Hinweise zur Weiterentwicklung des Textes.

Tab. 3 Mittelwertsvergleich unabhängiger Variablen bei unterschiedlich starkem Pessimismus bzgl. Vertrauen in gesetzliche Rentenversicherung. (Quelle: Einstellung zum Sozialstaat 2008, eigene Berechnung)

		N	Mittelwert	Standardabweichung	T-Test Signifikanz
Alter	Nicht pessimistisch	3808	49,69	17,478	0,000
	Besonders pessimistisch	1138	41,59	13,908	
Beurteilung Politikeffizienz	Nicht pessimistisch	3834	2,74	0,842	0,000
	Besonders pessimistisch	1155	3,18	0,761	
eigene wirtschaftliche Lage	Nicht pessimistisch	3873	2,45	0,842	0,000
	Besonders pessimistisch	1152	2,69	0,76	

Alter: in Jahren; Beurteilung der eigenen wirtschaftlichen Lage: sehr gut, gut, teils gut/teils schlecht, schlecht, sehr schlecht; Befähigung des politischen Systems in Deutschland zur Lösung der Probleme der sozialen Sicherungssysteme: gut, eher gut, eher schlecht, überhaupt nicht gut

Um die Frage zu beantworten, welche Personengruppen eine besonders skeptische Haltung einnehmen, wurden die Individualmerkmale der 23 % Befragten (überhaupt kein Vertrauen) mit den restlichen, weniger pessimistischen Personen verglichen (siehe Tab. 3). Dabei zeigt sich, dass die Pessimisten deutlich jünger als die Nicht-Pessimisten sind. Im Durchschnitt sind die besonders pessimistischen Personen mit 42 Jahren knapp 8 Jahre jünger als die nicht pessimistischen. Darüber hinaus beurteilen Personen ohne Vertrauen in das gesetzliche Rentenversicherungssystem ihre eigene wirtschaftliche Lage im Durchschnitt schlechter als Personen, die dem Rentenversicherungssystem mehr Vertrauen entgegen bringen. Außerdem unterscheiden sich die beiden Gruppen in ihrer Einschätzung, inwieweit das politische System in der Lage sei Probleme der sozialen Sicherungssysteme zu lösen; auch hier sind die Personen ohne Vertrauen in das Rentensystem pessimistischer.

Aus den Ergebnissen ergibt sich die Frage, woraus sich die Akzeptanz oder das Vertrauen in ein Sozialversicherungssystem speist. Nach Lipset (1962) resultiert die Akzeptanz von Systemen aus der in der Bevölkerung vorherrschenden Überzeugung, dass das aktuelle Systemdesign sowohl seine gesetzten Ziele erreichen kann, als auch aus der Annahme, dass das derzeitige System diese Ziele wirkungsvoller erreicht als alle alternativen Systeme (Braun und Schmitt 2009, S. 57 f.).

In einem letzten Schritt wird daher untersucht, ob das allgemeine Vertrauen in die gesetzliche Rentenversicherung mit der Bewertung der Leistungen der gesetzlichen Rentenversicherung und des Lebensstandards im Alter steht. Dabei zeigt sich zunächst, dass der gegenwärtige Lebensstandard im Alter zwar überwiegend positiv beurteilt wird (über 60 % der Befragten bewerten den heutigen Lebensstandard im Alter als gut bzw. eher gut), die Beurteilung der zukünftigen Leistungsfähigkeit aber düster ausfällt. Denn die Frage nach dem Lebensstandard, den ältere Menschen in 20 Jahren haben werden, beantwortet lediglich eine kleine Minderheit (insgesamt knapp 10 % der Befragten) mit gut bzw. eher gut, der Rest der Befragten geht von einer schlechten (knapp 34 %) bzw. eher schlechten (etwa 55 %) Versorgungslage aus (vgl. hierzu auch Nüchter et al. 2010, S. 86 ff.; Krömmelbein und Nüchter 2006, S. 4). Diese Unterschiede in der Bewertung der aktuellen und zukünftigen Leistungsfähigkeit des Rentensystems sind für das Vertrauen in die gesetzliche Rente von entscheidender Bedeutung: So macht die Korrelation beider Variablen (Vertrauen und Leistungsbewertung) zunächst sichtbar, dass das allgemeine Vertrauen in die gesetzliche Rentenversicherung in einem positiven Zusammenhang mit der Leistungsbewertung der gesetzlichen Rentenversicherung steht. Der in Tab. 4 dargestellte Korrelationskoeffizient liegt bei 0,343 und ist somit als moderat zu interpretieren. Allerdings gehen die Korrelationskoeffizienten von Vertrauen in gesetzliche Rentenversicherung mit der Bewertung des aktuellen

Tab. 4 Korrelation mit Vertrauen in gesetzliche Rentenversicherung. (Quelle: Einstellung zum Sozialstaat 2008, eigene Berechnung)

Bewertung der Leistungen der gesetzlichen Rentenversicherung	Korrelation nach Spearman Rho	0,343
	Signifikanz (2-seitig)	0,000
	N	4326
Bewertung des aktuellen Lebensstandards im Alter	Korrelation nach Spearman Rho	0,195
	Signifikanz (2-seitig)	0,000
	N	4310
Bewertung des Lebensstandards im Alter in 20 Jahren	Korrelation nach Spearman Rho	0,259
	Signifikanz (2-seitig)	0,000
	N	4348

Bewertung der Leistungen der gesetzlichen Rentenversicherung: „Sind die Leistungen der gesetzlichen Rentenversicherung Ihrer Meinung nach in der heutigen Zeit gut, eher gut, eher schlecht oder schlecht?"; Bewertung des aktuellen Lebensstandards im Alter: „Und wenn Sie mal alle Alterseinkünfte zusammennehmen, also auch die betriebliche und private Vorsorge- ist der Lebensstandard im Alter Ihrer Meinung nach in der heutigen Zeit gut, eher gut, eher schlecht oder schlecht?"; Bewertung des Lebensstandards im Alter in 20 Jahren: „Was denken Sie für die Zukunft: Wie wird der Lebensstandard der Älteren in 20 Jahren sein: gut, eher gut, eher schlecht oder schlecht?"

Lebensstandards im Alter und der Bewertung des Lebensstandards im Alter in 20 Jahren deutlich auseinander. Das Vertrauen in die gesetzliche Rentenversicherung ist dabei enger mit der für die Zukunft antizipierten Leistungsfähigkeit des Rentensystems verknüpft. Insgesamt zeigen die Ergebnisse, dass der Bewertung rentenrechtlicher Grundprinzipien (Umlageverfahren vs. Kapitaldeckung, siehe oben) eine nachrangige Bedeutung zukommt, während die entscheidenden Impulse zur Akzeptanz der gesetzlichen Rente durch die Bewertung der Leistungsfähigkeit bestimmt werden (vgl. Becker und Nüchter 2007, S. 63).

Im Gegensatz zu den schwer zu bewertenden Ebenen der Legalität und des normativen Konsens, ist die Akzeptanz der gesetzlichen Rentenversicherung damit eindeutig umstritten. Zwar gibt es durchaus Personen, die mit der Ausgestaltung des Systems sehr zufrieden sind, der Großteil hat jedoch wenig bis gar kein Vertrauen in die Rentenversicherung. Insbesondere die Haltung derer, die ihre eigene wirtschaftliche Lage als schlecht einschätzen, zeichnet sich durch eine große Skepsis gegenüber der gesetzlichen Rentenversicherung aus. Es zeigt sich also, dass die wahrgenommene Effizienz des Systemdesigns in direktem Zusammenhang mit dem Systemvertrauen steht. Im Folgenden soll die Legitimationsdimension der Systemeffizienz dargestellt werden.

4.4 Effizienz

Das Effizienzkriterium ist das konkreteste der Legitimationskriterien. Die Legitimationsgrundlage ist auf dieser Ebene als Problemlösungsfähigkeit des zu bewertenden Legitimationsobjektes definiert. Für den Bereich der Rentenversicherung lässt sich in diesem Sinne die Fähigkeit des Systems, seine Mitglieder im Alter bzw. bei Erwerbsunfähigkeit finanziell besser zu versorgen als Nicht-Mitglieder, als entscheidende Legitimationsgrundlage identifizieren.

Als Maßstab für die Besserstellung dient dabei der Abstand zwischen den Versicherungsrenten und der Grundsicherung im Alter, die seit ihrer Einführung im Jahr 2003 ohne individuelle Vorleistung aufgrund von Bedürftigkeit gewährt wird. In diesen Fällen werden Sozialtransfers in Form von Miet- und Heizkostenerstattungen, Regelsatzleistungen (von derzeit bis zu 391 €) und Zuschüsse für etwaige Mehrbedarfe gewährt sowie die Kranken- und Pflegeversicherungsbeiträge übernommen. Auch wenn sich die Grundsicherungsleistungen aufgrund der regionalen Mietpreisunterschiede nicht exakt beziffern lassen, liegt der Transferbetrag insgesamt im Schnitt bei etwa 670 €.

Bisherige Berechnungen auf Basis der Rentenstatistik zeigen, dass bereits heute der durchschnittliche Wert der neu zugegangenen Altersrenten unter dem Niveau der Grundsicherung liegt (vgl. Brettschneider 2012b; Bäcker 2012). Mit monatlich 665 € lag der durchschnittliche Zahlbetrag von Altersrenten im Rentenzugang bereits im Jahr 2011 um 5 € unter dem Grundsicherungsstandard (vgl. Deutsche Rentenversicherung Bund 2012). Die Entwicklung resultiert aus den oben bereits skizzierten Dämpfungsfaktoren und Abschlagsregelungen, und dürfte sich mit der Anhebung des Renteneintrittsalters auf 67 Jahre – zumindest für Teile der Beschäftigten – weiter verschärfen. Beschleunigt wird das Szenario von der neuen Bemessungsmethode der Grundsicherungsleistungen, die nach der Rechtsprechung des Bundesverfassungsgerichtes seit 2011 nicht mehr der Entwicklung des aktuellen Rentenwertes folgen darf, sondern auf Basis eines Mischindexes fortgeschrieben wird, der auf der jährlichen Preis- und Lohnentwicklung im Verhältnis von 30 % zu 70 % basiert. Im Ergebnis steigt der Grundsicherungsstandard analog zur wirtschaftlichen Entwicklung an, während die Rentenzahlungen durch die Berechnungsmodalitäten abgebremst werden, so dass sich der „Sozialhilfe break-even" (Brettschneider 2012b, S. 160; Thiede 2005; Steffen 2011) insgesamt immer weiter zu Ungunsten der Versicherten verschiebt.

Wie drastisch die Überschneidungen in Zukunft ausfallen dürften, lässt sich anhand von Modellrechnungen ermitteln (siehe Abb. 6). Sinkt – wie von der

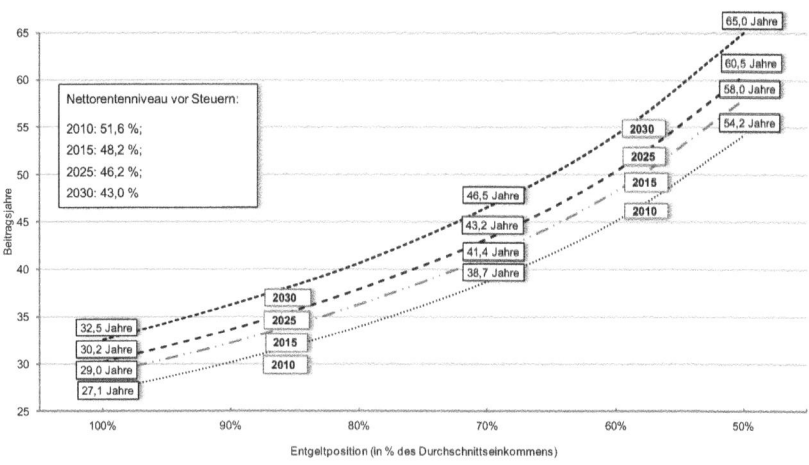

Abb. 6 Überschneidung von Grundsicherungsbedarf und Rente bei sinkendem Rentenniveau nach Entgeltposition und Beitragsjahren (2010–2030). (Quelle: Bäcker und Schmitz 2013, S. 40)

Bundesregierung angenommen – das Nettorentenniveau vor Steuern von 51,6 % (2010) auf 46,2 % (2025) muss ein Durchschnittsverdiener schon 30,2 Beitragsjahre aufweisen, ein Beschäftigter mit einer Entgeltposition von 70 % sogar 43,2 Jahre, um das Grundsicherungsniveau zu erreichen. Wird im Jahr 2030 das Rentenniveau bis auf die Höhe der Niveausicherungsklausel (43 %) abgeschmolzen, erhöhen sich die erforderlichen Jahre weiter auf 32,5 Jahre (Durchschnittsverdienst) bzw. 46,5 Jahre (70 %). Selbst ein langes Arbeitsleben und die entsprechend lange Beitragszahlung reichen dann nicht mehr aus, um eine Rente zu realisieren, die oberhalb des Existenzminimums liegt. In der Folge kommt es nahezu zwangsweise zu einem Legitimations- und Akzeptanzproblem der Rentenversicherung, weil nach jahrzehntelanger Beitragspflicht die individuelle Rente nicht höher liegt als der Grundsicherungstransfer und sich folglich kein Unterschied mehr ergibt zu Personen, die keine oder keine entsprechend hohen Beiträge geleistet haben (vgl. Schmähl 2012b; Hinrichs 2012).

Ergänzend muss angemerkt werden, dass die Leistungsdefizite der Rentenversicherung durch die Entwicklungen auf dem Arbeitsmarkt überlagert und verschärft werden. Überblicksartig seien mit der anhaltenden (Langzeit-) Arbeitslosigkeit (Schmitz 2012), der Zunahme atypischer oder prekärer Beschäftigungsverhältnisse (Keller et al. 2012), der Ausweitung des Niedriglohnsektors (vgl. Kalina und Weinkopf 2013) sowie der Diskontinuität von Beschäftigung im Erwerbsverlauf (vgl. Trischler 2012) die zentralen Arbeitsmarkttrends der letzten Dekaden benannt, die die Vorsorgebedingungen erheblich verschlechtern. Sie führen allesamt dazu, dass das beitragspflichtige Einkommen gering ausfällt oder unterbrochen wird. Dabei sind bestimmte Personengruppen, wie gering Qualifizierte, Migranten, Selbstständige und Frauen besonders betroffen (vgl. Fachinger und Frankus 2011; Fachinger 2008). Trotz deutlicher Beschäftigungszuwächse bleibt auch die Situation älterer Arbeitnehmer kritisch, insbesondere unter den 60–64Jährigen ist Arbeitslosigkeit weit verbreitet (vgl. Mümken und Brussig 2013). Das ist zum einen problematisch, weil die gesetzliche Rentenversicherung für den Bezug einer Vollrente die Erwerbstätigkeit bis zur Regelaltersgrenze voraussetzt und eine vorherige Inanspruchnahme – soweit überhaupt möglich – mit Abschlägen von bis zu 3,6 % pro Jahr belegt. Eine Nicht-Erwerbstätigkeit kurz vor dem Rentenzugang kann zum anderen dazu führen, dass bisherige Vorsorgeaufwendungen abschmelzen – entweder indirekt durch eine verschlechterte Bilanz der im Lebensverlauf erworbenen Anwartschaften oder direkt durch das Auflösen von Vermögen zur Finanzierung der Übergangsphase. Insgesamt kommt es also zu einer Zangenwirkung aus Einschnitten im System der Alterssicherung einerseits und Strukturveränderung von Erwerbsbeteiligung, Arbeitsverhältnissen und Einkommenslagen andererseits, so dass die Alterseinkommen unter den gegebenen Bedingungen auch zukünftig sinken dürften und immer weitere Teile der Beschäftigten mit ihren Rentenzahlbeträge den Grundsicherungsstandard unterschreiten werden. Die legitimatorische Wirkung dieser Entwicklung ist als hoch problematisch zu bewerten, so dass die Systemeffizienz derzeit das dringendste Legitimationsproblem der Rentenversicherung darstellt.

5 Fazit

Die Legitimation der gesetzlichen Rentenversicherung wird seit der Intervention der ehemaligen Bundesarbeitsministerin Ursula von der Leyen wieder im öffentlichen Rentendiskurs thematisiert. Die eingangs aufgeworfene Frage, ob die Reformen des Alterssicherungssystems bereits zu einem Legitimationsproblem der gesetzlichen Rentenversicherung geführt haben, ist dementsprechend zu bestätigen. Inwiefern von einem Legitimationsdefizit auszugehen ist konnte dabei durch den Rückgriff auf einen multi-perspektivisch operationalisierten Legitimationsbegriff gezeigt werden.

Ein breites Verständnis von Legitimität umfasst neben der Systemeffizienz auch die Ebenen der Legalität, des normativen Konsenses und der Akzeptanz von Rentenpolitik. Während die Ebenen Legalität und normativer Konsens aus forschungspraktischen Gründen nur skizzenhaft beschrieben werden konnten und relativ unproblematisch erscheinen, lassen sich auf der Akzeptanz- und Effizienzebene erhebliche Legitimitätsdefizite feststellen. Das Vertrauen der Bevölkerung in die Funktionsweise der gesetzlichen Rentenversicherung ist nachweislich erschüttert, hinzu kommt die festzustellende Rentenabstandsproblematik. So weist die Rentenstatistik bereits heute nach, dass die durchschnittliche Höhe der neu hinzu kommenden Renten unter dem Niveau der Grundsicherung liegt. Das gesetzliche festgelegte weitere Absinken des Rentenniveaus wird diese Problematik in Zukunft noch weiter verstärken.

Dass die gegenwärtig unter der großen Koalition eingeleiteten Rentenreformen diese Entwicklung abbremsen, ist nicht zu erwarten. Denn die derzeit im Rahmen des Rentenversicherungs-Leistungsverbesserungsgesetz vorgesehen Regularien[16]

---

[16] Abschlagsfreier Rentenzugang mit 63 nach 45 Versicherungsjahren für vor 1953 geborene Versicherte, Berücksichtigung von 24 Monaten Kindererziehungszeit/2 Entgeltpunkten für Mütter von vor 1992 geborenen Kindern, Verlängerung der Zurechnungszeiten bei Erwerbsminderungsrenten um 2 Jahre, Einführung der demografischen Komponente bei der Bemessung des Reha-Budgets (Deutsche Bundesregierung 2014).

sehen zwar punktuelle Besserstellungen einzelner Personengruppen[17] vor, tragen jedoch nicht zur Stabilisierung des gesamten Systems bei. Das zentrale Problem der sinkenden Leistungsfähigkeit (Rentenniveau) der gesetzlichen Rentenversicherung bleibt unangetastet und wird sogar noch weiter verschärft. Schließlich werden die finanziellen Rücklagen durch die mit den einzelnen Reformschritten verbundenen Ausgaben mittel- und langfristig aufgebraucht, so dass der Weg für eine Stabilisierung des Rentenniveaus ohne deutliche Beitragssatzanhebungen versperrt bleibt. Ein Richtungswechsel in der Alterssicherungspolitik, der auf eine nachhaltige Gewährleistung der beiden Leistungsziele (Armutsfestigkeit *und* Lebensstandardsicherung) abzielt, ist damit nicht eingeschlagen (vgl. Bäcker 2014).

Es bleibt abzuwarten, ob und inwiefern die Regierung der großen Koalition die sich in doppelter Weise abzeichnende Legitimationskrise der gesetzlichen Rentenversicherung tatsächlich angeht und funktionsfähige Vorschläge entwickelt und durchsetzt, die zu einer wirklichen Stabilisierung des Rentensystems beitragen. Die bisherigen Ausführungen des Koalitionsvertrages lassen jedoch darauf schließen, dass an dem eingeschlagen Pfad festgehalten und die sich abzeichnenden Einkommensprobleme der älteren Bevölkerung lediglich durch einen stärkeren Ausbau der betrieblichen Vorsorge gelöst werden sollen (vgl. Schäfer 2014; CDU/CSU/SPD 2013, S. 72). Den wissenschaftlichen Analysen wird auch weiterhin die Aufgabe zukommen, diese rentenpolitischen Entwicklungen kritisch zu begleiten. Bei der Weiterentwicklung der hier vorgestellten Untersuchung wird es darauf ankommen, die bislang nur unzureichend operationalisierten Legitimationsdimensionen der Legalität und des normativen Konsens weiter auszuformulieren. Welche der vier Legitimationsebenen für die Weiterentwicklung der gesetzlichen Rentenversicherung zukünftig von besonderer Bedeutung sein wird (Akzeptanz? Effizienz? Oder doch der normativer Konsens?), muss an dieser Stelle offen bleiben.

---

[17] Während Mütter und – in der Regel männliche – Arbeitnehmer mit langjähriger Versicherungsbiografie in körperlich belastenden Berufen von den Reformen profitieren, bleiben die Absicherungsrisiken anderer Personengruppen unangetastet. Hierzu zählt die bislang lückenhafte Einbeziehung Selbstständiger, die mangelhafte Anerkennung von Zeiten der Arbeitslosigkeit im SGBII-Bezug, die nach wie vor prekäre Situation geringfügig Beschäftigter, die Erhebung von Abschlägen bei Erwerbsminderungsrentnern sowie die nach wie vor ausstehende Angleichung des Rentenrechts zwischen den ost- und westdeutschen Bundesländern (Bäcker 2014). Es bleibt abzuwarten, ob und inwieweit die Regierung der großen Koalition im angekündigten Rentenpaket II hierzu Reformvorstellungen entwickelt und durchsetzt.

Literatur

Bäcker G (2008) Altersarmut als soziales Problem der Zukunft? Deutsche Rentenversicherung 4, S. 357–367

Bäcker G (2011) Strategien gegen Armut im Alter in Deutschland. In: Leisering L (Hrsg) Die Alten der Welt. Frankfurt a. M., S. 165–197

Bäcker G (2014) Schriftliche Stellungnahme zur öffentlichen Anhörung vom Sachverständigen am 5. Mai 2014 in Berlin zum Gesetz über Leistungsverbesserungen in der gesetzlichen Rentenversicherung. Deutscher Bundestag, Ausschussdrucksache 18(11)74

Bäcker G (2012) Altersarmut und Rentenreformvorschläge: Fallstricke einer einseitigen Debatte. In: Butterwegge C, Bosbach G, Birkwald M (Hrsg) Armut im Alter. Probleme und Perspektiven der sozialen Sicherung. Frankfurt a. M. und New York, S. 65–80

Bäcker G, Schmitz J (2013) Altersarmut und Rentenversicherung: Diagnosen, Trends, Reformoptionen und Wirkungen. In: Vogel C, Motel-Klingebiel A (Hrsg) Alter im sozialen Wandel. Die Rückkehr der Altersarmut? Wiesbaden, S. 13–25

Bäcker G, Naegele G, Bispinck R, Hofemann K, Neubauer J (2010) Sozialpolitik und soziale Lage in Deutschland. Bd. 2: Gesundheit, Familie, Alter und Soziale Dienste. Wiesbaden

Becker J, Nüchter O (2007) „...dann wird die Rente nicht mehr das sein, was sie vielleicht für meine Eltern noch ist." Alterssicherung und Alterssicherungspolitik aus Sicht der Bevölkerung. Forschung Frankfurt 2:62–65

Beetham D (1991) The Legitimation of Power. Basingstoke, Hamshire, New York

Berner F, Leisering L, Buhr P (2009) Innenansichten eines Wohlfahrtsmarkts. Strukturwandel der privaten Altersvorsorge und die Ordnungsvorstellung der Anbieter. Kölner Zeitschrift für Soziologie und Sozialpsychologie 61: 56–89

Blank F (2011a) Die Riester-Rente – Überblick zum Stand der Forschung und sozialpolitische Bewertung nach zehn Jahren. Sozialer Fortschritt 60:109–115

Blank F (2011b) Die Riester-Rente: Ihre Verbreitung, Förderung und Nutzung. Soziale Sicherheit 12:414–420

Bode, Ingo/Wilke, Felix, 2011: Die neue Organisation der Alterssicherung. Modalitäten und Folgen eines teilvermarktlichten Rentensystems, in: Soziale Sicherheit 12/2011, 426–429.

Bode I, Wilke F (2013) Alterssicherung als Erfahrungssache: Private Vorsorge und neue Verarmungsrisiken. In:Vogel C, Motel-Klingebiel A (Hrsg) Alter im sozialen Wandel. Die Rückkehr der Altersarmut? Wiesbaden, S. 175–193

Braun D, Schmitt H (2009) Politische Legitimität. In: Kaina V, Römmele A (Hrsg) Politische Soziologie. Wiesbaden, S. 53–81

Brettschneider A (2009) Paradigmenwechsel als Deutungskampf: Diskursstrategien im Umbau der deutschen Alterssicherung. Sozialer Fortschritt 9-10:189–199

Brettschneider A (2012a) Alterssicherung als Störfaktor? Zur diskursiven Legitimation einer Rentenpolitik zweiter Ordnung. In: Spieker M (Hrsg) Der Sozialstaat. Fundamente und Reformdiskurse. Baden-Baden, S. 165–187

Brettschneider A (2012b) Legitimationsprobleme der "Basissicherung". Die deutsche Alterssicherungspolitik nach dem Paradigmenwechsel. Zeitschrift für Sozialreform 2:149–173

Bundesministerium für Arbeit und Soziales (Hrsg) (2012) Verbreitung der Altersvorsorge 2011. Endbericht. Forschungsbericht 430, durchgeführt von TNS Infratest Sozialforschung, München

CDU/CSU/SPD (2013) Deutschlands Zukunft gestalten. Koalitionsvertrag zwischen CDU, CSU und SPD. 18. Legislaturperiode. http://www.bundesregierung.de/Content/DE/_Anlagen/2013/2013-12-17-koalitionsvertrag.pdf;jsessionid=EF40E7915A272C945BF1120 4D9A8AF09.s4t2?__blob=publicationFile&v=2. Zugegriffen: 1. Mai 2014

Deutsche Bundesregierung (2014) Entwurf eines Gesetzes über Leistungsverbesserungen in der gesetzlichen Rentenversicherung (RV-Leistungsverbesserungsgesetz) vom 27.01.2014. https://www.bmas.de/SharedDocs/Downloads/DE/Thema-Rente/rentenpaket-gesetzentwurf.pdf?__blob=publicationFile. Zugegriffen: 1. Mai 2014

Deutscher Bundestag (2001) Bericht des Ausschusses für Arbeit und Sozialordnung (11. Ausschuss) zum Gesetzesentwurf der Fraktionen SPD und Bündnis90/Die Grünen (Drucksache 14/4595) zur Reform der gesetzlichen Rentenversicherung und zur Förderung eines kapitalgedeckten Altersvorsorgevermögens (AVmG), Drucksache 14/5150 vom 25.01.2001

Deutscher Bundestag (2007) Drucksache 16/6839. Schriftliche Fragen mit den in der Woche vom 22. Oktober 2007 eingegangenen Antworten der Bundesregierung 3–4

Deutsche Rentenversicherung Bund (2012) Rentenversicherung in Zeitreihen. Berlin

DGB-Index gute Arbeit (2012) So beurteilen die Beschäftigten ihre Zukunft. Ergebnisse der Repräsentativumfrage der DGB-Index gute Arbeit GmbH 2012. Berlin et al.

DGB-Index gute Arbeit (2013) So beurteilen die Beschäftigten die Rentenlage. Ergebnisse der Repräsentativbefragung. Berlin et al.

Dünn S, Stosberg R (2013) Die Rechtsprechung des BSG – Entscheidungen aus dem Rentenrecht. RVaktuell 8:201–207

Eichenhofer E, Rische H, Schmähl W (Hrsg) (2012) Handbuch der gesetzlichen Rentenversicherung SGB VI. Köln

Eisenbart S (2013) Die Rechtsprechung des BSG – Entscheidungen aus dem Versicherungs- und Beitragsrecht. RVaktuell 10:279–283

Europäische Kommission (Hrsg) (2004) Eurobarometer: The Future of Pension Systems. Special Eurobarometer 161/Wave 56.1. Brüssel

Fachinger U (2008) Das Ende der Diskriminierung in der Altersvorsorge? Zeitschrift für Gerontologie und Geriatrie 41:360–373

Fachinger U, Frankus A (2011) Sozialpolitische Probleme bei der Eingliederung von Selbstständigen in die gesetzliche Rentenversicherung. Friedrich-Ebert Stiftung WISO-Diskurs. Bonn

Frommert D, Thiede R (2011) Alterssicherung vor dem Hintergrund unterschiedlicher Lebensverläufe. In: Klammer U, Motz M (Hrsg) Neue Wege – gleiche Chancen. Expertisen zum ersten Gleichstellungsbericht der Bundesregierung. Wiesbaden, S. 431–465.

Geyer J, Steiner V (2010) Künftige Altersrenten in Deutschland: Relative Stabilität im Westen, starker Rückgang im Osten. DIW Wochenbericht 11:1–11

Glaser K (2013) Über legitime Herrschaft. Grundlagen der Legitimitätstheorie. Wiesbaden

Glatzer W, Bieräugel R, Nüchter O, Schmid A, Bundesministerium für Arbeit und Soziales (2010) Einstellungen zum Sozialstaat 2008. GESIS Datenarchiv. Köln. ZA5193 Datenfile Version 1.0.0. Berlin

Goerres A, Prinzen, K (2014) Die Sicht der Bürger auf Sozialstaat und Generationenverhältnisse in einer alternden Gesellschaft. Eine Analyse von Gruppendiskussionen. Zeitschrift für Sozialreform 60:83–107

Hahn C, Neumann D (2011) Verbraucherschutz bei Riesterverträgen – Probleme und Lösungsvorschläge. Sozialer Fortschritt 60:421–425

Hellemann A (2012) Die neu Renten-Schock-Tabelle. Bild Zeitung vom 2.9.2012. http://www.bild.de/geld/wirtschaft/wirtschaft/altersarmut-bei-weniger-als-2500-euro-25989322.bild.html. Zugegriffen am 1. Mai 2014

Hinrichs K (2012) Germany: A Flexible Labour Market Plus Pension Reforms Means Poverty in Old Age. In: Hinrichs K, Jessoula M (Hrsg) Labour Market Flexibility and Pension Reforms. Houndmills, S. 29–61

Institut für Demoskopie Allensbach (Hrsg) (2013) Akzeptanzanalyse II. Nutzung und Bewertung staatlicher Leistungen für die Betreuung und Förderung von Kindern sowie für die Altersvorsorge von Familien. Abschlussbericht. Allensbach

Kalina T, Weinkopf C (2013) Niedriglohnbeschäftigung 2011. Weiterhin arbeitet fast ein Viertel der Beschäftigten in Deutschland für einen Niedriglohn. IAQ-Report 2013-01. Duisburg

Keller B, Schulz S, Seifert H (2012) Entwicklung und Strukturmerkmale der atypisch Beschäftigten in Deutschland bis 2010. WSI-Diskussionspapier 182. Düsseldorf

Kohl J (2007) Einstellungen zur Alterssicherung im europäischen Vergleich. In: Becker U, Kaufmann FX, Baron von Maydell B, Schmähl W, Zacher HF (Hrsg) Alterssicherung in Deutschland. Festschrift für Franz Ruland zum 65. Geburtstag. Baden-Baden, S. 611–642

Kohl J (2013) Hohe Akzeptanz des Wohlfahrtsstaates trotz kritischer Leistungsbewertung: Wohlfahrtsregime und Einstellungen zum Wohlfahrtsstaat im europäischen Vergleich. Informationsdienst Soziale Indikatoren 50:1–7

Krömmelbein S, Nüchter O (2006) Bürger wollen auch in Zukunft weitreichende soziale Sicherung. Einstellungen zum Sozialstaat im Spannungsfeld von staatlicher Absicherung und Eigenvorsorge. Informationsdienst Soziale Indikatoren 36:1–6

Kumpfert U (2013) Entscheidungen des Bundesverfassungsgerichts und des Bundessozialgerichts mit verfassungsrechtlichen Bezügen. RVaktuell 9:239–242

Leinert J, Wagner G (2004) Konsumentensouveränität auf Vorsorgemärkten eingeschränkt – Mangelnde ‚Financial Literacy' in Deutschland. DIW Wochenbericht 30:427–432

Leisering L (Hrsg) (2011) Die Alten der Welt. Neue Wege der Alterssicherung im globalen Norden und Süden. Frankfurt am Main

Lipset, SM (1962) Soziologie der Demokratie. Neuwied Rhein et al.

Mümken S, Brussig M (2013) Sichtbare Arbeitslosigkeit: Unter den 60- bis 64-Jährigen deutlich gestiegen: Reformen zielen auf eine Verlängerung der Erwerbsphasen ab, doch auch die Altersarbeitslosigkeit steigt. Altersübergangsreport Nr. 2013-01. Duisburg und Düsseldorf

Nüchter O, Bieräugel R, Schipperges F, Glatzer W, Schmid A (2008) Einstellungen zum Sozialstaat II. Die Akzeptanz der sozialen Sicherung und Reformen in der Renten- und Pflegeversicherung 2006. Opladen und Farmington Hills

Nüchter O, Bieräugel R, Glatzer W, Schmid A (2010) Der Sozialstaat im Urteil der Bevölkerung. Opladen

Nullmeier F (2007) Legitimation der Alterssicherung als staatliche Aufgabe. In: Becker U, Kaufmann, FX, Baron von Maydell B, Schmähl W, Zacher HF (Hrsg) Alterssicherung in Deutschland. Festschrift für Franz Ruland zum 65. Geburtstag. Baden-Baden, S. 57–80

Nullmeier F (2013) Teilhaberechte als normative Grundlage der Gesetzlichen Rentenversicherung – eine Skizze. ZeS-Report 18:13–15

Nullmeier F, Rüb FW (1993) Die Transformation der Sozialpolitik. Frankfurt a. M. und New York

Oehlschläger A (2009) Vom ‚Pensions-Sondervermögen' zur Riester-Rente: Einleitung des Paradigmenwechsels in der Alterssicherung unter der Regierung Kohl). Zes-Arbeitspapier 2. Bremen

Ruland F (2012) Grundprinzipien des Rentenversicherungsrechts. In: Eichenhofer E, Rische H, Schmähl W (Hrsg) Handbuch der gesetzlichen Rentenversicherung SGB VI. Köln, S. 263–292

Schäfer I (2014) Die Vollendung eines Paradigmenwechsels: Vom Lebensstandard zur Lebensleistungsrente. DIW Vierteljahresheft 2, S. 21–32

Scharpf FW (1970) Demokratietheorie zwischen Utopie und Anpassung. Konstanz

Scharpf FW (1999) Regieren in Europa: Effektiv und demokratisch? Frankfurt a. M.

Scharpf FW (2007) Reflections on multilevel legitimacy. https://www.econstor.eu/dspace/bitstream/10419/41671/1/550338845.pdf. Zugegriffen: 1. Mai 2014

Schmähl W (2000) Perspektiven der Alterssicherungspolitik in Deutschland – Über Konzeptionen, Vorschläge und einen angestrebten Paradigmenwechsel. Perspektiven der Wirtschaftspolitik 1:407–430

Schmähl W (2002) New developments and future directions of the Public Pension System in Germany. Journal of Population and Social Security Special Issue. http://www.ipss.go.jp/webj-ad/webjournal.files/socialsecurity/2002/02mar/Schmaehl99.pdf. Zugegriffen: 1. Mai 2014

Schmähl W (2010) Soziale Sicherung im Lebenslauf – Finanzielle Aspekte in längerfristiger Perspektive am Beispiel der Alterssicherung in Deutschland, In: Naegele G (Hrsg) Soziale Lebenslaufpolitik. Wiesbaden, S. 550–582

Schmähl W (2012) Gründe für einen Abschied von der „neuen deutschen Alterssicherungspolitik" und Kernpunkte einer Alternative. In: Bispinck R, Bosch G, Hofemann K, Naegele G (Hrsg) Sozialpolitik und Sozialstaat – Festschrift für Gerhard Bäcker. Wiesbaden, S. 391–441

Schmähl W (2012a) Von der Rente als Zuschuss zum Lebensunterhalt zur „Zuschuss-Rente". Wirtschaftsdienst 92:304–313

Schmähl W (2012b) Vergangenheit, Gegenwart und Zukunft der Gesetzlichen Rentenversicherung: Verhinderung von Armut im Alter? In: Butterwegge C, Bosbach G, Birkwald MW (Hrsg) Armut im Alter. Probleme und Perspektiven der sozialen Sicherung. Frankfurt a. M., S. 42–64

Schmähl W, Oelschläger A (2007) Abgabenfreie Entgeltumwandlung aus sozial- und verteilungspolitischer Perspektive. Berlin

Schmitz J (2012) Der Arbeitsmarkt als Armutsfalle. Sind die Beschäftigten von heute die Altersarmen von morgen? In: Butterwegge C, Bosbach G, Birkwald MW (Hrsg) Armut im Alter: Probleme und Perspektiven der sozialen Sicherung. Frankfurt a. M., S. 95–111

Schröder C (2011) Riester-Rente: Verbreitung, Mobilisierungseffekte und Renditen. Expertise im Auftrag der Abteilung Wirtschafts- und Sozialpolitik der Friedrich-Ebert-Stiftung. Bonn

Steffen J (2011) „Fürsorge Break-even" der gesetzlichen Rente, Info-Grafik Sozialpolitik. http://www.arbeitnehmerkammer.de/cms/upload/Politikthemen/Arbeit_Soziales/2011-08-04_fuersorge_break_even.pdf. Zugegriffen: 1. Mai 2014

Thiede R (2005) Alterssicherung muss sich lohnen – Ansätze für einen besseren „Sozialhilfe break-even" in der gesetzlichen Rentenversicherung. RVaktuell 12:519–525

Trischler F (2012) Auswirkungen diskontinuierlicher Erwerbsbiografien auf die Rentenanwartschaften. WSI-Mitteilungen 4:253–261

Vogel C, Motel-Klingebiel A (Hrsg) (2013) Alter im sozialen Wandel. Die Rückkehr der Altersarmut? Wiesbaden

Wehlau D (2009) Lobbyismus und Rentenreform. Der Einfluss der Finanzdienstleistungsbranche auf die Teil-Privatisierung der Alterssicherung. Wiesbaden

Jutta Schmitz MA Sozialpolitik, wissenschaftliche Mitarbeiterin am Institut Arbeit und Qualifikation (IAQ) der Universität Duisburg-Essen.

Jonas Friedrich MA Stipendiat des Forschungsnetzwerks Alterssicherung der Deutschen Rentenversicherung Bund und Doktorand am Zentrum für Sozialpolitik an der Universität Bremen.

Teil VI
Schlussbetrachtung

Das Legitimatorische als Forschungsgegenstand – Bilanz und Perspektiven

Matthias Lemke und Toralf Stark

Zusammenfassung

Was also ist Legitimität? Dass diese Frage nicht allzu leicht und noch dazu in einer generellen Perspektive zu beantworten ist, haben die Beiträge dieses Bandes mit all ihren verschiedenen Facetten nachdrücklich gezeigt. Der Eindruck, der sich über Legitimität retrospektiv einstellt, ist so vielschichtig, dass die Bezeichnung „sozialwissenschaftlicher Forschungsgegenstand" gewissermaßen unpassend wirkt. Viel zu heterogen, fluide und amorph ist Legitimität, wenn sie auf ihre konkreten, sozial wie politisch beobachtbaren Erscheinungsformen heruntergebrochen wird.

1 Problemaufriss

Was also ist Legitimität? Dass diese Frage nicht allzu leicht und noch dazu in einer generellen Perspektive zu beantworten ist, haben die Beiträge dieses Bandes mit all ihren verschiedenen Facetten nachdrücklich gezeigt. Der Eindruck, der sich über Legitimität retrospektiv einstellt, ist so vielschichtig, dass die Bezeichnung „so-

---

M. Lemke (✉)
Helmut-Schmidt-Universität Hamburg, Hamburg, Deutschland
E-Mail: matthias.lemke@hsu-hh.de

T. Stark
Universität Duisburg-Essen, Essen, Deutschland
E-Mail: toralf.stark@uni-due.de

zialwissenschaftlicher Forschungsgegenstand" gewissermaßen unpassend wirkt. Viel zu heterogen, fluide und amorph ist Legitimität, wenn sie auf ihre konkreten, sozial wie politisch beobachtbaren Erscheinungsformen heruntergebrochen wird. Angesichts eines solchen Befundes scheint es weder zielführend, noch angebracht – und zudem wäre es auch reichlich anmaßend – eine neue Definition, eine neue Festlegung des Begriffes zu versuchen. Anstatt noetisch nach einem wie auch immer gearteten Kern des Begriffes zu fragen und diesen aus den vorstehenden Interventionen heraus zu destillieren, verfolgt diese abschließende Bilanz der Beiträge dieses Bandes eine andere, aus zwei Teilen bestehende Strategie.

Im ersten Teil wird es darum gehen, die bestehende Heterogenität an konkreten sozialwissenschaftlichen Forschungsperspektiven zu systematisieren. Um zu vermeiden, dass eine solche Systematisierung ihrerseits wieder uferlos wird, werden dabei drei Kernmerkmale fokussiert. Erstens zu betrachten ist die jeweilige Definition von Legitimität, die von den Autoren an ihren Forschungsgegenstand angelegt wird. Ausgehend von diesen Definitionen geht es zweitens um die Operationalisierung von Legitimität, die den jeweils spezifischen Charakter des Forschungsansatzes bestimmt. Und drittens thematisiert wird die methodologische Annäherung an Legitimität, die, aufbauend auf den beiden vorgenannten Aspekten, zur Anwendung kommt.

Im zweiten Teil wird diese Systematisierung selbst zum Gegenstand einer kritischen Reflexion, in der über Chancen und Grenzen einer zeitgenössischen Legitimitätsforschung nachzudenken sein wird. Diese Reflexion ist – so könnte man einwenden – insofern kontingent, als dass sie ihrerseits eine zufällige Kombination einzelner Forschungsprojekte zum Ausgangspunkt erklärt. Damit besäße sie immerhin noch den Status einer Metareflexion über die hier vertretenen Fallbeispiele, jedoch wäre in dieser Logik ihre allgemeine Aussagekraft beschränkt. Da jedoch der Anknüpfungspunkt der Metareflexion nicht das konkrete Projekt, sondern die systematische Übersicht aller hier vertretenen sozialwissenschaftlichen Perspektiven auf Legitimität ist, dürfte die Kontingenz der Diagnose zumindest in Teilen reduziert sein.

Ziel dieser abschließenden Bilanz ist es folglich, zunächst die hier versammelten konkreten Projekte mit Blick auf ihre spezifischen Merkmale – Definition, Operationalisierung, Methodik – systematisch zu erfassen und darauf aufbauend Die Adäquanz dieses Umgangs mit Legitimität zu prüfen. Demnach geht es in der Tat nicht um das *Was?*, sondern um das *Wie?* sozialwissenschaftlicher Annäherungen an ein fluides und gleichzeitig auch sehr manifestes Phänomen.

2 Bilanz

Wie wird Legitimität in den Sozialwissenschaften – und hier schwerpunktmäßig in der Politikwissenschaft und der Soziologie – erforscht? Mit Blick auf die einzelnen Beiträge soll hier nicht die bereits vorgenommene Strukturierung nach Analyseebenen wieder aufgenommen werden. Stattdessen gilt es, einen tieferen Blick in die einzelnen Beiträge hinein und in deren Forschungsheuristik im engeren Sinne zu werfen.

2.1 Definitionen

Einen, wenn nicht gar den zentralen Aspekt einer jeden Forschungsheuristik stellt die mit Blick auf den jeweiligen Gegenstand formulierte Definition dar. Durch die hier vorgenommene begriffliche Festlegung des Forschungsgegenstandes wird das Erkenntnisinteresse konturiert und die Grenze zwischen dem, was eine Analyse aufzudecken vermag, und was nicht, markiert. In einer allgemeinen Annäherung an die jeweiligen Definitionen von Legitimität und Legitimation wird deutlich, dass die in den einzelnen Beiträgen – teilweise sehr explizit, mitunter jedoch auch nur implizit – vorgenommenen Definitionen in ihren spezifischen Ausgestaltungen voneinander abweichen, dabei aber immer einen gemeinsamen Kern zumindest berühren. Diese Ambivalenz kann als Indiz dafür gewertet werden, dass dem Begriffspaar Legitimität/Legitimation ein fallunabhängiger, intersubjektiver Bedeutungs- oder Funktionshorizont zugeschrieben wird, der sich je nach konkreter Betrachtungsperspektive jedoch vollkommen unterschiedlich manifestieren kann (Tab. 1).

Die vorstehenden Auszüge zur Definition von Legitimität und Legitimation, wie sie in den einzelnen Beiträgen des Bandes verwendet werden, verdeutlichen die Schwierigkeit, beide Begriffe auf einer abstrakten Ebene allgemein verbindlich zu fassen. Dennoch lassen sich einige Kernbestandteile deutlich herausdestillieren. So gut wie alle Beiträge fokussieren in ihrem Verständnis von Legitimität und Legitimation auf die Akzeptanz politischer Handlungen und Entscheidungen, die im Zusammenspiel zwischen Herrschenden und Herrschaftsunterworfenen hergestellt werden muss. Legitimität (als Ergebnis) und Legitimation (als Prozess) stehen damit in einem funktionalen Zusammenhang, der durch Akzeptanz von Herrschaft politische und soziale Beziehungen stabilisiert, worauf auch immer diese Herrschaft gründet. Die Stabilisierung politischer und sozialer Beziehungen bedarf dabei der ununterbrochenen Erneuerung und ist nicht statisch oder abschließbar, sondern als permanenter Prozess zu denken. Das *Legitimatorische* – wie man in

Tab. 1 Definitionen Legitimität/Legitimation. (Quelle: eigene Zusammenstellung)

Artikel (alphabetisch sortiert)	Definition Legitimität/Legitimation
Dießelmann	Legitimität als diskursiv implementierte, permanent zu verhandelnde, gemeinsam akzeptierte Basis des Zusammenlebens in einem politischen Gemeinwesen; kurzfristig sind Begründungen in der politischen Öffentlichkeit konstitutiv für die konkrete Ausgestaltung von Legitimität, langfristig werden daraus hegemoniale Strukturen öffentlichen Denkens
Förster/Lemke	Integriertes Verständnis von Legitimitätsanspruch (Norm) und -glauben (Empirie) nach Nohlen (1998) und Lipset (1960), der die doppelte Dynamik von Legitimität hervorgehoben hat, insofern sowohl deren normative Grundlagen als auch die Modi der Erzeugung von Anerkennung einem permanenten Wandel unterliegen. Legitimation sind die konkreten Praktiken (Handlungen, Diskurse etc.), die die Anerkennungswürdigkeit von Herrschaft jedweder Form vorbereiten. Ein Begriff, der eher empirisch orientiert und weniger normativ aufgeladen wäre und der Legitimation im Sinne der Generierung von Anerkennung – auch im repräsentativ-demokratischen Verfassungsstaat der Moderne – zu beschreiben vermag, lautet *Plausibilisierung von Herrschaft*
Goeke	Politische Parteien bedürfen der Zustimmung und des Vertrauens seitens der Bevölkerung um sich als notwendige und wünschenswerte politische Institution einer demokratischen Herrschaftsordnung zu etablieren. Legitime Parteien wiederum generieren ihrerseits ein stabiles und fest verankertes Parteiensystem. Gemäß David Easton ist für die Untersuchung der Akzeptanz und Unterstützung politischer Parteien zwischen einer diffusen und spezifischen Legitimität zu differenzieren. Orientiert sich die spezifische Bewertung vornehmlich an dem erzeugten Output einer politischen Institution, so lassen sich mit der diffusen Unterstützung langfristige Motive der Anerkennung abbilden
Grunden	Die formelle oder informelle Institutionalisierung politischer Entscheidungsmechanismen resultiert aus der Überzeugung ihrer Rechtmäßigkeit, Zweckdienlichkeit und moralischen Anerkennungswürdigkeit (Hellmann 2006), Beetham (1991). Für die Analyse der Legitimität informeller Institutionen bedarf es der Spezifikation von Legalität, Funktionalität, Rechtfertigungsfähigkeit, gewichtet mit den Effekten informeller Regelsysteme
Kemper	Das Denken in Räumen ist entweder explizit oder implizit an die Konstruktion von Legitimitätstheorien gebunden; insofern Politik einen Raumbezug aufweist, wird sie, je nach konkreter Beschaffenheit des Raumes und seines Verhältnisses zu anderen Räumen, ein Legitimationsangebot unterbreiten müssen

Tab. 1 (Fortsetzung)

Artikel (alphabetisch sortiert)	Definition Legitimität/Legitimation
Mümken	Akzeptanz und Effizienz als zentrales Argument zur Erzeugung von Legitimität. Mittels der Chancenverbesserung für ältere Arbeitnehmer können die angestrebten Arbeitsmarktreformen legitimiert werden
Schmitz/Friedrich	Legitimität verstanden als multidimensionales Konzept, das sich nach Beetham (1991) und Glaser (2013) grundlegend aus den Wechselbeziehungen von Legalität, normativen Konsens und Akzeptanz konstituiert. Die hierin enthaltenen normativ-theoretischen und empirisch-analytischen Bestandteile der Legitimitätsforschung gilt es um die Dimension der Effizienz bzw. Wirksamkeit zu ergänzen
Ströder	Politische Institutionen erzeugen aufgrund eigener Funktionalität eine beobachtbare Akzeptanz der Regierten. Entscheidungen im transnationalen Mehrebenensystem bedürfen zur Generierung der entsprechenden Bedingungen sowie der Überzeugungsleistung selbst einer strategisch-zielgerichteten Legitimationspolitik die vielmehr einem Legitimationsmanagement (Suchmann 1995) gleicht
Strüngmann/Brandenstein	Legitimität beschreibt im Allgemeinen die Qualität der Beziehung zwischen Bürgern und Verwaltung. In dem Maße, in dem die mit ihr verbundenen Belastungen von den Beteiligten akzeptiert, hingenommen oder den daraus entspringenden Erwartungen entsprochen wird (Folgebereitschaft), variiert auch die Qualität der Legitimität. Im Einzelnen lässt sich diese Varianz der Qualität anhand verschiedener Dimensionen der Beziehung zwischen Bürgern und Verwaltung, wie zum Beispiel Formalität, Rechtmäßigkeit, Effizienz und Effektivität, beobachten

Anlehnung an den prozesshaften Begriff des Politischen, wie er von Ernesto Laclau und Chantal Mouffe (2000, 1991) prominent vertreten worden ist, sagen könnte – ist, insofern es im Zusammenhang mit kollektiv verbindlichen Entscheidungsfindung auftritt, notwendig ein Begriff der intersubjektiven Aushandlung. Es bedarf einer Vielheit von Menschen, um entfaltet werden zu können.

Das Legitimatorische – also die Zusammenschau von Legitimität (Ergebnisdimension) und Legitimation (Prozessdimension) – bildet die Grundlage eines demokratisch-rechtsstaatlich organisierten Zusammenlebens einer Vielheit von Menschen. Es ermöglicht eine allgemein anerkennungsfähige, verbindliche Form der Entscheidungsfindung und damit eine gewisse situative Stabilität angesichts divergierender Interessen- und Machtpositionen in einer Gesellschaft. Es konstituiert Räume, Beziehungen zwischen Bürgern und Institutionen. Es braucht Effizienz und Effektivität und bedarf der Rechtfertigung, der Rechtmäßigkeit sowie der Legalität, um letztlich einen normativen Konsens demokratischer Herrschaftspraxis zu begründen. Die allgemeine Akzeptanz dieser Praxis geht mit Vertrauen und Zustimmung der Herrschaftsunterworfenen gegenüber den Herrschenden einher.[1]

2.2 Operationalisierung

Der Schritt der Operationalisierung beinhaltet die Verknüpfung des umrissenen Begriffsverständnisses des Legitimatorischen mit einem in der Wirklichkeit beobachtbaren Sachverhalt. Je nach theoretischer Akzentuierung erfolgt eine Auswahl geeigneter empirischer Phänomene, deren Beobachtung Rückschlüsse auf das theoretisch modellierte Konzept oder Modell ermöglicht. Die bereits bei der Definition beobachtbare Heterogenität der Ansätze setzt sich hier erwartungsgemäß weiter fort. Sie verschärft sich sogar insofern, als dass bei der Definition noch ein gemeinsamer Kern gegeben war, der in der fallspezifischen Konkretisierung des Untersuchungsgegenstandes tatsächlich nur noch mittelbar gegeben sein kann (Tab. 2).

Unterschiedliche Forschungsperspektiven erfordern, so macht die vorstehende Zusammenstellung deutlich, heterogene Operationalisierungs- und damit Erkenntnisstrategien. Die thematische Vielfalt der Artikel, die allesamt an konkreten Formen des Legitimatorischen interessiert sind, hinterlässt – negativ ausgedrückt – ein divergierendes Bild. Neben Beiträgen, die vorrangig auf die theoretische Ausdeutung einzelner Bestandteile von Legitimität und Legitimation abzielen, versuchen

---

[1] Was in der repräsentativen Demokratie insofern ein besonderes Verhältnis darstellt, als dass die Bürgerinnen und Bürger als Rechtsadressatinnen/Rechtsadressaten und -autorinnen/autoren gleichermaßen de facto beide Rollen einnehmen können und auch sollen und so ein beständiger Wechsel gegeben ist.

Tab. 2 Operationalisierungen des Legitimatorischen. (Quelle: eigene Zusammenstellung)

Artikel (alphabetisch sortiert)	Operationalisierung
Dießelmann	Drei Ebenen der Operationalisierung: Nachweis der diskursiven Konstitution von Legitimität eigenen Handelns erfolgt auf erster Ebene über Aufzeichnungen verschiedener Polizei-interner Kommunikationsvorgänge, u. a. Protokolle von Telefonaten, vom internen Radio während des Einsatzzeitraums und von Arbeitstreffen; interne Mitteilungen; Notizen; Einsatzhandbücher und Anweisungen. Auf zweiter Ebene wird exemplarisch die Übernahme der polizeilichen Kommunikation – insbesondere der Personen- und Lagebeschreibungen – in Gerichtsurteilen nachgezeichnet, also der Einfluss der Exekutive auf die Judikative nachgewiesen. Auf dritter Ebene dokumentieren u. a. die Pressemeldungen, öffentliche Reden und Mitteilungen an die Bevölkerung von der Polizei und der polizeilichen Sonderbehörde Kavala die Umsetzung der intern verhandelten Kommunikationsstrategie mit der Öffentlichkeit. Zum einen werden daran die Motive und Strategien der Öffentlichkeitsarbeit untersucht
Förster/Lemke	Analyse von Plausibilisierungspraktiken am Länderbeispiel USA; Fokussierung auf Krisensituationen, in denen ein Ausnahmezustand verhängt wurde, da hier ein besonderer Legitimationsdruck auf Seiten der Regierung und mit Blick auf die politische Öffentlichkeit angenommen wird; Gegenstand der Analyse sind Urteile des US-Supreme Court, die als Spiegel und Archiv öffentlicher Plausibilisierungen verstanden werden; auf Basis der Begründungen in den Urteilen Spezifikation bestimmter Plausibilisierungsmuster, die dann für eine Kartierung der Plausibilisierungspraktiken zeittranszendent und jenseits eines konkreten Einzelfalls verglichen werden können
Goeke	Akzeptanz und Unterstützung politischer Parteien wird mittels der normativen Wertschätzung eines Mehrparteienwettbewerbs und dem Vertrauen gegenüber Parteien auf der Mikroebene abgebildet. Die erklärenden und kontrollierenden Faktoren werden über die Frequenz von Parteiwechseln, dem Freedom House Index, dem Wahlsystem und der Fragmentierung des Parteiensystems auf der Makroebene abgebildet. Zudem werden klassische sozioökonomische Faktoren und Variablen zur politischen Einstellung basierend auf Individualdaten berücksichtigt
Grunden	Informelle Institutionen als Ergänzung oder Abweichung von formellen Regeln können hinsichtlich ihrer Legitimation mittels ihrer Legalität – Regelsysteme einer Verfassung oder eines Organisationsstatuts werden nicht außer Kraft gesetzt, Funktionalität – Konsequenz aus Funktionsdefiziten der Normalstrukturen von Regierungssystemen oder politischen Organisationen, deren Regeln alleine keine Handlungs- und Entscheidungsfähigkeit mehr gewährleisten (Pannes 2011) und schlussendlich ihrer Rechtfertigung, dem Verweis auf die akteurspezifische bzw. instrumentelle Dimension der Legitimität informeller Institutionen, analysiert und bewertet werden

Tab. 2 (Fortsetzung)

Artikel (alphabetisch sortiert)	Operationalisierung
Kemper	Zweiteiliger Analyseansatz: Legitimitätstheorien werden erstens in Abhängigkeit von den historischen Wandlungen des Denkens in Räumen und zweitens auf dem Hintergrund empirischer Veränderungen von Räumen dargestellt und in ihrer Genese verglichen
Mümken	Basierend auf statistischen Daten der deutschen Rentenversicherung werden für die Reformen des Arbeitsmarktes für Ältere die allgemeine demographische Entwicklung, eine gestiegene Lebenserwartung und der drohende Fachkräftemangel angeführt. Dem entgegen steht eine zu hohe Arbeitsbelastung, mit dem Alter nachlassende Beschäftigungschancen und das Argument, dass Abschlagszahlungen mit einer Rentenkürzung gleichzusetzten sind
Schmitz/Friedrich	Das Legitimationsobjekt der Alterssicherung wird auf seine Regelkonformität, Wertestruktur, Vertrauensgrundlage, Problemlösungsfähigkeit für die Bevölkerung abgeprüft. Im Detail erfolgt eine Betrachtung der Korrektheit der Reformgesetzgebung, dem kontinuierlichen Beitrag des Beitragseinzugs, der Leistungsberechnung, einer Kongruenz der gesellschaftlichen Werte mit den angestrebten Werten des Sozialversicherungssystems (Äquivalenz- und Solidaritätsprinzip) und Überprüfung der Bevölkerungseinstellung gegenüber der Rentenversicherung. Am Ende steht die Frage, ob das Altersvorsorgesystem trotz Veränderungen eine bessere Versorgung seiner Mitglieder im Alter im Vergleich zu den Nichtmitgliedern gewährleistet
Ströder	Politikfeldanalyse der Geldpolitik der EZB im Rahmen des Regierens im Mehrebenensystem, die einen situationsbedingten legitimationspolitischen Ausnahmezustand darstellt. Eine spezifische Legitimitätspolitik muss im Gegensatz zur Entscheidungspolitik durch strategisch-zielgerichtetes Handeln eindeutig beobachtbar sein. Die Regierenden verfolgen mittels Transparenz das Ziel, die Folgebereitschaft der Regierten herzustellen, die es ihnen wiederum ermöglicht, eine Mehrebenenentscheidung gezielt zu beeinflussen
Strüngmann/ Brandenstein	Einzelfallanalysen verschiedener legitimierender Elemente in den Bürger-Verwaltungs-Beziehungen; Berücksichtigung verschiedener, Legitimität herstellender Faktoren, Statuserwartungen, Fairness und Verfahrensgerechtigkeit, Outcome, Professionalität, Transparenz und Verständlichkeit

andere den Begriff in eindeutig messbare Indikatoren zu transformieren und einer empirischen Überprüfung zuzuführen. Positiv gewendet zeigt sich in der fehlenden Schärfe, die durch die Gesamtschau der vielen Momentaufnahmen des Legitimatorischen entsteht, jedoch die Möglichkeit, vielleicht sogar die Notwendigkeit, einer pluridisziplinären Annäherung. Gerade weil das Legitimatorische als permanenter Stabilisierungsmechanismus in pluralitätsgeprägten Herrschaftskontexten so heterogen ausgeprägt sein kann, verbietet sich die Vereinnahmung des Begriffs durch *ein* Fach oder *eine* Methode. Metaperspektivisch ließe sich zudem die Vermutung formulieren, dass eine vergleichsweise heterogene Operationalisierung des Legitimatorischen gleichsam als Konsequenz bzw. analytische Notwendigkeit der vielfältigen Legitimationsvorgänge in einer Gesellschaft verstanden werden kann – und damit als Ausdruck von Pluralität und Komplexität dieser Gesellschaft selbst.

2.3 Methode

Die Vielzahl der sozialwissenschaftlichen Methoden, wie sie in den vorliegenden Beiträgen angewandt werden, macht deren erschöpfende Darstellung an dieser Stelle unmöglich. Es sei stattdessen darauf verwiesen, dass grundlegend für alle Methoden, mittels derer nach beweisbaren Annahmen über gesellschaftliche Zusammenhänge, Abhängigkeiten oder Gesetzmäßigkeiten gesucht wird, eine theoretisch fundierte Konzeptualisierung erforderlich ist. Nur so sind die Bedingungen für eine produktive und anschlussfähige Verknüpfung von Theorie und Empirie, die noch dazu weitere Theoriebildung ermöglicht, gegeben. Die gewählte Methode oder Kombination von Methoden – die in der konkreten Zusammenstellung ihrerseits wieder begründungspflichtig ist – orientiert sich am jeweils ausgewählten Forschungsobjekt. Eine Beschreibung der Erhebungsmethode, des Erhebungsinstrumentes und des Auswertungsverfahrens ermöglicht es zudem, den wissenschaftlichen Gütekriterien der Validität und Reliabilität zu genügen (Tab. 3).

Die Kernelemente der Messung, also das Material, auf das die jeweiligen Methoden Anwendung finden, sind entsprechend der breiten Varianz in der Operationalisierung ebenfalls breit gestreut. Sowohl der Einsatz qualitativer als auch quantitativer Methoden erscheint zur adäquaten Erforschung dieses sozialwissenschaftlichen Begriffs angemessen. Eine Strukturierung dieser Varianz kann in einem groben Zuschnitt drei Materialtypen unterscheiden. Erstens solche Methoden, die anhand der Analyse von Sprache oder öffentlichem Sprachgebrauch ihr Erkenntnisinteresse realisieren. Hierbei finden Dokumenten-, Inhalts- und Diskursanalysen Anwendung. Zweitens solche Methoden, die die Auswertung anderer als sprachlicher Daten zum Gegenstand haben, also etwa deskriptive empirische

Tab. 3 Methodologische Annäherungen an das Legitimatorische. (Quelle: eigene Zusammenstellung)

Artikel (alphabetisch sortiert)	Methode
Dießelmann	Diskursanalyse, in Anlehnung an Foucault verstanden als ein sprachlich produzierter Bedeutungszusammenhang, eine Praxis, die Machtstrukturen als Grundlage hat und diese zugleich erzeugt; einzelne Texte verlieren in der Analyse ihren individuellen Status und werden verstanden als konstitutiver Teil z. B. juristischer Wissensarchitekturen; Diskursanalyse dient dazu, verschiedene Typen und Stränge sowie Topoi aufeinander beziehen zu können und vergleichbar zu machen, um Deutungsrahmen und Möglichkeiten des Wissens offen zu legen
Förster/Lemke	Diskursanalyse, Fokussierung auf den Aspekt der Legitimation durch Untersuchung sprachlicher Plausibilisierungspraktiken in der politischen Öffentlichkeit; Deduktion und Differenzierung verschiedener Legitimationsmuster
Goeke	Verschiedene lineare Regressionsmodelle die zur Erklärung der Legitimität politischer Parteien in Afrika neben den grundlegenden individuellen Erklärungsfaktoren spezifische Länderunterschiede bzw. institutionellen Kontextfaktoren berücksichtigen.
Grunden	Governance-orientierte Beschreibung informeller Institutionen, verstanden als notwendiges Korrektiv oder sinnvolle Ergänzung formaler Regelungsprozesse, und ihrer Interaktion
Kemper	Ideengeschichtliche Rekonstruktion der politischen und theoretischen Konzeption von Räumen; historischer Ansatz
Mümken	Empirisch-deskriptive Gegenüberstellung und Abgleich der Pro und Kontra-Argumente hinsichtlich der Reformen des Arbeitsmarktes für ältere Erwerbstätige
Schmitz/Friedrich	Empirisch-deskriptive Auswertung der Legitimitätsdimensionen Legalität, Normativer Konsens, Akzeptanz und Effizienz. Neben der qualitativen Auszählung und Interpretation der Häufigkeit und Qualität von Widerspruchsverfahren gegen die Deutsche Rentenversicherung erfolgt ein theoretisch-abstrakter Abgleich der Elemente des reformierten Altersversicherungskonzeptes mit gerechtigkeitstheoretischen Argumenten. Zudem erfolgt eine diskursanalytische Auseinandersetzung mittels einer Analyse der Kommunikation über das Legitimationsobjekt. Die Akzeptanz wird über Mittelwertvergleiche von quantitativen Umfragedaten- Vertrauen in die Rentenversicherung- abgeprüft und durch die Darstellung des durchschnittlichen Abstandes zwischen Rente und Grundsicherung deren Effizienz illustriert

Tab. 3 (Fortsetzung)

Artikel (alphabetisch sortiert)	Methode
Ströder	Inhaltsanalyse der Berichterstattung zur Stellungnahme des EZB-Präsidenten vor dem Deutschen Bundestag und der institutionalisierten Veröffentlichung der EZB-Ratssitzungsprotokolle. Ziel ist die Überprüfung des Erfolgs der Legitimitätspolitik im Mehrebenenregieren seitens der EZB mittels einer verstärkten Öffentlichkeitsarbeit auf nationaler Ebene
Strüngmann/ Brandenstein	Governanceorientierte Perspektive der Verwaltungsforschung mit Fokus auf Interdependenzen in Implementationsprozessen, insbesondere auf das Zusammenspiel von staatlichen mit anderen Akteuren, öffentlich oder privat

Darstellungen und komplexe Inferenzstatistik. Drittens schließlich historisch-rekonstruktive Verfahren, die auf die Ideengeschichte und die Politische Philosophie fokussiert sind. In dieser Dreiteilung ist ein wesentlicher Trend der Legitimitätsforschung eindeutig erkennbar: Die Analyse nimmt – lässt man den dritten vorgenannten Materialtyp hier außen vor – in ganz unterschiedlicher Art und Weise Bezug auf empirische Daten. Diese Daten werden idealerweise vor dem Hintergrund eines theoretisch fundierten Erkenntnisinteresses ausgewertet und führen zu Ergebnissen, die theoretisch konstruierte Zusammenhänge unterfüttern oder als Grundlage neuer Theoriebildung dienen können.

Trotz aller Heterogenität können Schwerpunkte bei diskursanalytischen Verfahren (Begründungen, Argumente, Kommunikation) ebenso wie bei der Analyse von Institutionen (formelle/informelle Institutionen, Mehrebenensystem, Governance) festgestellt werden. Dieser Befund ist insofern nicht überraschend, als dass er sich aus dem Kern der Definition des Legitimatorischen ergibt. Vorausgesetzt, es geht um die Generierung von Akzeptanz für kollektiv verbindliche Entscheidungen, die noch dazu auf (eine gewisse) Dauer gestellt werden, erweisen sich gerade Diskurse und Institutionen als zentrale Säulen demokratisch-rechtsstaatlicher Herrschaft von einer und über eine Pluralität von Menschen (Zürn 2013).

3 Perspektiven

Auf Basis der vorstehenden Bestandsaufnahme politikwissenschaftlicher und soziologischer Legitimitätsforschung gilt es im Folgenden zu reflektierten, worin Chancen und Defizite in der Auseinandersetzung mit dem kaum zu fassenden und dennoch für jede Herrschaftspraxis eminent wichtigen Begriff des Legitimatorischen bestehen. In der Gesamtschau beider Aspekte entsteht so ein, wenn auch rudimentärer Katalog zeitgenössischer Legitimitätsforschung, der als Orientierung zur weiteren Erschließung legitimations- und legitimitätsrelevanter Prozesse, Akteure und Strukturen dienen kann.

Was also kann, was muss Legitimitätsforschung aktuell leisten? Angesichts der vorstehenden Zusammenfassung und Systematisierung der verschiedenen Dimensionen der Beiträge des Bandes – Definitionen, Operationalisierung, Methode – gilt es im Folgenden sowohl die Chancen wie auch die Defizite der sozialwissenschaftlichen Analyse von Legitimität beziehungsweise Legitimation vorzustellen, wie auch eine Perspektive zu formulieren, die diese Chancen und Defizite analytisch adäquat aufzunehmen vermag.

3.1 Defizite und Chancen

„Die Legitimität von Herrschaftspraktiken wird nicht anhand eines theoretisch konstruierten normativen Ideals beurteilt, sondern der Maßstab sind die empirisch zu ermittelnden normativen Standards der Bürger" (Patberg 2013, S. 161). Gemäß der zu Beginn angestellten Überlegung, wonach das Legitimatorische die Grundlage einer demokratisch-rechtsstaatlich verfassten Gesellschaftsstruktur bildet, verdeutlicht dieses Zitat die Notwendigkeit, sowohl die normativen Grundlagen eines Systems, wie auch die Beurteilung der Bürger in die Analyse legitimitätsspezifischer Fragestellungen einzubeziehen. Dies gestaltet sich mitunter durchaus voraussetzungsvoll und umreißt die Grenzen der aktuellen Legitimitätsforschung. In den hier zusammengefassten Projekten konnte als gemeinsamer definitorischer Nukleus vor allem die Akzeptanz und Effizienz politischer Handlungen und Entscheidungen ausgemacht werden; weniger lag das Augenmerk auf den konkreten normativen Erwartungen und Ansprüchen gegenüber den notwendigen Akteuren und Institutionen. Dabei sind minder die systemspezifischen Normen und Werte, sondern vielmehr deren generelle Berücksichtigung bei der Interpretation der Analyseergebnisse entscheidend. Folgt man Zürn (2011, 2013) und Nullmeier (2012), ist aber genau die Verknüpfung dieser beiden Perspektiven, sowie die Berücksichtigung der Prozesshaftigkeit des Phänomens unabdingbar.

Aus dem Fehlen eines klaren definitorischen Kerns, was genau mit Legitimität beziehungsweise Legitimation erfasst wird, lassen sich aber auch zukünftige Forschungsperspektiven begründen. Die Vielzahl theoretischer und empirischer Arbeiten zu diesem Thema (Beetham 1991; Scharpf 1999; Nullmeier 2012) eröffnet die Möglichkeit, wenn nicht gar die Notwendigkeit, eine minimalistische Definition von Legitimität zu entwerfen, was wir mit dem Begriff des Legitimatorischen zu leisten versuchen. Einerseits berücksichtigt er die oben angemahnte Verknüpfung dessen was als legitim bewertet wird (Ergebnis) und die dafür notwendigen Räume und Praktiken (Prozess). Anderseits verdeutlicht er die Notwendigkeit eines methodischen Pluralismus. So können beispielsweise gesellschaftliche Problemlagen und Lösungsansätze mittels einer Diskursanalyse identifiziert werden, während die Auswertung von Einstellungsdaten eine kontinuierliche Überprüfung der Akzeptanz beziehungsweise Zufriedenheit mit dem politischen Akteuren liefert.

Das hierfür notwendige kohärente Analyseraster, mit einem Set eindeutig operationalisierbarer Indikatoren, ist wiederum Ergebnis einer minimalistischen Definition. Forschungspragmatisch gewinnbringend erweist sich ferner die disziplinübergreifende Anwendbarkeit von Legitimität in einer sich immer stärker ausdifferenzierenden Forschungslandschaft. Nähert man sich demzufolge dem Legitimatorischen über die drei Politikbegriffe, dann können Zuordnungen zu allen drei

Einheiten vorgenommen werden. Mit den Themen Alterssicherung, Arbeitsmarkt und Innere Sicherheit sind Policyanalysen ebenso gegeben, wie Analysen der Politics, die hinsichtlich des Regierens im Mehrebenensystem und der Untersuchung der Raumkonstitution durch Legitimationsprozesse Berücksichtigung finden. Durch die Analyse politischer Parteien, informeller Institutionen und von Verwaltung ist auch die Polityebene abgedeckt. Neben diesen drei klassischen Politikbereichen kristallisiert sich noch ein viertes Feld der Operationalisierung heraus, das verstärkt auf Umbruchs-, Grenz- oder Erosionsphänomene legitimer demokratischer Praxis abstellt. Zwar fließen hier analytische Elemente aus dem Kontext der drei vorgenannten Politikbegriffe ein, jedoch ist die Fokussierung nicht auf den Normalbetrieb verschiedener Politik- und Legitimationsmodi, sondern aus den Krisen- beziehungsweise den Ausnahmefall gerichtet. Diese Akzentuierung des Nicht-Alltäglichen in der Operationalisierung macht im Unterschied zu den drei vorgenannten Bereichen das Spezifikum des Legitimatorischen aus, insofern es mit dem Nicht-Demokratischen eine Außenperspektive in den Analyseprozess inkludiert.

3.2 Perspektive zur Erforschung des Legitimatorischen

Die Erforschung des Legitimatorischen ist vor zwei zentrale Herausforderungen gestellt: Einerseits die aus der Verknüpfung von Ergebnis- und Prozessdimension resultierende Notwendigkeit der Zusammenschau von legitimatorischer Praxis und Zeit; und andererseits die gegenwartsdiagnostische Nutzbarmachung der Analysen, die jenseits retrospektiv und rekonstruktiv ausgerichteter Perspektiven bis hin zu einem für die politische Praxis in repräsentativen Demokratien sinnvollen und wünschbaren Echtzeitmonitoring der Wirkung solcher Praktiken reichen können. Beiden Herausforderungen ist gemeinsam, dass sie mit einer Komplexität von Daten konfrontiert sind, die – gerade wenn eine exemplarische Einzelfallanalyse nicht zielführend erscheint – durch herkömmliche Methoden der Daten- und Diskursanalyse nicht mehr zu bewältigen sind.

Vor diesem Hintergrund steht die Analyse des Legitimatorischen, gerade wenn die Integration verschiedener Materialien[2] in eine vergleichsweise komplexe Analyse angestrebt wird, vor der Herausforderung, Big Data auch bewältigen zu müssen (Reichert 2014; Boellstorff 2014). Text Mining-Verfahren (Heyer et al. 2006), die eine semiautomatische Strukturierung großer Datenmengen ermöglichen, bie-

---

[2] Also Datenformate, neben den im Band verwandten insbesondere auch Zeitungstexte, Social Media und andere onlinebasierte Daten, Zeitverläufe.

ten in Form von Frequenz- und Konkurrenzanalysen sowie durch Berechnung von Topic Modellen (Wiedemann et al. 2013) Möglichkeiten, größere Datenbestände über längere Zeiträume vollumfänglich zu untersuchen. Erste Versuche zur Anwendung solcher Verfahren in politikwissenschaftlichen Fragekontexten (Lemke und Stulpe 2015) zeigen, dass in einer je nach Erkenntnisinteresse auszutarierenden Kombination maschineller und menschlicher Analyse Ergebnisse erzielt werden können, die hinsichtlich ihrer Datenbasis und ihres Erkenntnispotenzials weit über bisherige Studien hinausreichen. „Blended Reading" (Lemke 2014, S. 5) könnte demnach eine angemessene Antwort auf die mit den oben skizzierten Wege der Erforschung des Legitimatorischen einhergehenden Herausforderungen darstellen.

Literatur

Beetham D (1991) The Legitimation of Power. New York: Macmillan
Boellstorff T (2014) Die Konstruktion von Big Data in der Theorie. In Reichert R (Hrsg) Big Data. Analysen zum digitalen Wandel von Wissen, Macht und Ökonomie Bielefeld, S 105–131
Glaser K (2013) Über legitime Herrschaft. Grundlagen der Legitimitätstheorie. Wiesbaden
Hellmann KU (2006) Organisationslegitimität im Neo-Institutionalismus. In K. Senge & W. R. Scott (Hrsg) Einführung in den Neo-Institutionalismus. Wiesbaden, S 75–88
Heyer G, Quasthoff U, Wittig T (2006) Text Mining: Wissensrohstoff Text. Grundlagen, Algorithmen, Beispiele. Bochum
Laclau, Ernesto/ Mouffe, Chantal (1991): Hegemonie und radikale Demokratie. Zur Dekonstruktion des Marxismus, Wien.
Laclau E, Mouffe C (2000) Hegemonie und radikale Demokratie. Zur Dekonstruktion des Marxismus. 2., durchgesehene Auflage. Wien
Lemke M (2014) Frequenzanalyse und Diktionäransatz. Hamburg und Leipzig
Lemke M, Stulpe A (2015) Text und soziale Wirklichkeit. Theoretische Grundlagen und empirische Anwendung durch Text Mining Verfahren am Beispiel des Bigrams. Zeitschrift für Germanistische Linguistik, Themenheft „Automatisierte Textanalyse", i.E.
Lipset SM (1960) Political man: The social basis of modern politics. Garden City (NY)
Nohlen D (1998) Legitimität. In Schultze, RO, Schüttemeyer, SS (Hrsg) Politische Begriffe (Lexikon der Politik, Bd. 7). München, S 351–352
Pannes T (2011) Dimensionen informellen Regierens. Entstehungsbedingungen, Ausprägungen und Anforderungen. In Florack M, Grunden T (Hrsg) Regierungszentralen. Organisation, Steuerung und Politikformulierung zwischen Formalität und Informalität. Wiesbaden, S 35–92
Patberg M (2013) Zwei Modelle empirischer Legitimitätsforschung: Eine Replik auf Michael Zürns Gastbeitrag in der PVS 4/2011. Politische Vierteljahresschrift 54:155–172
Reichert R (Hrsg) (2014) Big Data. Analysen zum digitalen Wandel von Wissen, Macht und Ökonomie. Bielefeld
Scharpf FW (1999) Regieren in Europa. Effektiv und demokratisch? Frankfurt a. M.

Suchman MC (1995) Managing Legitimacy: Strategic and Institutional Approaches. Academy of Management Review 20:571–610.
Wiedemann G, Lemke M, Niekler A (2013) Postdemokratie und Neoliberalismus. Zur Nutzung neoliberaler Argumentationen in der Bundesrepublik Deutschland 1949–2011. Zeitschrift für Politische Theorie 4:99–115
Zürn M (2011) Perspektiven des demokratischen Regierens und die Rolle der Politikwissenschaft im 21. Jahrhundert. Politische Vierteljahresschrift 52:603–635
Zürn M (2013) „Critical Citizens" oder „Critical Decisions"– Eine Erwiderung. Politische Vierteljahresschrift 54:173–185

Dr. Matthias Lemke wissenschaftlicher Mitarbeiter am Institut für Politikwissenschaft der Helmut-Schmidt-Universität Hamburg.

Toralf Stark MA wissenschaftlicher Mitarbeiter am Institut für Politikwissenschaft der Universität Duisburg-Essen.

The manufacturer's authorised representative in the EU is Springer Nature Customer Service Centre GmbH, Europaplatz 3, 69115 Heidelberg, Germany. If you have any concerns regarding our products, please contact ProductSafety@springernature.com

Printed and bound by CPI Group (UK) Ltd, Croydon, CR0 4YY

23/03/2026

02076674-0005